Liesl Clark et Rebecca Rockefeller
Fondatrices du **Buy Nothing Project**

N'ACHETEZ RIEN, CHANGEZ TOUT !

Traduit de l'anglais par Élise Peylet

LEDUC.S
PRATIQUE

Ce livre est dédié à toutes les personnes convaincues que notre argent est mieux dépensé dans ces choses qui rendent le monde plus sain, plus heureux et plus équitable.

SOMMAIRE

INTRODUCTION

Comment nous en sommes venues à acheter moins et à partager plus

Notre histoire commence par une journée ensoleillée de la mi-décembre, rare répit entre deux tempêtes hivernales, sur une plage sauvage non loin de notre communauté du Nord-Ouest Pacifique.

Le soleil était bas dans le ciel, la lumière d'un jaune pâle hivernal, et nous marchions sur la plage avec nos enfants, regardant quatre paires de tout petits pieds nus trébuchant sur le sable. Nous portions des manteaux d'hiver, mais la température était juste assez douce pour que les enfants laissent leurs chaussures dans la voiture, une liberté bienvenue contre les chaussettes de laine et les bottes de pluie. Les enfants traversaient sur la pointe des pieds, comme des funambules, l'amas formé sur la rive par des rondins de bois flotté d'immenses sapins de Douglas et cèdres rouges de l'Ouest, s'imaginant le temps du jeu acrobates de cirque. L'eau ici était froide et profonde, un courant fort et des vagues crêtées d'écume nous séparaient de la ligne brumeuse des collines de Seattle, de l'autre côté de la mer des Salish.

Nous, Liesl et Rebecca, étions amies depuis un an et nos enfants, âgés de 4 à 7 ans, étaient bien souvent inséparables, passant leurs journées à explorer la nature. Leur désir intrépide d'exploration nous conduisait vers les rivages insulaires les plus sauvages, accessibles en voiture à distance raisonnable de l'école. Rebecca est mère célibataire de deux enfants, Ava et Mira. Bloggeuse et consultante social média, elle vient d'une famille de militants et de politiciens qui se battent pour l'environnement. Liesl est réalisatrice de films documentaires. Son objectif saisit la science et la recherche de pointe pour l'émission *Nova* et la chaîne National Geographic. Nombre de ses projets impliquent des voyages avec ses deux enfants, Finn et Cleo, et son mari, Pete Athans. Liées par cet amour commun pour l'aventure et le monde naturel, ce type d'excursions hivernales sur les plages était habituel et celle-ci n'était en rien différente des autres jusqu'à ce que Finn se plante une écharde, le revers des balades pieds nus sur la plage. Liesl a retiré la pointe blessante avant que les larmes ne viennent briser l'humeur joyeuse de cette journée, mais nous avons remarqué autre chose accroché sous ses pieds… quelque chose qui n'avait rien à faire là. De minuscules billes blanches de polystyrène et de tout petits morceaux de plastique coloré s'étaient logés entre ses orteils.

En regardant de plus près le sable sous nos pieds, nous avons trouvé deux disques en plastique de 3 millimètres de diamètre. (Nous avons découvert plus tard qu'on les appelle des microbilles et qu'il s'agit de la matière première industrielle de tous les produits en plastique.) Il nous est vite apparu que ces disques représentaient un pourcentage troublant du paysage ce jour-là. Tandis que les enfants couraient sur les rondins, hurlant la joie de ce nouveau jeu, refusant de toucher le « saaable en plaaastique » avec les pieds, nous avons dirigé notre regard vers tout ce qui se mêlait au sable, aux coquillages, au bois flotté et aux algues autour de nous. Nous avons trouvé des débris de plastique plus grands encore plus inquiétants : des seringues, un soldat vert que Finn était heureux d'ajouter à sa collection, des touillettes à café, un tuyau en PVC, des stylos comme ceux que Cleo avait à la maison, des caches d'interrupteur, un ballon d'anniversaire à l'hélium identique à celui qu'Ava avait perdu à la fête d'un copain la semaine précédente quand il lui avait échappé des mains, des briquets, un poupon en plastique jaune vif comme celui qu'avait un jour eu Mira, des pare-chocs de voiture et des applicateurs de tampons, des objets de notre vie quotidienne, tous faits de plastique, tous rejetés par la mer sur notre littoral.

Bien sûr, le plastique était là depuis le début ; nous ne l'avions juste pas remarqué. Et une fois que nous l'avons remarqué, impossible de ne plus le voir. Tous ces objets – des choses que nous utilisons et dont nous dépendons au quotidien –, s'étaient frayé un chemin jusqu'à nos plages et « se cachaient bien en vue », devenant partie intégrante de la plage plus que ne la submergeant.

Ce jour-là – deux ans avant le lancement des bases du Buy Nothing Project (« le projet Zéro Achat ») à l'impact grandissant, qui compte aujourd'hui plus d'un million de membres et 6 000 bénévoles, ce qui est tout simplement stupéfiant – marque le début de notre parcours vers le Zéro Achat. Nous avons trébuché sur l'histoire en apparence anecdotique d'une petite île, symbole d'un immense problème à l'échelle planétaire, et cela nous a incitées à impulser un changement social visant à combattre la réalité de l'excès de déchets et de plastique dans notre environnement.

Pratiquer le Zéro Achat, qu'est-ce que ça signifie ? Pour faire simple, cette philosophie repose sur la recherche de toutes les alternatives possibles avant l'achat d'un objet désiré ou nécessaire, cette quête étant la clé d'une vie heureuse, riche de sens et d'abondance, sur une planète en bonne santé. Nous avons donné vie à cette philosophie grâce au Buy Nothing Project, une coopérative sociale reposant sur l'économie locale du don – alternative à l'économie de marché sur laquelle s'appuient la plupart d'entre nous – qui consiste à partager entre voisins, les membres « demandant » ce dont ils ont besoin plutôt que de l'acheter et « faisant don » de leurs objets d'occasion plutôt que de les jeter. Ce qui est né comme une révélation sur une plage il y a quelques années a engendré, dans des dizaines de pays, le partage de biens et de talents entre voisins évitant sciemment un consumérisme inutile. Mais pour nous, le Zéro Achat signifie beaucoup plus que ça.

Pratiquer le Zéro Achat constitue un changement de mentalité. C'est un rappel de la vérité nichée dans ce vieil adage : « Les déchets de l'un sont le trésor d'un autre. » Une certaine valeur réside dans le fait de faire adopter un objet autrefois aimé devenu inutile pour lui donner une nouvelle vie, plutôt que de le condamner au grenier ou au garage voire, pire, à la poubelle. D'une certaine manière, le Zéro Achat est un retour au mode de vie de nos grands-parents, à la façon de vivre des gens avant l'ère de l'achat en un clic, quand on allait voir le voisin si on était à court de sucre ou bien d'essence pour la tondeuse à gazon.

Beaucoup d'entre nous sont devenus insatisfaits, désireux de bien plus que ce dont nous avons besoin, oubliant l'époque où il n'était pas seulement acceptable mais normal de porter la robe de mariée de sa mère ou de sa grand-mère. Notre appétit d'avoir toujours plus nous coûte une fortune et présente des séquelles pour notre porte-monnaie et pour l'environnement. La découverte de plastiques persistants sur notre littoral a été pour nous un rappel à la réalité, un signal d'alarme sur l'urgence de faire quelque chose, n'importe quoi, d'engager le débat sur nos habitudes d'achats puis d'inverser la tendance croissante de la pollution plastique sur Terre.

Certains diront que notre rêve de changement social s'est réalisé : nous avons lancé un mouvement social mondial et sans retenue de don et de reçu, de partage et de demande, le tout gratuitement, sans condition. Le Zéro Achat a pris et présente des effets secondaires positifs et addictifs. Dans cette nouvelle vision du monde, basée sur une économie centrée sur le partage, tout le monde est gagnant et n'importe qui peut participer : minimalistes, maximalistes, dépensiers, bâtisseurs de communautés et écologistes, indifféremment. Notre expérience du Zéro Achat – mise en avant par des médias comme le *Washington Post*, Mother Nature Network, Grist, Yahoo News, le *New York Times*, l'Australian Broadcasting Company, NHK Japan, CBS News, le *South China Morning Post* et NPR – est un véritable modèle économique moderne basé sur le don, un système dans lequel les biens et les services sont distribués comme de vrais cadeaux, donnés gratuitement sans attente de compensation, jamais troqués, échangés ni vendus. Ici, on assiste à un partage *réel*, et pas une seule personne n'en tire plus de bénéfice que les autres. Chaque participant acquiert un statut social à travers ses actions et chacun récolte ce qu'il sème.

Peut-être avez-vous déjà adopté la mentalité du Zéro Achat ou participez-vous à l'une des nombreuses « économies collaboratives » en vogue, où des entreprises comme Uber et Aibnb ont fait figures de pionniers. Des gens dans le monde entier partagent leurs maisons et leurs voitures, construisent des minimaisons, empruntent en bibliothèque municipale et trouvent tout autre moyen de partager les ressources qu'ils possèdent. Cette « économie collaborative » fonctionne encore en grande partie comme l'économie de marché, avec un échange d'argent pour les courses sur Uber ou les locations saisonnières sur Airbnb, par exemple. Le Zéro Achat vous offre la possibilité d'étendre cet état d'esprit afin de donner et recevoir sans aucune dépense d'argent.

Ce livre est une invitation à nous rejoindre, en vous lançant, où que vous en soyez de votre approche du Zéro Achat. Nous sommes convaincues qu'on peut tous atteindre un plus grand bonheur personnel, créer des communautés plus résilientes et parvenir à une planète en meilleure santé si nous partageons de façon inventive ce que nous possédons en abondance, et ce livre vous expose les étapes pour y parvenir. Tout ce dont vous aurez besoin, c'est votre bonne volonté et le désir sain d'entrer en relation avec les personnes qui vous entourent. Pour vous motiver, vous trouverez au fil des pages de nombreux témoignages de don et de partage. Tous sont authentiques, bien que quelques noms et lieux aient été changés pour préserver la vie privée des personnes.

On connaît tous les trois *r* de la consommation : **réduire, réutiliser, recycler.** Pour nous, un *r* important manquait à la liste : **refuser.**

Cessons d'acheter et essayons de partager davantage. Ce livre ébauche les plans de cette démarche simple pour consommer moins de produits manufacturés et partager l'abondance dans laquelle nous vivons. On connaît tous les trois *r* de la consommation : **réduire**, **réutiliser**, **recycler**. Pour nous, un *r* important manquait à la liste : **refuser**.

En juillet 2013, nous avons amorcé notre première économie locale du don dans notre ville de Bainbridge Island, dans l'État de Washington, à 13 kilomètres en ferry du centre de Seattle. Nous avons lancé un groupe Facebook nommé « Buy Nothing Bainbridge » pour les 23 000 habitants de la ville. L'activité du groupe a explosé car ses membres se sont vite rendu compte que le Zéro Achat n'était pas uniquement un mode de vie plausible, mais un moyen pratique de rencontrer des personnes vivant à deux pas de chez soi. À la fin de l'été, nous avions créé onze autres communautés Buy Nothing Project et, quand est arrivé le Nouvel An, nous avions lancé dix-sept économies locales du don, touchant cinq États, toujours avec la même mission très simple : encourager les membres à partager plus avec les personnes vivant à proximité. L'idée se propageait rapidement.

Nous avions réussi à prouver que n'importe qui pouvait se mettre au Zéro Achat en demandant avant d'acheter et en proposant des dons au lieu de stocker ou de jeter. Quelqu'un près de chez vous possède probablement ce que vous recherchez. Les membres se sont mis à partager tous les objets et services qui leur passaient par la tête : étagères, poussettes, ménage, briques, ordinateurs portables, machines à pain, coupes de cheveux et canoës. L'un des premiers objets qui fut partagé était un ressort pour réparer l'intérieur d'un porte-rouleau de papier toilette ; quelqu'un l'avait mis en ligne presque comme une blague, mais quelqu'un d'autre en avait besoin et, grâce à cette interaction, on a tous pris conscience que la transmission d'un objet en apparence aussi bizarre mais très utile était le signe qu'on pouvait prendre soin les uns des autres. On possédait tous des choses dont d'autres personnes avaient besoin ou envie, de petites choses comme de plus grandes, et la joie de les partager était la même quel que soit le don. Nous espérions que les groupes Facebook contribueraient à réduire le gaspillage, et ils l'ont fait. Mais nous avons observé un autre bénéfice inattendu : des voisins ont fait connaissance, des communautés se sont étendues et de nouvelles amitiés se sont nouées. Grâce à de nombreux gestes de bonté, le mouvement a pris aussi vite qu'une bonne rumeur.

Une économie du don saine s'articule autour de trois actions élémentaires qui servent à renforcer le tissu social dans toute communauté : le don, la demande et l'expression de la gratitude. Ces trois actions sont les piliers du Buy Nothing Project et tous les groupes locaux encouragent leurs membres à « faire don » d'un objet qu'ils n'utilisent plus, à « demander » quelque chose dont ils ont besoin ou envie et à poster un message exprimant la « gratitude » pour l'ancien-nouvel objet qui a trouvé un nouveau foyer et une nouvelle raison d'être.

Voici quelques histoires parmi tant d'autres recueillies auprès de différents groupes. Une femme qui entame une chimiothérapie en hiver demande de l'aide pour son jardin ; quand elle retrouve l'appétit au printemps, elle a des légumes frais et de nouveaux amis avec qui les manger. Une femme âgée célibataire cherche un petit chariot pour tirer son vieux chien quand ils se promènent dans le quartier et trouve les roues idéales. Les vêtements pour bébé passent de famille en famille ; une cafetière électrique en état de marche dont le récipient est cassé retrouve le récipient parfait d'une cafetière électrique cassée à deux pâtés de maisons. Le don de chaussettes orphelines organisé par un enfant dans son école au profit des sans-abri donne lieu à l'unification de milliers de nouvelles paires. Une jeune femme qui se remet d'un trouble alimentaire demande aux gens de la retrouver chaque semaine au café du coin pour jouer au Scrabble afin que son corps se repose après les repas ; des voisins répondent à l'appel et deviennent des amis fêtant son rétablissement autour de rendez-vous ludiques hebdomadaires. Les maisons débordantes d'objets de parents dont les enfants ont quitté le nid se vident au profit des foyers de jeunes couples qui démarrent dans la vie. Les fiancées trouvent des robes de mariée et les anciens des camarades pour une partie de petits chevaux.

Nous sommes ravies de voir l'inventivité que certains membres insufflent au concept. Ils ont lancé des bibliothèques de graines, mais aussi de vaisselle, de verres et d'argenterie pour recevoir des invités, ou encore d'outils. Ils se retrouvent pour échanger et partager des livres, de la laine pour crocheter, ils offrent leurs connaissances en matière de champignons et de cueillette, se passent vêtements et recettes, donnent des cours de cuisine, se retrouvent pour aller récolter des fruits, organisent des « boutiques » gratuites remplies de déguisements pour Halloween et de cadeaux de Noël. Ils ne se contentent pas de modérer leurs achats, ils redécouvrent l'antique valeur du partage, car chaque don est attaché à une histoire, reliant un peu plus les individus et leurs histoires les uns aux autres.

Le secret ? S'assurer que tous les dons sont offerts librement, sans rien attendre en retour.

De nouveaux groupes se forment en permanence. Nous répondons constamment à des inconnus qui nous demandent de les aider à lancer leur groupe local de don. Nous leur donnons les clés pour devenir des administrateurs de communautés en ligne compatissants et pour développer et coordonner leur groupe local. Nous leur fournissons aussi un règlement, des visuels et des recommandations, réalisés et donnés gratuitement, et nous les mettons en relation avec un réseau d'entraide composé de bénévoles basés dans leur région ou à l'international qui sauront répondre à leurs questions et les aider à monter un nouveau groupe. Le Zéro Achat fonctionne mieux au sein de groupes hyperlocaux. C'est pourquoi nous conseillons de former des groupes autour d'un voisinage facilement accessible. Ce n'est pas la même chose en zone rurale et en ville, mais on voit une énorme différence quand les groupes rassemblent des quartiers reliés par une route et ne dépassent pas les 1 000 membres (l'idéal se situe autour de 500 membres).

Aujourd'hui, six ans plus tard, on compte plus de 4 000 économies locales du don fondées sur le Buy Nothing Project sur cinq continents, et notamment dans les cinquante États américains, tous les États australiens et toutes les provinces du Canada. Nous sommes fières d'affirmer qu'absolument personne n'est rémunéré pour cela. Le cœur et l'âme du projet reposent sur les milliers de bénévoles qui donnent de leur temps et de leurs compétences pour bâtir et entretenir ces groupes. Le Buy Nothing Project est un réseau mondial d'économies locales du don géré par une autre économie du don constituée de vraies gens, de bénévoles et de membres convaincus de la valeur du partage. Les gens pratiquent le Zéro Achat en nombre.

Bien que ce livre s'inspire du Buy Nothing Project, il va plus loin que les groupes sociaux et offre de nouvelles idées sur les façons possibles de partager – et ne rien acheter – dans tous les contextes sociaux, avec ou sans Internet. Il donne des conseils pratiques sur ce qui peut être partagé et explique ce que chacun peut faire pour éviter d'acheter, pourquoi ces actions Zéro Achat ont un impact positif sur l'environnement et, peut-être le plus important, comment susciter l'intérêt chez des donneurs et des receveurs partageant les mêmes valeurs surannées de gentillesse et de gratitude. Nous espérons que vous traiterez ce livre comme un cahier d'exercices, que ses marges et ses blancs vous serviront à griffonner vos idées, pensées et expériences. Une fois votre exemplaire annoté, transmettez-le à quelqu'un d'autre et encouragez cette personne à faire de même. Votre livre peut être un document vivant, à la manière des livres de cuisine cornés de nos mères, dont les marges sont gribouillées de notes rappelant les grandes occasions au cours desquelles on a apprécié telle ou telle recette ou des indications sur les épices à ajouter ici ou là. Nous adorerions que ce livre représente le don de la sagesse accumulée et partagée de tous ses lecteurs.

Par-dessus tout, nous souhaitons que chacun profite à son rythme de ce cours empirique sur l'art du Zéro Achat ; armez-vous de votre sens de l'humour et d'une certaine acceptation de soi. Il ne s'agit pas d'un exercice de perfection, de négation de soi ou d'abnégation. On ne peut pas « échouer » dans le Zéro Achat. Cette philosophie est destinée à être explorée et incarnée à travers des pratiques en constante évolution selon celles qui vous conviennent, où que vous en soyez dans votre vie. Fêtez vos réussites, même les plus petites, et gardez en tête que notre challenge en sept étapes est censé améliorer votre vie. Si l'une de nos propositions ne vous est d'aucune aide, écartez-la par tous les moyens. À vous de voir si vous voulez zapper d'une étape à l'autre pour savoir ce qui vous attend ou si vous préférez garder la surprise de chaque défi au fur et à mesure. Vous pouvez consacrer à chaque étape une journée, une semaine ou plus. Allez à votre rythme et attaquez chaque nouveau défi quand vous vous sentez prêt. Il n'y a pas de mauvaise manière d'aborder ce livre et le plan d'action qu'il ébauche. Nous vous encourageons à garder une trace de votre parcours vers le Zéro Achat à mesure que vous développez de nouvelles habitudes et que votre mentalité évolue. Bien sûr, nous espérons que vous partagerez largement ce livre et les apprentissages que vous en aurez tirés.

Nous avons toutes les deux des expériences de vie très différentes, mais ce que nous avons appris, chacune de notre côté, nous a menées vers la même vérité : être unis au sein d'un réseau local de partage dans lequel chacun joue un rôle indispensable est plus épanouissant que l'accumulation compulsive et solitaire d'objets pour notre propre usage. Nous sommes convaincues que la vie agréable à laquelle nous aspirons se niche plus vraisemblablement dans l'abondance du partage, qu'une générosité active donne à nos vies une raison d'être et que la sécurité la plus solide engendrée par le désir naît de notre enracinement dans une culture du don, dans laquelle donner librement et recevoir directement les uns des autres, sans condition ni culpabilité, nous est naturel.

> Tout acheter nous coupe les uns des autres ;
> ne rien acheter nous relie.

Vous vous dites peut-être que nous mettons un coup de projecteur sur un mode de vie alternatif, où acheter est considéré comme la dernière option dans le panthéon des choix que nous pouvons faire chaque jour au sein d'une communauté. Tout acheter nous coupe les uns des autres ; ne rien acheter nous relie. Nous aimerions amener un changement social. Pour ce faire, nous vous mettons au défi de cesser d'acheter. Inutile d'en faire quelque chose de douloureux ni de vous priver de ce que vous aimez. Nous sommes convaincues que si vous donnez leur chance aux étapes exposées dans ce livre, vous verrez que le Zéro Achat peut vous apporter presque tout.

POURQUOI PRATIQUER LE ZÉRO ACHAT

Comment sommes-nous passées de l'écharde d'un enfant sur une plage au lancement d'une expérience mondiale visant à développer le don ? On en revient évidemment au plastique.

Après cette journée à la plage, nous étions devenues des femmes investies d'une mission. Les enfants dans notre sillage, nous avons navigué tout autour de Bainbridge, la petite île du détroit de Puget qui nous tient lieu de résidence, pour en savoir plus sur l'afflux continu de plastiques. À chaque marée haute, nous récupérions des chargements entiers de déchets plastiques échoués sur le littoral. Nous avons ramassé des morceaux de plastique aussi gros qu'une Coccinelle Volkswagen, de petits bouts de la taille d'une microfibre et toutes les tailles intermédiaires.

L'étiologie des plastiques sur les plages s'est mise à nous obséder et nous avons passé trois ans à nettoyer notre littoral, à cataloguer chaque type de plastique ménager, des seaux, brosses à dents, pailles, papier bulle, sachets congélation, emballages de cacahuètes et barquettes en polystyrène aux bouteilles et bouchons en plastique omniprésents. Nous sommes devenues des scientifiques citoyennes, nous efforçant de répondre à cette question cruciale : *D'où viennent les plastiques qui polluent nos plages et nos mers ?*

L'ère du plastique

Bien évidemment, le plastique venait de nous tous, de nos maisons, jardins, voitures, lieux de travail, écoles, restaurants. Si un objet était en plastique et que l'un de nous, à Bainbridge, l'avait acheté, il y avait fort à parier que nous le verrions un jour ou l'autre s'échouer sur notre île. Cet été-là, nous avons étudié notre petite île comme un microcosme du monde dans son ensemble. Nos observations nous ont confirmé que le plastique dure pour toujours. Il ne se biodégrade pas. Il finit seulement par se désagréger progressivement en plus petits morceaux, si petits que, **dans certaines zones des océans, les microplastiques**, définis par l'Agence américaine d'observation océanique et atmosphérique (NOAA) comme de minuscules morceaux de plastique mesurant « moins de 5 millimètres de long (ou environ de la taille d'une graine de sésame)[1] », **sont six fois plus nombreux que le zooplancton**[2], ces créatures microscopiques qui vivent dans la mer et constituent la source d'alimentation principale de bien des animaux marins. Deux processus de décomposition méritent notre attention. Le premier, c'est la décomposition d'objets de grande taille en microplastiques. Cela a son importance, parce que plus le morceau est petit, plus il est susceptible d'être ingéré par une forme de vie sous-marine et d'entrer dans la chaîne alimentaire. Nous avons constaté de nos propres yeux que des plastiques qui arrivent dans la nature comme des objets entiers peuvent assez vite se transformer en microplastiques s'ils sont confrontés à des forces telles qu'un véhicule, la lumière du soleil ou des vagues. Un stylo tombé d'une poche qui se fait rouler dessus par une voiture en route vers l'étendue d'eau la plus proche se change d'un tout en de petits éclats en un seul passage de pneu. En l'espace de quelques semaines, un sac plastique emporté par le vent peut se transformer en lambeaux semblables à des algues une fois fragilisés par le soleil et les branches d'arbres, un ballon peut se dégonfler et commencer à se déchirer en une masse tentaculaire comparable à une méduse. Une fois les plastiques pris dans les mêmes forces naturelles que celles qui lissent les rochers sur les plages et polissent les coquillages, ils se mettent à prendre des formes organiques qui trompent l'œil humain, mais aussi marin. Les morceaux de plastique plus gros, restés intacts, ont moins de chances de duper un animal affamé et sont trop volumineux pour être aspirés par les créatures suspensivores, mais il ne leur faut pas longtemps pour perdre leur forme d'origine et commencer à se désagréger en microplastiques susceptibles d'être ingérés par la vie sous-marine. On estime que le processus de photodégradation du microplastique prend 450 ans pour une bouteille en plastique et au moins 600 ans pour un monofilament en nylon utilisé pour la pêche[3]. Le plastique est actuellement le plus gros contributeur de la pollution marine. Il représente 60 à 80 % des débris humains dans les océans à travers le monde et 90 % des particules flottantes sont en plastique[4].

Nous avons entrepris un projet de recherche sur plusieurs mois, ratissant chaque littoral auquel nous pouvions accéder, parcourant toutes les plages et tous les bassins-versants environnants. Chaque pluie abondante déterrait son lot de pailles, de fermetures de sachets en plastique et de briquets : ils dérivent jusqu'aux estuaires en aval et sont rejetés dans la mer. Nous avons rendu compte personnellement, par des photos ou des vidéos, de tous les débris. Nous avons élaboré des tableurs listant les objets, les lieux, et les dates pour géoréférencer les plastiques accumulés dans notre environnement proche, des étendues sauvages aux paysages urbains. Nous avons étudié de près cartes et données.

Nous avons appris que les plastiques se déplacent de leurs consommateurs d'origine, où qu'ils se trouvent, aux bassins-versants et aux cours d'eau avant de se déverser dans la mer. La plupart des déchets plastiques sont acheminés vers la mer *via* les eaux de ruissellement urbain par les collecteurs d'eaux pluviales, les bassins-versants et les égouts. Avec presque 9 millions de tonnes de déchets plastiques rejetés dans les mers chaque année, on estime que, d'ici à 2050, il y aura, à poids égal, plus de plastique que de poissons dans nos océans[5].

Pas une plage sur notre planète n'est épargnée par le plastique, peu de rivières peuvent se targuer d'en être dénuées et il refait surface sur notre terre elle-même aux endroits les plus insoupçonnés. Nos jardins soi-disant biologiques sont remplis de plastique, le compost organique vendu en jardineries est souvent bourré de microplastiques, sous forme de filaments de sachets déchirés par exemple. Bref, nous avons un sérieux problème avec le plastique.

> Les plastiques flottant dans l'océan attirent les polluants organiques persistants comme le DDT et les PCB. Absorbant ces molécules toxiques, ils les transfèrent ensuite aux organismes vivants et augmentent en toxicité au fil de leur bioaccumulation jusqu'au sommet de chaque chaîne alimentaire.

L'un des seuls laboratoires de recherche étudiant les microplastiques dans l'environnement est basé au Center for Urban Waters de Tacoma, à une centaine de kilomètres seulement de Bainbridge. Lors d'une conférence sur les microplastiques, le directeur scientifique de l'institut, le Dr Joel Baker, a expliqué dans le détail l'état actuel des connaissances des chercheurs[6] :

- **Fait #1 :** Outre les petits morceaux de plastique désagrégés avec le temps en microplastiques, y compris les microfibres de nos vêtements, **une autre source avérée de microplastiques provient des produits hygiéniques et cosmétiques utilisant des microbilles et des paillettes dans le maquillage, les exfoliants, le gel douche, le dentifrice et les gommages pour le visage**[7]. Ce n'est que récemment que les scientifiques ont commencé à prendre conscience que de si petits microplastiques présentent une menace à long terme pour la chaîne alimentaire marine prenant les minuscules débris en plastique pour de la nourriture. Les déchets plastiques affectent au moins 800 espèces à travers le monde, incluant la moitié de toutes les tortues de mer et 60 % des espèces d'oiseaux marins[8], et tuent 100 000 mammifères marins chaque année[9].

- **Fait #2 : Les plastiques flottant dans l'océan attirent les polluants organiques persistants tels que le DDT et les PCB.** Absorbant ces molécules toxiques, ils les transfèrent ensuite aux organismes vivants et augmentent en toxicité au fil de leur bioaccumulation jusqu'au sommet de chaque chaîne alimentaire[10]. Selon l'encyclopédie Merriam-Webster, l'adsorption désigne « l'adhérence en une couche extrêmement fine de molécules (comme des gaz, des solutés ou des fluides) à la surface de corps solides ou de liquides avec laquelle elles sont en contact ». Non seulement les plastiques flottent partout dans l'océan, mais ils agissent comme des aimants pour des polluants visqueux, les molécules adhérant aux plastiques eux-mêmes et les entourant. Pire encore, les chercheurs sont maintenant capables de prouver qu'on retrouve les plastiques et les molécules qu'ils absorbent dans l'estomac d'oiseaux marins, mais aussi dans le poisson et les fruits de mer que nous consommons[11].

Notre société se trouve dans les affres de ce que certains scientifiques appellent l'ère du plastique ; nous avons fabriqué autant de plastique ces trente dernières années qu'au cours du siècle précédent. De quelle quantité de plastique parlons-nous ? Un article du *Telegraph* résume en ces termes une étude menée par des chercheurs de l'université de Géorgie et de l'université de Californie : « La masse du plastique fabriquée depuis les années 1950 équivaut au poids d'un milliard d'éléphants... En 2015, l'être humain avait produit 8,3 milliards de tonnes de plastique, dont 6,3 milliards de tonnes étaient devenues des déchets. 9 % des déchets plastiques seulement ont été recyclés, 12 % ont été incinérés et 79 % se sont accumulés dans les centres d'enfouissement des déchets et dans le milieu naturel. Si la tendance se poursuit, ce sont à peu près 12 milliards de tonnes de déchets plastiques qui se retrouveront dans les centres d'enfouissement ou pollueront les océans d'ici à 2050. »

Cet article se poursuit par une infographie proposant des points de comparaison pour nous aider à visualiser. Si vous avez du mal à vous représenter un milliard d'éléphants, essayez avec 822 000 tours Eiffel, 25 000 Empire State Buildings ou 80 millions de baleines bleues. Chacun représente le poids de tout le plastique produit par l'être humain jusqu'en 2015, la majorité étant devenue des déchets[12].

Une solution propre

À présent que nous avions douloureusement pris conscience de la quantité de plastique toxique échoué sur nos plages, nous nous sommes investies de la mission d'éclairer les consciences au sein de notre communauté. Nous sommes intervenues dans les classes et avons mené des audits sur les déchets, aidant les étudiants à voir comment réduire leur empreinte en la matière à l'école et à la maison. Ils sont venus avec nous nettoyer les plages et nous ont mises au défi, d'abord convaincus que ces plages sur lesquelles ils avaient grandi étaient dénuées de plastique. L'un des étudiants a ramassé une boule d'algues et l'a ouverte dans sa main, la lâchant presque quand il s'est rendu compte qu'il s'agissait d'un sac recouvert d'algues vertes. D'autres ont été surpris de voir que les tubes noirs d'un mètre de long n'étaient pas des algues brunes. C'étaient des tuyaux en PVC, et que faisaient-ils sur la plage ? Les objets ovales en forme de moules étaient des bombes de feux d'artifice, vestiges du 4 Juillet. Les petites formes rondes et squelettiques n'étaient pas des vertèbres de poissons mais des filtres à cigarettes. Les hauts herbiers marins étaient en réalité des pailles et des cartouches de stylos-plume. Les bouchons de bouteilles en plastique singeaient les coquilles de palourdes et ce qui serpentait au milieu du flot de l'herbier marin le long de la ligne de varech était des rubans de ballons à l'hélium envolés lors des fêtes et mémoriaux du coin. Ce programme de sensibilisation auprès des écoles fut cathartique pour nous, mais nous savions qu'il nous fallait aller au-delà de l'action locale et étendre nos horizons.

Nous devions faire quelque chose pour soit trouver des réponses, soit prendre part à la solution, alors nous avons décidé d'**attaquer le problème par son origine : la consommation**. Avant toute chose, la meilleure chose à faire était de **refuser d'acheter du plastique**. Nous avons commencé par l'appliquer à nous-mêmes et, en l'espace de quelques mois, nous excellions presque dans l'art du shopping zéro déchet.

Mais la pollution terrestre et maritime n'est qu'une facette du problème du plastique. Les émissions de gaz à effet de serre en sont une autre. Une étude menée sur la consommation des ménages dans quarante-trois pays, publiée en 2016 dans le *Journal of Industrial Ecology*, a montré que les consommateurs sont responsables de plus de 60 % des émissions de gaz à effet de serre de la planète. Plus surprenant encore, les 4/5 des répercussions environnementales attribuables aux consommateurs ne sont pas des « répercussions directes », comme le carburant que nous brûlons pour faire rouler nos voitures ou chauffer nos maisons, mais des « répercussions secondaires », les effets environnementaux de la production des produits que nous achetons[13].

Nous avons trouvé la réponse que nous cherchions : **consommer moins peut affecter considérablement notre empreinte carbone individuelle globale**. L'Américain moyen a produit 16,4 tonnes de CO_2 en 2014[14]. Cela équivaut à l'émission de dioxyde de carbone qui résulterait de la combustion de 8 132 kg de charbon par personne[15]. Chaque fois que nous trouvons une alternative à l'achat d'un objet neuf, nous réduisons notre impact sur l'environnement de deux façons : une plus faible émission de dioxyde de carbone dans la production et le transport de cet objet sur le marché et un objet en moins qui finirait dans une décharge ou dans nos bassins-versants et nos océans. Les experts mondiaux sur le climat nous ont avertis qu'il ne nous reste qu'une dizaine d'années pour limiter le réchauffement climatique à un maximum de 1,5 °C[16]. Au-delà de ce seuil, même de 0,5 °C, nous aggravons considérablement les risques de sécheresse, d'inondations et de phénomènes climatiques extrêmes comme les canicules, les ouragans et les incendies, menant des centaines de millions de personnes à la pauvreté.

Le temps presse, nous le savons, mais il existe une solution simple pour répondre, en grande partie, à ce problème : **consommer moins est peut-être le geste le plus puissant que chacun puisse faire pour aider dans cette crise environnementale.**

On doit pouvoir trouver des bénéfices au fait de réduire sa consommation et d'épouser une nouvelle philosophie tournée davantage sur le don et moins sur l'achat.

La psychologie du consumérisme

Bien sûr, le Zéro Achat n'est pas aisé, du moins au début. On a parfois l'impression que nous autres humains sommes câblés pour acheter. Mais pourquoi ?

Nous avons passé beaucoup de temps à échanger avec les membres du Buy Nothing Project et à explorer notre obsession commune pour *les affaires*. Pourquoi est-il si difficile de se séparer des objets, même de ceux qu'on utilise rarement ou dont on n'a plus l'usage ? Pourquoi est-on en permanence forcés d'acquérir toujours plus de choses, au-delà de nos besoins ? Quelles forces secrètes motivent notre désir collectif pour les biens matériels ?

Nous nous sommes basées sur une observation attentive des gens et de leurs affaires dans nos groupes Buy Nothing pour élaborer des théories afin de répondre à ces questions. Oui, la publicité personnalisée nous prend pour cibles plus que jamais auparavant et, oui, les réseaux sociaux offrent un flot de photos actualisé en permanence qui montrent des objets habilement mis en scène et les vies en apparence parfaites qui y sont associées. Ces forces nous poussent certainement à la consommation. Mais nous avons observé un phénomène plus profond. Les gens semblent considérer leurs affaires comme des aspects tangibles de leur identité, comme des preuves de leur mérite, de leur valeur, de leur existence et de leur importance dans l'univers. C'est comme s'il y avait un « je possède, donc je suis » en action. Il s'avère que de nombreux psychologues mènent des recherches sur notre relation aux biens matériels et que leurs conclusions sont en phase avec nos observations.

Une étude sur le sujet remontant à 1932 explique le lien profondément enraciné de l'être humain à l'objet, observé quotidiennement dans chaque économie du don que nous avons aidée à mettre en place : bien avant d'être réceptifs au marketing, avant l'âge de 2 ans, nous faisons preuve d'un fort sentiment de propriété à l'égard des choses et notre relation à nos biens matériels va des disputes entre deux jeunes enfants autour d'un jouet au lien profond établi avec une peluche adorée, du réconfort trouvé dans ses affaires par l'adolescent en lutte contre le sentiment d'autodépréciation à la construction consciente de notre identité à travers les choses que nous possédons. À l'âge adulte, nos possessions prennent de l'importance car elles expriment plus profondément la manière dont nous nous voyons et permettent de garder en mémoire des événements importants, des rites de passage et des personnes chéries. Quand nous vieillissons, nos affaires nous tiennent compagnie, symboles des jours depuis longtemps révolus et des personnes disparues. À chaque étape de la vie depuis l'adolescence, l'autodépréciation, le manque de lien social et le sentiment d'impuissance sont corrélés à une concentration accrue sur l'importance de nos biens matériels. Cette relation entre l'image que nous avons de nous-mêmes et nos possessions semble être câblée dans notre cerveau : des scanners montrent que la zone cérébrale qui constitue le siège de notre personnalité s'éclaire quand nous pensons aux choses que nous possédons[17].

La relation que nous entretenons avec nos affaires, complexe et importante sur le plan psychologique, et la facilité avec laquelle nous en acquérons de nouvelles conduisent à un débordement d'objets dans nos maisons, ce qui n'est sain ni pour l'environnement ni pour nous.

Se noyer sous les objets

Accumuler des objets est si facile qu'on se retrouve à manquer de place pour les entreposer chez soi. Chaque année, de plus en plus d'Américains se tournent vers la location d'espaces de stockage pour leur surplus d'affaires. On compte aujourd'hui 45 000 garde-meubles à louer aux États-Unis et 9,4 % des Américains y ont recours. Il y a vingt ans, ce chiffre était deux fois moins élevé[18].

Entre 2001 et 2005, une équipe d'archéologues du Center on the Everyday Lives of Family de l'UCLA a mené une étude pionnière auprès de trente-deux ménages de classe moyenne à double revenu vivant dans la région de Los Angeles afin d'étudier leur « culture matérielle », les objets de nos vies quotidiennes[19]. Les archéologues Jeanne E. Arnold, Anthony P. Graesch, Enzo Ragazzini et Elinor Ochs ont dirigé des visites filmées des différentes maisons, conduites par chaque membre du foyer âgé de plus de 7 ans. Ils ont procédé à un inventaire systématique des objets de chaque pièce, les décrivant, les photographiant et les comptant. Une tâche colossale. Ils ont rendu compte de chaque objet visible dans les trente-deux maisons et ont pris plus de 20 000 photos.

Dans l'une des maisons, ils ont dénombré 2 260 possessions dans seulement trois pièces (deux chambres et le salon) sans compter « le nombre incalculable d'objets glissés dans les tiroirs, boîtes et compartiments des commodes ou placés derrière d'autres objets ». Un large pourcentage des objets de nos désirs se trouvant dans nos maisons sont en plastique, ce qui contribue grandement à la conclusion de l'étude qui montre qu'on compte plus de 300 000 objets dans le foyer américain moyen. Il est intéressant de noter que les chercheurs ont établi une corrélation entre le nombre de magnets sur les réfrigérateurs et la quantité de choses dans le foyer.

On compte plus de 300 000 objets dans le foyer américain moyen.

Comme l'a expliqué l'autrice principale de l'étude, Jeanne E. Arnold, dans une interview, « les foyers américains contemporains comptent plus de possessions par foyer que dans n'importe quelle société de l'histoire mondiale. Et l'hyperconsommation est manifeste dans de nombreux espaces comme les garages, dans les pièces servant de bureau et parfois même dans des coins de salons et de chambres, dans les cuisines, sur les tables de salle à manger et dans les cabines de douche. On trouve des tas d'affaires, des amas d'affaires, et cela engendre clairement dans certains foyers un stress important pour les familles, en particulier pour les mères[20] ».

Les chercheurs se sont penchés sur les niveaux de cortisol, une hormone du stress sécrétée par la glande surrénale, chez les femmes soumises à cette étude et les ont trouvés très élevés. Ils ont également noté que nous avons beaucoup de rituels et de procédures pour accumuler des objets, mais que nous en avons très peu quand il s'agit de s'en décharger ou de s'en débarrasser. Nous sommes confrontés à une industrie publicitaire ayant pour mission de nous faire acheter des choses. Et depuis que nous avons trouvé des moyens moins chers et plus efficaces pour produire davantage, il y a bien plus de choses disponibles à l'achat. Ceci, à quoi s'ajoute le fait qu'il n'a jamais été aussi facile d'acheter, nous pousse à accumuler plus que nous ne l'avons jamais fait auparavant.

La joie inattendue de ne rien acheter

La facilité avec laquelle on peut acheter, couplée à d'autres facteurs, a évidemment contribué à cette surabondance, mais nous pensons qu'il y a, derrière notre obsession pour les objets, quelque chose de plus primitif que le désir d'accéder à un certain statut social et une certaine richesse, quelque chose de plus ancien que les campagnes marketing. Nous pensons que cela remonte à notre besoin de partager les histoires que ces objets nous aident à raconter.

Au fil de nos recherches sur l'histoire du plastique et des produits en plastique, nous sommes tombées sur l'Object Ethnography Project, fondé par Max Liboiron, alors étudiant à l'université de New York. Ce projet interroge les relations entre les personnes, leurs objets et leurs histoires. Des gens ordinaires envoyaient un objet qu'ils souhaitaient donner, accompagné de leur histoire avec cet objet. D'autres pouvaient demander l'un de ces objets et devaient offrir en échange une nouvelle histoire liée à cet objet[21].

Lorsque nous avons entendu parler de ce projet, ce fut une véritable révélation. Les expériences partagées deviennent les pierres angulaires qui unifient une communauté. Elles soudent les gens, permettent de former des identités de groupe et nous aident à percevoir notre importance au sein de notre groupe. Puisque nous sommes de moins en moins reliés les uns aux autres, nos objets sont devenus les détenteurs de nos histoires et nous rappellent que nous comptons. C'est le nœud central de notre société : l'isolement croissant nous a poussés à accumuler plus de choses que nous ne pouvons gérer et nous freine quand il s'agit de nous en séparer. En tant que mères, scientifiques citoyennes et fondatrices du mouvement du Buy Nothing Project, nous sommes convaincues que se rapprocher des personnes qui nous entourent et partager avec elles des affaires *et* leurs histoires donne plus de sens au processus de lâcher-prise et nous rapproche d'une conscience collective qui nous accompagne depuis les premiers jours de l'être humain. Au cours de l'histoire, les gens ont survécu à des périodes difficiles en coopérant pour partager les ressources. L'élan d'entraide à travers le don et le partage est toujours présent et manifeste aujourd'hui, à la fois dans les cultures indigènes du don ayant résisté aux défis de la colonisation et du capitalisme, et dans la manière dont des personnes de toutes cultures passent à l'action lors d'épisodes de catastrophes naturelles tels que sécheresses, ouragans ou glissements de terrain. À l'heure où le changement climatique entraîne davantage de changements environnementaux, la propension naturelle à prendre soin de son prochain va trouver de nouveaux terrains d'expression.

Nous avons aussi l'intime conviction qu'on peut vivre une belle vie grâce à des motivations à la fois extrinsèques et intrinsèques. On rêve de vivre dans l'abondance, un objectif extrinsèque que chacun espère. Mais on croit aussi en un objectif intrinsèque supérieur : se lier aux autres, se sentir protégé et estimé, construire une communauté. Ces motivations ne sont pas mutuellement exclusives. À vrai dire, on peut les satisfaire toutes deux par le Zéro Achat. **Donner, recevoir et partager nous permet d'accumuler ce qu'on désire (extrinsèque) tout en renforçant nos liens avec la communauté locale (intrinsèque).**

Nous constatons encore et encore au sein des groupes Buy Nothing qu'alors que, dans un premier temps, les membres sont généralement heureux que cette pratique satisfasse leurs valeurs extrinsèques, ce sont les bénéfices intrinsèques qui les poussent à continuer. En réalité, ces bénéfices intrinsèques sont peut-être plus précieux encore que la motivation extrinsèque d'accumuler plus d'*affaires*. De nombreuses études montrent qu'on observe des niveaux de vitalité et de satisfaction plus élevés chez les gens qui privilégient les motivations intrinsèques aux motivations extrinsèques, ainsi que des taux plus bas de dépression et d'anxiété[22].

En prime, ceux qui organisent leur vie autour de valeurs intrinsèques comme la relation aux autres et une meilleure conscience de soi ont tendance à considérer autrui avec bienveillance et à adopter des modes de vie écologiquement plus durables. Ainsi, chacun y gagne dans le Zéro Achat.

La joie de développer de nouvelles relations et d'appartenir à un mouvement social n'est pas la seule chose qui surprenne les membres de ces groupes. Certaines personnes se retrouvent confrontées à leurs propres comportements et habitudes occultés, parfois tenaces et difficiles à briser, comme l'addiction au shopping, l'accumulation compulsive et l'éprouvante gêne de demander ce qu'on souhaite. Ces problèmes se trouvent à bien des égards au cœur du mouvement du Zéro Achat : comprendre les besoins cachés qui motivent notre consumérisme et notre tendance à l'accumulation nous aide à identifier et à satisfaire nos besoins les plus profonds, les biens immatériels comme l'identité, les relations et l'amour-propre, bien plus nécessaires que de nouveaux objets. Rompre avec l'habitude ou même avec l'addiction d'acheter sera peut-être l'une des choses les plus difficiles qu'il vous soit donné de faire. Pour certains, c'est l'étape la plus éprouvante du Zéro Achat. Mais ce n'est pas parce que vous cessez d'acheter que vous faites une croix sur l'acquisition ; l'économie du don est riche des objets dont se séparent les voisins. Le bénéfice de partager davantage, c'est qu'on consomme moins collectivement. Ainsi, on économise de l'argent, on réduit l'encombrement, on évite la pollution des océans par le plastique et on réduit les émissions de gaz à effet de serre, tout à la fois.

N'achetez rien, changez tout ! nous offre une fenêtre sur tous ces aspects de nous-mêmes et vous tirerez inévitablement des leçons inattendues et de nouveaux éclairages sur votre personnalité à mesure que vous franchirez les différentes étapes de ce livre. Ces leçons nous mettent parfois mal à l'aise lorsqu'on doit faire face à des besoins occultés et à des habitudes malsaines ou se résoudre à accepter la position de vulnérabilité liée à la demande. Mais ça en vaut la peine. Non seulement vous (et votre compte en banque !) tirerez de ce nouveau mode de vie le sentiment d'être plus léger et en meilleure forme, mais votre communauté sera plus forte grâce aux arts perdus du don, du partage et de l'acceptation. Le partage engendre la connaissance de soi et la résilience.

Mais n'allons pas trop vite en besogne. Commençons par vous montrer comment acheter moins et de façon aussi consciente que possible. En agissant ainsi, on explore notre relation émotionnelle aux objets et les raisons pour lesquelles on consomme, et donc gaspille, plus de choses que jamais au cours de l'histoire. Nous vous invitons à nous rejoindre dans le parcours vers le Zéro Achat, en commençant par notre challenge en sept étapes.

UNE INVITATION AU ZÉRO ACHAT

Essayez notre challenge Zéro Achat en sept étapes

Ceci est une invitation officielle à nous rejoindre dans cette expérience, pour voir si on peut tous trouver des alternatives à l'achat et y réfléchir à deux fois avant de jeter quelque chose. Au fil de ce livre, **nous vous proposons les grandes lignes d'un plan qui vous permettra de changer de mentalité et de comportement**. Que vous soyez en train de courir au magasin acheter quelque chose dont vous pensez manquer, de commander un cadeau d'anniversaire pour un ami ou d'essayer de donner du sens au chaos qui règne dans vos placards, ce livre vous aidera à refréner votre dépendance au commerce, à limiter le gaspillage et à trouver des façons inventives de satisfaire vos envies et besoins sans dépenser un centime.

Non seulement vous allez économiser de l'argent, vous faire de nouveaux amis, recevoir les choses que vous voulez et vous débarrasser de tout ce qui vous encombre (sans remplir les décharges !), mais vous découvrirez aussi avec surprise la joie et les enseignements inopinés que vous tirerez de cette reconnexion avec le monde réel et avec les gens qui vous entourent. Ce plan, dans ses grandes lignes, s'adresse vraiment à tout le monde, quelle que soit votre situation géographique ou économique : l'économie du don est universelle car on a tous accès au même sens inné de la générosité.

Essayez de ne rien acheter pendant aussi longtemps que vous le pouvez. Démarrez petit, par une semaine, peut-être. Vous pourriez être surpris. Certaines personnes ont réussi à tenir un an sans même le planifier, en se laissant porter par ce nouvel état d'esprit mois après mois. Tous les nullionaires (pionniers n'ayant rien acheté pendant des mois ou des années) que nous avons rencontrés ont ceci en commun : ils sont ingénieux, profondément connectés aux autres et ont un point de vue très sain sur les attributs du mercantilisme. Ils parlent de l'abondance dans laquelle ils vivent et non des privations ressenties en n'achetant rien. Parce que nous n'achetons pas les choses dont nous faisons l'acquisition et parce que nous dépendons davantage du soutien de la communauté, le Zéro Achat donne du sens à la manière dont on façonne l'interdépendance entre amis, famille, voisins.

Pour de meilleurs résultats, incluez vos amis : invitez-les à se lancer dans ce livre avec vous et donnez-vous des nouvelles par téléphone, par e-mail ou autour d'un café hebdomadaire. Rejoignez-nous aussi sur le forum anglophone de buynothinggeteverything.com pour avoir de la compagnie dans votre parcours. S'attaquer avec d'autres à ces sept étapes n'a pas de prix, que ce soit pour trouver l'inspiration ou pour se défouler, pour pousser un coup de gueule ou pour s'extasier. Inutile de vivre dans la même ville ; tout ce qui compte, c'est que vous suiviez les mêmes étapes, où que vous soyez.

Si vous préférez vous lancer en solitaire, tenez un journal de bord pour suivre vos progrès. Cela vous permettra de prendre bonne note de vos triomphes, des souvenirs, sentiments, idées et anecdotes vécus tout au long de ce challenge. Chaque étape vers le Zéro Achat se clôt sur une invitation : *Nous vous invitons à...* Ce sont nos suggestions pour tenter d'opérer des changements concrets de comportement dans le cadre de ce challenge. Faire le point avec votre groupe (ou votre journal) à chaque étape permet d'enraciner ces changements et de les faire croître dans votre vie et dans le monde.

Si vous voulez tirer encore davantage de ces sept étapes, jetez un œil à la rubrique « Repensez vos déchets » en page 311 qui vous indiquera différentes façons de réduire vos déchets en reconsidérant ce que vous jetez et en inventant de nouvelles manières de jeter moins et de réutiliser davantage.

Les règles

Les règles sont simples : Zéro Achat. **N'achetez rien, aussi longtemps que vous le pouvez, en dehors des dépenses autorisées listées ci-après.** À chaque étape, nous vous proposons des exercices pour vous lancer et vous aider à modifier votre comportement. Ces exercices font partie intégrante du challenge, ils sont conçus pour optimiser votre expérience du Zéro Achat et vous aider à opérer des changements durables dans vos habitudes de consommation. Nous exposons ici les grandes lignes des sept étapes du challenge et ce livre vous accompagnera ensuite plus en profondeur en vous apportant tout le soutien, les encouragements et les informations dont vous aurez besoin pour réussir :

- **Étape 1 : donner** — Nous explorons les nombreuses formes de don et vous proposons des manières d'entamer votre propre parcours vers la générosité.
- **Étape 2 : demander** — Quand tous les dons sont de valeur équivalente et ne sont pas monétarisés, les règles du jeu sont uniformisées et nous sommes tous sur un pied d'égalité. Demander ce qu'on veut est crucial pour la bonne santé de l'économie du don.
- **Étape 3 : réutiliser & refuser** — Nous vous proposons des trucs et astuces pour commencer par refuser d'acheter des objets du quotidien.
- **Étape 4 : réfléchir** — Nous nous penchons sur les besoins qui se cachent derrière votre désir d'acheter plus, afin de vous aider à lutter contre votre réflexe d'achat et à trouver des façons alternatives de vous procurer ce dont vous avez besoin.
- **Étape 5 : fabriquer & réparer** — Célébrez le bricoleur qui sommeille en vous, réduisez l'empreinte de vos déchets et ressentez le pouvoir de réparer à peu près n'importe quoi avant d'acheter du neuf.

- **Étape 6 : partager, prêter & emprunter** — Nous vous aidons à trouver des façons inventives de partager, prêter et emprunter davantage.
- **Étape 7 : exprimer sa gratitude** — L'expression franche de notre reconnaissance à l'égard de ceux qui ont partagé avec nous est le ciment principal qui nous lie et engendre plus de dons.

Les exceptions

On sait ce que vous pensez : mais comment vais-je me nourrir ? Comment vais-je vivre ? **Pas de panique, voici la liste des dépenses autorisées, et même encouragées, pendant votre challenge Zéro Achat :**

1. **repas** (la nourriture, surtout si elle est locale, y compris les sorties au restaurant) ;
2. **factures domestiques** (chauffage, eau, électricité, loyer/emprunt) ;
3. **transports** (dont le bus et le train, l'essence, l'assurance automobile, l'entretien du véhicule) ;
4. **médicaments prescrits et produits de soin** (dont les produits de toilette pour vous, les personnes à votre charge et vos animaux) ;
5. **éducation** (dont les fournitures en tout genre, les frais de scolarité, les événements scolaires et tout autre événement lié au travail ou à l'éducation) ;

6. **timbres et frais d'envoi** (n'inclut pas les fournitures d'expédition) ;
7. **donations à des organisations caritatives ou politiques ;**
8. **sorties et spectacles** (billets de musées et concerts, tickets de piscine avec les enfants, sorties au zoo, excursions dans un parc national, nuits au camping, etc.) ;
9. **arts, lettres et culture** (dépenses soutenant les artistes, intellectuels et auteurs, telles que les œuvres d'art, les livres, la poésie et les enregistrements musicaux).

Ce challenge a un double objectif : vous encourager à vous lier à votre réseau – ou à en tisser de nouveaux – pour demander ce dont vous avez besoin et vous décharger de ce que vous ne voulez plus garder. Mais **on vous aide aussi à repenser vos « besoins ».**

- Avez-vous réellement besoin de ces nouveaux cintres en plastique alors que des personnes près de chez vous adoreraient refourguer les leurs plutôt que de les jeter ?
- Devez-vous vraiment acheter cette tente alors que votre collègue vous prêterait volontiers la sienne ?
- Faut-il que vous remplaciez votre vélo ou a-t-il seulement besoin d'une bonne remise en état ?

Peut-être pouvez-vous vivre sans cet « indispensable » ou trouver des manières créatives de l'obtenir ou de le réparer sans ouvrir votre porte-monnaie. Fabriquer des choses, les réparer, demander de l'aide, emprunter ou recevoir, tout cela vous permet de jouer un rôle actif au sein de votre communauté. Nous sommes programmés pour nous rapprocher les uns des autres.

Et nous avons passé la majeure partie de notre existence en tant qu'espèce à dépendre de réseaux coopératifs de partage et de don pour notre survie. Pour toutes les raisons déjà exposées, nous sommes convaincues qu'adopter la mentalité du Zéro Achat en utilisant nos outils de connexion modernes et notre abondance de biens matériels est, aujourd'hui encore, nécessaire à notre survie.

ÉTAPE 1 : DONNER

La première étape pour embrasser un état d'esprit Zéro Achat est de donner. D'une certaine manière, le don est un acte simple et naturel, profondément inné, incarné par le don de soi d'une mère qui porte son enfant, lui donne naissance et le nourrit. Quelles que soient les circonstances de notre arrivée au monde, le sexe ou le titre de ceux qui nous ont prodigué leurs bons soins, nul ne serait là aujourd'hui sans le don vital des soins reçus dès la naissance, incapable de satisfaire nos propres besoins. Mais, passé cette période vulnérable de la vie, les choses se compliquent, surtout dans une société capitaliste. Une fois sorti de la petite enfance, on nous encourage à être indépendant et autonome, à explorer notre environnement et à récolter les ressources pour prendre soin de soi-même. Plus tard, à l'adolescence et à l'âge adulte, on découvre la satisfaction de monnayer son travail et ses biens plutôt que d'en faire don et on ne reconnaît pas toujours la pleine valeur de nos talents, objets ou expériences sans y attacher une valeur monétaire. Ce chapitre vous invite à faire l'expérience du don, à considérer le don à autrui comme la première étape de la création d'un réseau de dépendance mutuelle avec ceux qui vous entourent. Nous vous proposons différentes manières de donner aux personnes qui font partie de votre vie et à la communauté en général.

Pour explorer pourquoi le don est fondamental, il faut se tourner vers le passé. L'un des enseignements, et des inspirations, du Zéro Achat vient de la sagesse de personnes que nous n'avons jamais rencontrées, dont les histoires n'avaient jamais été ni racontées ni même documentées jusqu'à récemment.

Enseignements himalayens

Depuis une dizaine d'années, chaque été, Liesl et sa famille voyagent jusqu'à la frontière entre le Népal et le Tibet pour explorer des grottes anciennes nichées dans l'Himalaya à près de 4 000 mètres d'altitude. Ces grottes semblent avoir toujours été là et pourtant personne n'a jamais pu y accéder. Le mari de Liesl, Pete Athans, est alpiniste himalayen et possède les compétences techniques pour accéder à ces grottes creusées dans de hautes falaises. Avec le soutien de la Fondation nationale pour la science, le couple, accompagné d'une équipe de scientifiques pluridisciplinaire dirigée par le Dr Mark Aldenderfer, professeur d'archéologie à l'université de Californie à Merced, sont parmi les premiers êtres humains à avoir pénétré dans ces grottes en des centaines, voire des milliers d'années. Pour Liesl et sa famille, c'est le privilège d'une vie, exaucé grâce à un laissez-passer pluriannuel du gouvernement népalais et la permission des communautés locales. Aux côtés de certains des plus grands intellectuels mondiaux sur la préhistoire himalayenne, de généticiens et d'archéologues, Liesl et son mari se sont aventurés dans ces grottes creusées par l'homme pour décrire et inventorier leur contenu, retrouvant des ossements permettant l'étude de l'ADN fossile, afin d'en savoir plus sur les premiers humains, qui ils étaient et pourquoi ils étaient venus vivre et mourir dans l'un des endroits les plus inhospitaliers de la planète.

Dans l'un de ces ensembles de grottes de la région népalaise du royaume du Mustang, l'équipe a découvert un réseau caché de chambres funéraires ayant appartenu à une communauté vivant il y a 1 450 ans[23]. Cette communauté, qui a vivoté dans ces hautes altitudes pendant plus de 400 ans, compte parmi les premières à s'être installée de façon permanente dans l'un des endroits les plus durs pour la survie de l'être humain. Leurs ossements nous permettent de savoir qu'ils menaient une vie relativement saine en dépit des conditions rigoureuses, témoignage de la survie culturelle malgré les obstacles. D'après les objets funéraires et leurs rituels d'inhumation, il est évident qu'ils dépendaient et prenaient soin les uns des autres et qu'ils commerçaient beaucoup avec les peuples de l'Est pour la soie et avec ceux de l'Ouest et du Sud pour les métaux et les perles.

On suppose que leur mode de vie n'était pas dissemblable à celui du peuple népalais vivant à 800 mètres de là dans le petit village de Samdzong, accessible seulement après quatre heures de marche depuis la « route » la plus proche, en passant par un col et un canyon, pour atteindre la vallée idyllique qui constitue leur foyer. Les habitants de Samdzong nous ont enseigné une leçon précieuse sur les liens tissés par le don, la demande et l'expression de la gratitude, qui permettent à une communauté de rester vivante et prospère pendant des générations. Les villageois d'aujourd'hui continuent de faire du troc pour satisfaire la plupart de leurs besoins grâce à leur culture marchande de choix : les chèvres. Ils s'occupent les uns des autres en communauté et sont attentifs à ce que la terre peut supporter. Ils ont une économie presque égalitariste, principalement sans monnaie, qui relie les familles au sein d'une toile d'interdépendance. C'est, en d'autres termes, une économie du don moderne et parfaitement fonctionnelle.

QUELQUES MOTS DE LIESL

Huit tentes traçaient la bordure d'un champ en jachère dans le village népalais de Samdzong, situé à 4 200 mètres d'altitude – capsules de nylon jaune détonnant dans le paysage brun et aride connu pour être l'ombre pluviométrique de l'Himalaya. Mon mari, nos deux enfants et moi avons tiré de notre tente pour quatre personnes cinq grands sacs remplis de vêtements chauds. Nous avions l'intention de donner ces vêtements aux familles locales pour les remercier pour cette nouvelle saison sur le terrain à collaborer dans la fouille des grottes. Nous avons commencé par faire des piles discrètes avec des vêtements pour enfants, des vestes et des bottes d'hommes, des pulls de femmes, des lunettes de soleil, et davantage à mesure que le tout le village se regroupait pour regarder et aider à la distribution.

La cheffe, la *mukhia*, une mère d'une quarantaine d'années, a marché vers moi, s'est penchée et m'a poliment conseillé (en népalais) : « Vous devriez diviser les vêtements de façon équitable en dix-sept piles pour les dix-sept foyers du village, chaque pile contenant la même quantité de vêtements pour enfants et pour adultes. » J'ai répondu lentement, en anglais, parce que mon népalais n'est pas très compréhensible : « Oui, mais je sais que l'un des foyers ne comporte qu'une femme de 68 ans. » Je me suis penchée pour enlever les vêtements de bébé de la pile pour cette femme et y ajouter des vêtements pour adulte. Je pensais que la *mukhia* n'avait pas bien compris mon anglais, ou mon raisonnement, alors je faisais sans doute des gestes exagérés, comme les font les étrangers. Mes enfants observaient, embarrassés.

La *mukhia* avait parfaitement compris. « Les vêtements pour enfants dans la pile de cette femme, expliqua-t-elle avec élégance, riant un peu de mon ignorance, garantissent que les anciens du village aient quelque chose à donner. La santé de notre village dépend du fait que chaque famille reçoive les mêmes cadeaux afin que chacune puisse, en retour, être à la fois donneur et receveur. »

De bien des manières, cette petite communauté nous a poussées à importer l'idée d'une économie du don dans notre ville sous la forme du Buy Nothing Project. Cela contraste radicalement avec notre société capitaliste occidentale, car une véritable économie du don fonctionne uniquement si chacun joue à la fois le rôle de donneur et de receveur, comme Liesl en a fait personnellement la découverte.

L'économie du don de ce village exige que chaque foyer reçoive le même capital social ou la capacité équitable de redistribuer les objets inutiles à des familles qui en ont besoin. On peut définir le capital social comme les relations sociales productives formant la véritable toile de liens mutuels au sein de toute communauté. Ainsi, des chaussettes pour bébé sont aussi utiles à la femme de 68 ans qu'une paire d'après-ski à sa taille. Le moment venu, elle donnera les chaussettes à une famille accueillant un nouveau-né et renforcera ses liens avec cette famille. La mère d'enfants devenus adultes, âgée de 50 ans, était enchantée de recevoir un kaléidoscope lui permettant de jouer plus volontiers avec les enfants du village. Un jeune homme aux petits pieds était heureux qu'on lui donne des chaussures de randonnée trop grandes pour pouvoir les offrir à la bonne personne.

Dans ce village du Népal, on prend soin de chacun, chacun est estimé et joue un rôle indispensable. Personne n'a faim et chacun veille sur la santé d'un autre, puisqu'il n'y a pas de médecin sur place. L'un fabrique des bottes arrivant aux genoux avec de la laine de mouton et de chèvre solidement tressée. Un autre, qui vit en bordure du village, fait un excellent boucher. Ces responsabilités spécialisées font partie intégrante du bien-être quotidien de toute la population qui vit presque isolée, à ce qui semble des années-lumière d'un hôpital, d'un grand magasin et d'Internet.

Cette révélation, apprise de sociétés villageoises de l'Himalaya, a entraîné un changement radical dans notre façon de penser, chaque membre d'une économie du don devant être considéré comme un participant indispensable, quels que soient son statut social ou sa réalité économique. Intriguées, nous nous sommes demandé si nous pouvions essayer d'en faire autant. Et, surtout, si ça fonctionnerait. Il existe des économies et des cultures du don intactes à travers le monde, et notamment les Premières Nations de la côte du Nord-Ouest Pacifique et de la mer des Salish, les *gemachim* de la communauté juive des haredim, et cette tradition qui consiste à se transmettre les vêtements de bébés et d'enfants et ceux dont on ne veut plus. Les économies coopératives sont anciennes et nous ont accompagnés sous différentes formes au fil de l'histoire. Pourtant, nombre d'entre nous n'ont jamais été exposés à ce moyen traditionnel de partager des ressources et de renforcer les liens entre voisins, ou ne le cautionnent pas. Il y a une forme de pouvoir et de magie dans une économie de partage centrée sur les connexions locales.

En dépit de nos réseaux virtuels, dans la société actuelle, on n'a pas tendance à dépendre d'un réel tissu social, comme le fait le village de Samdzong. On vit comme des ermites, essayant de survivre par nous-mêmes coûte que coûte, dans nos maisons remplies d'objets destinés à nous seuls. Nous voulions importer cette toile d'interconnectivité dans notre île natale. Mais était-ce seulement possible ?

L'importance d'avoir quelque chose à donner

Nul besoin de parcourir la moitié du globe ou de randonner sur des cols escarpés pour prendre conscience des bienfaits du pouvoir de donner dans sa propre communauté, au sein d'un monde hyperconnecté.

Pendant que Liesl et sa famille étaient en Himalaya, Rebecca et ses enfants vivaient une tout autre forme d'expérience au niveau de la mer, sur une île du détroit de Puget. Grâce à une chute brutale et détonante dans la monoparentalité en pleine crise de 2008, sans emploi et sans revenu régulier, Rebecca s'est retrouvée à devoir nourrir et habiller trois personnes. Elle s'est inscrite au Food Stamp Program pour bénéficier de bons alimentaires, mais cela ne suffisait pas pour se procurer certaines choses comme des fruits et légumes frais. Vivre l'insécurité alimentaire (détresse commune pour les mères célibataires et leurs enfants aux États-Unis) a eu des répercussions profondes chez Rebecca. Presque du jour au lendemain, elle a dû ramer pour regagner sa dignité et son amour-propre, se sentant isolée par sa précarité financière au sein d'une communauté largement fortunée.

QUELQUES MOTS DE REBECCA

Mes premières années en tant que mère célibataire ont été sidérantes de difficulté. Quand j'étais en couple et qu'on élevait ensemble deux filles de 3 et 5 ans, je pensais être fatiguée ; élever seule mes filles a consumé mon deuxième souffle, puis mon troisième, et m'a installée dans une nouvelle normalité où l'angoisse des responsabilités et mon incapacité à les satisfaire étaient toujours présentes.

Au début, quand je rationnais l'essence de la voiture et que j'apprenais comment allonger notre allocation en bons alimentaires, ça m'est très vite apparu : on devait trouver des loisirs accessibles à pied et de la nourriture gratuite. À la fin de notre premier hiver difficile, nous nous promenions sur un sentier près de la maison quand j'ai repéré de la cressonnette poussant entre les gravillons. La plupart des gens l'arrachent comme de la mauvaise herbe et c'est un des tout premiers aliments gratuits à pousser ici au printemps. Elle a un goût piquant, un peu comme la roquette. J'ai appris à mes filles comment la cueillir avec soin, en saisissant chaque pousse par le cercle entier des branches vertes dentelées. Nous avons rempli les poches de nos manteaux et avons dîné de légumes frais pour la première fois depuis des semaines, une salade gratuite qui nous a permis de nous sentir futées et en bonne santé plutôt que pauvres et affamées.

Je ne pouvais pas me nourrir que de ces feuilles vertes ; j'avais besoin de me rappeler que j'avais des choses à partager. Je n'avais pas l'argent pour acheter les légumes frais dont mes enfants avaient besoin, mais j'avais les connaissances nécessaires pour leur apprendre comment en trouver et je pouvais partager ce savoir au-delà de ma propre famille. Même quand je ne pouvais pas acheter de cadeaux pour les autres, je trouvais des choses à donner.

Ne pas pouvoir payer toutes mes factures et ne pas être capable de nourrir mes enfants sans aide me faisaient me sentir moins digne, moins importante, comme un poids pour mes amis et ma famille. Je ne croyais pas ces choses sur moi-même (ni sur quiconque traversant la précarité financière ou une autre pénurie), mais je ne pouvais arrêter cette petite musique négative qui tournait en boucle dans ma tête. Mon envie de monter une économie locale du don est née de ce désir de nous donner le pouvoir, à moi et à tous ceux qui se trouvaient dans cette situation, d'entrevoir notre richesse sous d'autres formes plus importantes que l'argent. Je voulais avoir une chance de donner autant que de recevoir, comme un moyen de reprendre possession de ma valeur au sein de ma communauté.

Pour moi, la première économie du don que nous avons créée avec Liesl n'était pas un passe-temps, c'était le biais par lequel je nourrissais et habillais mes enfants et moi-même et, plus important encore, c'est ainsi que je me retrouvais en tant que personne méritant d'avoir des besoins et des désirs et capable d'aider les autres à satisfaire les leurs. Parfois, notre abondance réside dans des biens tangibles ; parfois, il s'agit de donner de son temps, de son savoir ou de sa présence. Parfois, c'est apprendre à un voisin quelles mauvaises herbes sont comestibles ou partager une pizza. Tout cela a la même valeur dans une économie du don.

Une économie fondée sur le don

Notre culture occidentale se fonde sur le capitalisme et l'économie de marché, creusant un fossé entre ceux qui ont et ceux qui n'ont pas. La valeur marchande connue d'un objet est de la plus haute importance et les gens qui possèdent de l'argent peuvent acheter des choses bien plus facilement. Par conséquent, on reconnaît une valeur sociale élevée au fait d'amasser une richesse personnelle et un statut social sous la forme d'objets flambant neufs ou soi-disant luxueux, et beaucoup associent le recours à des objets d'occasion à la pauvreté et au manque de statut social. La société bombarde les personnes en difficulté financière de messages leur disant qu'ils devraient avoir honte de leur pauvreté, qu'ils devraient la cacher, et on assimile le message suivant : les plus riches sont des « donneurs » tandis que les plus précaires sont par essence des « preneurs ».

En outre, nos relations sociales ne se construisent plus autour de la maison et du voisinage comme c'était le cas auparavant. Nos réseaux sociaux se construisent par le travail, l'école, les lieux de culte, le sport et autres tiers-lieux hors de la maison. Nous sommes nombreux à vivre notre quotidien en reconnaissant à peine nos voisins. Les gens veulent préserver leur intimité ou, peut-être, apprécieraient un contact mais ne se sentent pas à l'aise ou pas sûrs d'eux pour entrer directement en relation.

Nous avons tous des besoins et des désirs et une capacité innée à donner et à recevoir, mais il n'y a pas de règles en vigueur sur les façons de le faire sur un pied d'égalité, de personne à personne. Et cela contribue à l'excès de biens matériels qui siphonne nos comptes en banque et nos ressources naturelles. Dans n'importe quel voisinage, se trouve une immense collection d'objets possédés par des individus, mais qui pourraient devenir des ressources partagées. Un seul quartier de cinquante maisons compte probablement pas loin de cinquante boîtes à outils complètes, cinquante sièges auto pour bébés et enfants, des jouets pour chaque stade du développement de l'enfant, cinquante livres de cuisine, cinquante furets de plombier, des vêtements de toutes les tailles et de toutes les couleurs, des meubles, de vieux écrans, des équipements de camping, *etc*. Partager cette abondance de biens n'est pas ancré dans nos habitudes culturelles. Ainsi, nos maisons débordent de lots entiers de tout ce dont la publicité nous a convaincus qu'ils exauceraient nos rêves et de tout ce dont nous pensons avoir besoin en cas de coup dur, si nous nous retrouvons seuls à devoir surmonter l'adversité.

Que se passerait-il si chaque ménage arrêtait d'acheter ces choses-là et que nous partagions davantage ? Trouverions-nous des choses de valeur ? Au départ, nous avons lancé le Buy Nothing Project dans l'espoir de nous aider à réduire notre consommation globale tout en répondant à nos besoins quotidiens. En se construisant un statut social par la générosité du donneur et la gratitude du bénéficiaire, chacun apprendrait à partager, en toute confiance, de façon équitable. Et plus important encore, on apprendrait à compter sur le fait qu'il y a assez (de choses, d'abondance, de bienveillance) autour de nous.

Il n'y a pas, au village de Samdzong, d'afflux important de nouveaux articles, car les gens demeurent loin de tout commerce.

Ils mènent, par nécessité, une vie en lien étroit avec autrui et avec la Terre, riche en culture spirituelle et en relations interpersonnelles. Ils passent moins de temps à s'occuper de leurs affaires. Les objets qui parviennent au village sont utilisés pleinement et collectivement jusqu'à ce qu'on ne puisse plus en tirer quoi que ce soit d'utile.

Nous sommes conscientes que la vie n'est pas facile dans un village minuscule loin des conforts de notre quotidien pépère et nous ne sommes pas en train de sous-entendre qu'on devrait tous se lever et déménager au Népal, mais on peut tirer des leçons utiles de ce village isolé. Nous nous sommes accrochées fermement à l'image idéalisée de l'économie du don de ce village, dans l'espoir de reproduire ces idées à la maison pour renforcer nos communautés et apprendre à utiliser et à réadapter nos dons tangibles et intangibles de différentes manières. Les sept étapes de ce livre tracent les contours de la manière d'y parvenir.

À commencer par l'étape 1 : donner. Vous allez découvrir comment vous rapprocher un peu de vos voisins par le partage de vos affaires mais aussi de vous-même. Nous l'avons observé, encore et encore. Avec une culture locale du don, on n'a plus besoin d'acheter pour se sentir heureux, pour habiller sa famille, meubler sa maison, réparer ce qui est cassé ou aider autrui. On construit une culture locale qui valorise le partage et l'usage collectif des objets plus que l'accumulation individuelle à usage solitaire. Ne rien acheter peut véritablement tout changer si vous suivez les sept étapes proposées dans ce livre.

Donner, la première étape

Quelle est *la* chose la plus importante que vous puissiez faire pour commencer votre vie Zéro Achat, pour trouver le bonheur et tout changer ?

Donner.

Ça peut sembler contre-intuitif, mais le don est la première action que vous puissiez faire pour opérer ce changement de mode de vie. Donner nous place dans une position optimale pour solliciter des biens ou des services dont on aura envie ou besoin plus tard. S'il y a une chose que nous avons apprise en gérant quelques milliers d'économies locales du don, c'est que l'action de donner procure aux gens une joie étourdissante et instantanée, et la joie constitue une base ferme pour des relations solides. C'est aussi le premier pas pour aider quelqu'un proche de chez soi à réduire sa consommation de ressources. Donner ce qu'on a déjà est le ciment nécessaire pour se relier à une toile collective du partage dont l'impact sur votre vie sera plus puissant que n'importe quel hypermarché où vous avez poussé un caddie.

> La consommation ostensible ne rend pas service à la planète ; le partage ostensible est l'antidote.

D'un point de vue purement anthropologique, la pratique du don est une forme symbolique de réciprocité qui peut aider chacun d'entre nous à s'intégrer dans la société. Elle nous assure qu'on prendra soin de nous et nous garantit notre rôle dans l'amélioration du sort d'autrui. La pratique du don en série est analogue à un geste politique, un geste qui déclenche une obligation tacite et crée un lien entre le donneur et le bénéficiaire et leur intégration dans le bien commun. On dirait du charabia anthropo-économico-ethnologico-environnemental, mais notre expérience a confirmé des vérités auxquelles nous avons assisté des centaines de milliers de fois.

Par la simple action d'offrir quelque chose dont vous n'avez plus besoin, quelque chose que vous comptiez en fait jeter, non seulement vous aidez l'environnement, mais vous améliorez votre statut social. La consommation ostensible ne rend pas service à la planète ; le partage ostensible est l'antidote, un outil puissant pour le bien, à la fois social et environnemental. Le don anonyme, aussi louable soit-il, n'assure pas nécessairement le ciment social dont une communauté a tant besoin.

Quand nous avons lancé notre premier groupe Buy Nothing Project, nous avons choisi Facebook comme plate-forme car c'est là qu'étaient les gens, il était facile de voir quels étaient nos amis communs avec des inconnus et tous les dons pouvaient se faire à la vue de tous les membres du groupe. Être vu a sa magie propre et ces groupes sont devenus des versions numériques des villages unis observés par Liesl dans l'Himalaya . Grâce à notre expérience du Zéro Achat, nous avons appris une leçon qui s'applique à toute forme de don, en ligne ou en personne : quand un groupe assiste chaque jour à des actes de don, de reçu et de partage, cela renforce les relations entre tous, et pas seulement entre les personnes concernées par l'objet ou le service partagé. Assister à des échanges entre donneurs et bénéficiaires crée un sentiment de joie collective.

L'HISTOIRE ZÉRO ACHAT DE SHAINE

Vous rencontrerez ces encadrés tout au long du livre. Chacun vous raconte l'histoire d'une personne réelle qui vit la *vida* Zéro Achat. Voici l'histoire de Shaine, membre de la communauté de notre île.

« Mon amie m'a demandé de prendre sa poussette et de la Zéro Acheter. Une fois sorti de chez elle, j'étais dans ma voiture au coin de la rue près du snack, quand j'ai vu cette mère avec un garçon de 2 ans et un bébé en écharpe. Le petit garçon refusait de donner la main à sa mère, qui ne pouvait donc pas traverser la rue. J'ai baissé la vitre et lui ai demandé si elle voulait la poussette que j'avais à l'arrière de ma voiture. Elle m'a regardé comme si j'étais fou, mais j'ai fait le tour et j'ai sorti la poussette du coffre. J'ai poursuivi en lui parlant du Zéro Achat, je lui ai donné la poussette ainsi que des jouets à empiler et je lui ai expliqué que c'est comme ça qu'on fonctionne ici. »

— Shaine Martin Schrambling,
Bainbridge Island

Ce témoignage de Shaine, dans le Nord-Ouest Pacifique, illustre bien comment donner avec l'aide de quelqu'un, et comment donner peut être indolore pour votre journée et améliorer immédiatement et de façon inattendue celle d'autrui. Les démonstrations publiques de vos dons n'ont pas besoin d'être extravagantes. Pour les femmes en particulier, donner peut venir si naturellement (ou en réponse aux attentes et aux exigences de la société) que beaucoup ont l'impression d'avoir bien peu à offrir. Cette expérience du Zéro Achat est différente. On ne vous demande pas de donner plus machinalement, ni de faire un don qui vous laisse le sentiment d'être démuni, mais de faire un don provenant d'une certaine abondance, un don qui vous insuffle un sentiment de puissance et de respect. Le *quoi* que vous donnez importe moins que le *pourquoi* vous le donnez. Faites des expériences pour trouver des choses à donner et des façons de le faire qui vous rendent heureux. Il y a bien des manières d'atteindre cet objectif : quand on donne des objets dont on ne veut plus, on fait de la place chez soi et on se débarrasse parfois de souvenirs tristes ou pénibles qui y sont attachés, ça soulage et ça ouvre de nouvelles perspectives. Quand on sait qu'un cadeau va améliorer la vie d'un voisin ou le rendre heureux, on ressent une certaine puissance à avoir embelli le monde qui nous entoure.

Contrairement aux dons de temps et de ressources en apparence contraints que nos vies exigent souvent, vous restez entièrement maître de votre don Zéro Achat. Fixez vos propres limites avec vos affaires et avec vous-même et donnez ce que vous voulez quand vous le voulez. À vous de choisir les objets à donner, leurs bénéficiaires, les qui, quoi, pourquoi, quand et comment. Une certaine douceur touche à la fois le donneur et le bénéficiaire quand un objet est donné et reçu librement, sans condition, entre personnes se considérant d'égal à égal. C'est ce type de dons que le Zéro Achat vous donnera le pouvoir de découvrir et de cultiver.

L'HISTOIRE ZÉRO ACHAT DE KITIYA

« Aujourd'hui, j'ai eu envie d'offrir quelque chose de différent. Ce bocal vide en apparence est rempli de bienveillance. Si vous avez besoin d'un peu de bienveillance, inscrivez-vous ci-dessous. Je vais remplir ce bocal avec quelque chose qui vous fera, je l'espère, sourire un peu. J'espère que cela vous procurera suffisamment de réconfort pour que vous remplissiez à votre tour ce bocal de votre propre bienveillance et que vous le passiez à quelqu'un qui en a besoin. »

— Kitiya Dufall, Perth, Australie

Kitiya Dufall adopte une approche moins immédiatement tangible du don, démontrant la puissance de la simplicité et de l'imagination. Quand elle a posté la photo d'un bocal en verre accompagné de ce message sur un groupe d'économie du don basé en Australie-Occidentale, cela a suscité la sympathie et l'enthousiasme, chacun faisant preuve de créativité pour remplir ce bocal de symboles de bienveillance. La beauté du don vient en grande partie de l'interaction avec des personnes réelles ayant des besoins, des désirs, des préoccupations, des pensées et des sentiments réels. Vous et vos connaissances ne passez pas commande sur un site de vente en ligne, vous n'avez pas affaire à un service client basé à l'autre bout du pays ou du monde. Il n'y a pas de question d'argent ; personne ne joue le rôle de vendeur ou d'acheteur. Vous interagissez les uns avec les autres, apportant du partage créatif dans un royaume très humain.

Comment donner

Nous vous encourageons à donner chaque fois que vous le pouvez. Si vous avez l'impression de n'avoir rien à donner, ouvrez un placard, un tiroir ou une pièce, et rangez. Les tiroirs à bazar sont un excellent point de départ car on considère souvent ce qui s'y trouve comme… du bazar. Rangez-le et vous ne l'appellerez plus ainsi. Ou commencez par un objet cassé ou un vêtement auquel manque la fermeture Éclair, et dont vous savez que vous ne le réparerez pas. Il existe une excellente règle d'or pour les vêtements : si vous ne l'avez pas porté depuis un an, donnez-le. Si vous ne savez pas utiliser un outil, léguez-le. Pour la nourriture, si la date de péremption est passée depuis longtemps, c'est bon pour le compost (ou à donner à quelqu'un qui composte ou élève des poules). Quant aux jouets des enfants, planquez-en quelques-uns dans une boîte pendant deux mois, et si votre enfant ne les réclame pas pendant cette période, donnez-les. Réitérez l'opération le mois suivant, et ainsi de suite.

On peut vous assurer qu'on se sent mieux une fois la maison débarrassée des choses inutilisées ou non désirées. Prenez une photo de l'espace que vous allez vider avant d'attaquer le grand rangement. Puis mettez de côté les choses dont vous n'avez plus besoin dans une boîte réutilisable (évitez le sac-poubelle en plastique, car ce ne sont pas des déchets). Pensez à prendre une photo de votre bel espace retrouvé et partagez la transformation avant/après avec vos amis. Vous aurez sans doute envie de vous débarrasser des objets de cette boîte aussi vite que possible. Mais l'étape qui suit va vous procurer encore plus de plaisir : offrez ces objets à vos amis, collègues, parents, voisins *via* votre meilleur réseau de don (au travail, à l'école, sur votre lieu de culte ou sur votre palier) ou déposez-les devant chez vous avec une note si nécessaire. Organisez une fête pour échanger des vêtements une fois que vous aurez vidé vos placards (et ceux des membres de votre famille). C'est une façon sympa de réunir ses amis et des amis d'amis pendant quelques heures passées à se choisir de nouveaux vêtements et à donner ceux que vous ne portez plus. Les gens garderont inévitablement à l'esprit votre taille et celle de vos enfants et les échanges informels de vêtements se poursuivront pendant des années.

Ce n'est pas la purge qui rend le Zéro Achat différent des autres méthodes, c'est ce qui vient ensuite ; nous voulons faire entrer le pouvoir magique du don dans votre vie. Une fois que vous avez vidé vos armoires, étagères et tiroirs et fait une pile de choses à donner, ne vous précipitez pas ! Ne soyez pas trop prompt à donner les affaires dont vous ne voulez plus à une association caritative qui en fera don à quelqu'un que vous n'aurez aucune chance de rencontrer. En considérant ces affaires comme des passerelles nous reliant à notre communauté, comme le pouvoir donné à autrui pour lui éviter d'acheter des choses neuves et pour influencer les entreprises afin qu'elles ne produisent que le strict nécessaire, on fait une bonne action pour nous-mêmes, pour ceux qui nous entourent et pour l'environnement. La tendance au désencombrement a fait augmenter les dons aux œuvres caritatives, qui reçoivent plus que ce qu'elles peuvent vendre, ce qui accroît le nombre d'objets finissant dans les décharges. Nous avons le pouvoir de transformer nos affaires en biens communs, de les mettre à profit dans nos villes et villages, d'offrir à ces objets autrefois aimés un sort meilleur qu'un trajet vers le dépotoir.

CONSEILS DE LECTURE

Vous avez du mal à vous séparer de vos affaires ? Dégainez *La Magie du rangement*, de Marie Kondo, pour vous aider à trier vos affaires et trouver des objets à donner. Déterminez quels tee-shirts « vous procurent de la joie » et lesquels traînent des casseroles, et éliminez la culpabilité qui va souvent de pair avec la purge de ce qu'on ne veut ou n'utilise plus[24]. Nous adorons la reconnaissance et le respect portés à chaque objet qu'elle touche et nous voulons maintenant vous prendre par la main et vous montrer comment chaque défausse peut vous apporter un capital social et encore plus de joie quand il quitte votre maison. Le livre de Margareta Magnusson, *La vie en ordre : l'art de ranger sa vie pour alléger celle des autres*, pourra aussi vous aider à gérer et à comprendre les émotions que vous ressentez au moment de vous séparer de choses dont vous n'avez plus ni besoin ni envie, mais dont vous n'avez pas encore réussi à vous débarrasser[25]. La méthode de Marie Kondo, qui fait des merveilles pour ramener de la joie dans les différents espaces de votre maison, peut être une première étape pour déceler l'abondance que vous possédez et pouvez donner à autrui. De la même manière, la méthode de Margareta Magnusson aide à déterminer quels objets importent dans la vie que nous vivons, nous autorisant ainsi à nous libérer d'anciennes versions de nous-mêmes.

Certains hésitent à donner, craignant que leurs dons ne soient pas suffisamment bien ou que personne n'en veuille. On sait ce que c'est ; la nouveauté est inconfortable et s'exposer ainsi peut être intimidant. Si c'est ce que vous ressentez, essayez de prendre cette insécurité à bras-le-corps et voyez cela comme un exercice qui vous rapprochera des autres. N'oubliez pas que tout le monde aime les cadeaux. Et vous pouvez toujours vous armer d'humour pour masquer votre anxiété vis-à-vis du don. Attaquez par le coffre à jouets de vos enfants et expurgez tous ceux pour lesquels vos petits ont passé l'âge ; une autre famille en fera bon usage. Léguez aussi la réserve superflue de tisanes qui ne vous ont jamais ni endormi, ni revigoré, ni détendu. Acceptez votre échec et débarrassez-vous de ce vélo d'appartement que vous n'utilisez jamais. Préparez une soupe et vous vous ferez des amis. Personne ne vous jugera si vous êtes honnête sur les objets que vous donnez et sur leur état. Si vous avez des histoires à raconter sur ces objets, faites-le ; tout le monde adore une bonne anecdote qui les relie à un objet.

Neeti Madan, agente littéraire à New York, vit à Manhattan. Une mère célibataire s'est installée dans son immeuble, à l'étage du dessous, il y a quelques années. Le fils de cette nouvelle voisine a quelques années de moins que celui de Neeti. Plutôt que de déposer son circuit de train à disposition dans l'immeuble, où un anonyme l'aurait récupéré, le fils de Neeti a décidé de le donner directement à ce jeune garçon, sachant que ça lui ferait plaisir. « C'était beaucoup plus gratifiant de le regarder montrer à son fils comment assembler les rails, nous a raconté Neeti. On a fini par sympathiser assez pour qu'elle vienne frapper à notre porte le jour où elle a fait une réaction allergique sévère et devait confier son fils à quelqu'un. On l'a aussi invitée à notre fête pour décorer le sapin de Noël. »

Donnez. Donnez de façon créative et donnez souvent. Donnez gratuitement, sans condition, pour le simple plaisir de donner. On vous promet que ça vous rapprochera des gens qui vous entourent et vous préparera pour la prochaine étape du Zéro Achat : demander.

L'HISTOIRE ZÉRO ACHAT DE DARIA

« Honnêtement, savoir en TOUTE confiance que ma communauté m'épaulera et me donnera tout ce dont j'aurai besoin si j'ai un autre enfant me permet de donner en toute tranquillité les affaires de ma fille aussitôt qu'elle ne les utilise plus. Je fais don de ses vêtements et de ses jouets dès qu'elle a passé l'âge, je fais don des restes de nourriture et de tout ce qui traîne, inutilisé, dans mon garage et mon armoire, sur les plans de travail, ou remisé dans des placards. J'ai littéralement fait don du linge sale de ma fille que je savais trop petit, sans avoir le temps de le mettre dans un carton et de le déballer quand nous préparions notre déménagement. Cette mentalité de confiance et d'interdépendance au sein de ma communauté Buy Nothing a radicalement changé ma façon de considérer les objets que j'utilise dans ma vie. »

— Daria Kelsey, membre de l'équipe internationale du Buy Nothing Project, le noyau central de nos chefs de projets, Tacoma, État de Washington

L'économie du don, les femmes, la pauvreté et la richesse

Nous aimons nous rappeler que le terme « économie » vient du grec *oikos* qui signifie « maison ». Alors que l'économie de marché a historiquement privé les femmes des capacités de possession et de direction, nous sommes les intendantes de la première économie, les foyers. Les modèles économiques issus de sphères traditionnellement contrôlées par des femmes n'ont jamais été considérés comme des modèles légitimes dans le monde dominant des affaires, de la politique et universitaire, mais ces économies maternelles tendent à adopter une approche inclusive des autres, soucieuse des ressources, non compétitive et juste dans son essence[26]. Nous pouvons attester que la grande majorité de nos plus de 6 000 volontaires du Buy Nothing Project sont des femmes (à hauteur d'au moins 95 %). Cela ne nous surprend pas, car nous sommes convaincues que ce sont plutôt les femmes qui gèrent les biens matériels entrant et sortant dans la plupart des ménages. On apporte, on remporte.

Nous avons aidé des volontaires à mettre en place des économies locales du don dans des dizaines de pays, couvrant l'éventail complet de la diversité socio-économique, ethnique, religieuse, culturelle et politique. Chaque quartier dans le monde a accès à la même abondance de générosité, peu importe le niveau moyen de ses revenus ou sa santé financière. Nous nous basons sur notre expérience et notre observation directes. Chaque fois que des membres vivant dans des quartiers moins prospères ont exprimé leur inquiétude qu'il « n'y ait pas de bons produits » ou « pas assez » dans le voisinage pour lancer un groupe Buy Nothing, la réalité leur a donné tort. Pas un quartier n'est dénué de cadeaux, pas une communauté n'est dépourvue de bienveillance ou d'entraide mutuelle. En réalité, il n'est pas rare que les économies du don se développent plus rapidement dans les quartiers financièrement précaires que dans ceux où la majorité des résidents ont un train de vie aisé. Tout le monde peut participer à part entière et de plein droit à la construction d'une nouvelle culture du don ou à la préservation d'un groupe déjà existant. Les dons les plus précieux sont ceux des relations humaines et autres biens intangibles ; ils peuvent changer la vie et nous avons tous le pouvoir de les offrir ou de les recevoir.

Quand il s'agit de donner, on ne peut pas se tromper. Vous trouverez dans ce livre des astuces et des idées pour le faire de sorte que votre don ait des répercussions profondes et immédiates, mais il n'y a pas de mauvaise manière de donner. Il n'y a pas de cadeau trop grand ou trop petit. Réfléchissez à votre don autant que vous le souhaitez, posez des limites autour de vous et de vos affaires, afin de donner d'une façon qui améliore votre vie tandis que vos cadeaux améliorent d'autres vies. La majorité des participants du Buy Nothing Project sont des femmes, ce qui n'est pas surprenant, car les études montrent que les femmes ont tendance à être plus généreuses que les hommes. D'après le magazine *Money*, cette différence peut s'expliquer par nos motivations : les femmes ont tendance à penser qu'aider autrui procure un bonheur plus grand que de dépenser de l'argent pour soi et elles sont aussi plus enclines à définir le succès comme la générosité envers autrui par opposition à la fortune personnelle[27]. Cela ne signifie pas, cependant, que les femmes donnent au détriment de leur propre bien-être ou au prix de leurs limites personnelles.

Les études montrent aussi que les personnes à faible revenu ont un comportement plus « prosocial », ce qui signifie qu'elles sont moins égoïstes et partagent généralement davantage. Le Dr Paul Piff, psychologue à l'université de Californie à Irvine, a étudié la générosité chez des personnes de différentes couches socio-économiques. Il a expliqué dans une interview pour NPR que « les sentiments de sensibilité et de souci pour le bien-être d'autrui sont la principale variable qui explique systématiquement le modèle différentiel de don, d'assistance et de générosité au sein des classes moyennes supérieures et inférieures, un sentiment que nous appelons "compassion"[28] ». Lorsque vous donnez, puisez dans votre compassion, mais soyez conscient de vos limites. Ne donnez pas si ce don vous mettra, vous ou votre famille, en difficulté financière ou s'il ajoute une pression désagréable à votre journée. Donnez quand cela s'insère facilement dans votre emploi du temps, pas quand ça vous est pénible, de quelque manière que ce soit. En revanche, éliminez toute crainte de manquer et soyez confiant dans le fait qu'il y a suffisamment autour de vous. Comme l'illustre le témoignage de Daria, on donne plus facilement quand on sait au fond de soi qu'on est entouré d'une certaine abondance. On peut donner quelque chose un jour et demander son remplacement à sa communauté de partage aussitôt qu'on en aura besoin.

Quand vous donnez, vous pouvez le faire de différentes manières ou rester fidèle à une seule ; donner rapidement en une seule fois, ou lentement, un petit objet après l'autre. Donner à voix haute ou donner en silence. Peu importe la manière, mais donnez. Il n'y a pas de mauvais don.

Comment créer un groupe d'économie du don

S'il n'existe pas de groupe d'économie locale du don autour de chez vous, vous pouvez créer le vôtre.

1. **Créez une culture ou une économie du don** en annonçant votre intention et en invitant des gens à vous rejoindre. Organisez chaque mois un événement où chacun apporte de quoi manger et des choses à donner ou faites passer le message en mettant des prospectus dans le café du coin ou autre lieu de rassemblement, par e-mail, messages groupés, réseau social ou tout autre moyen.
2. **Faites de même sur votre lieu de travail**, à l'école ou sur votre lieu de culte. Rassemblez un noyau de donneurs et de bénéficiaires et demandez-leur d'inviter leurs amis à ce groupe de don.
3. **Incitez les personnes intéressées** à se retrouver dans un parc chaque semaine pour partager ce que chacun possède en abondance.
4. **Utilisez votre compte personnel sur les réseaux sociaux** pour poster régulièrement des objets à donner et demander ce dont vous avez besoin. Montrez l'exemple, les autres vous suivront.

5. **Installez une boîte à dons devant votre maison**, à l'entrée de votre immeuble ou dans les parties communes de votre résidence.
6. **Trouvez un café, une gare ou un lieu de rassemblement** qui accepterait d'héberger une boîte à dons dans laquelle les habitants du quartier pourraient partager des objets.
7. **Disposez un panier de produits excédentaires** dans le jardin partagé de votre quartier et ajoutez-y d'autres types d'objets. Cela incitera les autres à faire de même.
8. **Demandez à votre bibliothèque municipale** si elle accepterait d'héberger un bulletin électronique de l'économie du don où les gens pourraient poster des demandes, des offres et les expressions de leur gratitude.

   Certains lieux publics proposent des boîtes faisant office de « boutiques gratuites ». La piscine près de chez nous offre par exemple une sélection de maillots de bain, serviettes et vêtements pour ceux qui en ont besoin.

   Les marchés de producteurs et les jardins publics sont d'autres points de rendez-vous pour du partage quotidien ou hebdomadaire.
9. **Lancez une rapide session de don** à la fin de votre cours de sport, de poterie, des réunions d'école ou de copropriété.

On est nombreux à mal connaître le quartier dans lequel on vit. C'est un espace qu'on traverse pour rentrer chez soi ou se rendre chaque jour là où on doit aller. On est trop occupés pour se rapprocher davantage ou peut-être trop accros à nos smartphones et aux réseaux sociaux. On ne consacre plus de temps de présence physique à notre voisinage, on ne va plus à la rencontre des gens qui nous entourent. Au lieu de ça, on reste connectés des heures entières sur nos appareils, à communiquer avec des contacts physiquement loin de nous. Nos infrastructures sociales se sont transformées une par une en communautés virtuelles en ligne qui remplacent à toute vitesse les interactions entre personnes, du monde réel, que nous avions avec nos voisins.

Les six années passées à lancer le Buy Nothing Project nous ont enseigné que le village légendaire du passé, où florissaient les économies du don, n'est pas totalement perdu. Elles sont là-bas, nées de la nécessité, de l'évolution sociale de l'être humain et de l'amour, là-haut en Himalaya et dans d'autres régions dotées de cultures ininterrompues de l'économie du don. Mais elles sont aussi ici, dans nos propres communautés, et peuvent souvent être animées par ces choses mêmes qui ont si mauvaise réputation. Pourquoi ne pas mettre à profit les réseaux sociaux et les smartphones pour créer des relations humaines en chair et en os ? C'est exactement ce que vous faites en utilisant vos comptes personnels pour proposer des dons à vos réseaux en ligne. Nous travaillons au développement de notre propre application gratuite et mondiale de l'économie du don, Soop.app (*Share On Our Platform* ou « Partagez sur notre plate-forme ») et nous espérons que vous nous rejoindrez.

L'HISTOIRE ZÉRO ACHAT DE MYRA

« Dès le premier jour, je me suis imaginée tombant à la renverse dans les bras de cette communauté et lâchant tout, avec la profonde certitude qu'on me "rattraperait". C'est en partant de ce postulat que j'ai trouvé le courage de lâcher prise – en donnant ET en recevant. J'encourage tout le monde à "lâcher prise". Vous serez surpris et récompensé de bien plus de façons que vous ne pouvez l'imaginer. N'hésitez pas à demander et à donner. C'est ce qui nous rend humains. »

— *Myra Zocher, Bainbridge Island*

Vous hésitez *encore* ? Vous pensez peut-être que vous n'avez rien à partager. Croyez-nous, vous avez beaucoup à donner. Soyez certain, comme le suggère Myra, que votre don sera accepté et commencera à tisser un filet de protection tout autour de votre communauté, car vos dons encourageront autrui à faire de même. Une économie du don pure accorde la même importance à chacun de ses membres, qu'ils soient donneurs ou receveurs. Nous participons tous pleinement de la santé globale de l'ensemble et chacun de nos dons est de valeur équivalente. Ce qui vous semble sans valeur, ce que vous pensez bon à jeter, peut être inestimable aux yeux de votre voisin. Imaginez la surprise de notre ami Matthew Clemente quand il a accepté de poster sur son groupe Buy Nothing le don d'une prothèse de jambe défectueuse de la part d'un ami qui ne voulait pas la jeter. En quelques heures, il avait des réponses. L'une d'elles venait d'une professeure de l'université de Washington qui lui disait qu'elle serait ravie d'utiliser cette jambe comme outil pédagogique, car elle enseignait les prothèses. Les déchets de l'un sont le trésor d'un autre…

Don de soi

L'HISTOIRE ZÉRO ACHAT DE STEPH

« J'ai grandi à Hamilton, j'ai déménagé, je suis revenue, je suis repartie, puis je me suis de nouveau installée ici après avoir tout perdu à Saint-Thomas dans les ouragans Irma et Maria. Aujourd'hui, ma petite maison est entièrement meublée grâce à mon groupe Buy Nothing et à des trouvailles dans des boutiques solidaires. Mais ce n'est pas tout. J'y ai aussi rencontré des personnes merveilleuses. Ces cinq dernières semaines, j'ai accompagné chaque jour une personne rencontrée par le groupe à ses séances de radiothérapie. »

Steph Moffat, bénévole pour le groupe Buy Nothing de Hamilton-Wenham, Massachusetts

Si vous êtes toujours à sec, si vous avez l'impression de n'avoir rien à donner, essayez ceci : quel talent, quelle aptitude ou quel type d'aide pouvez-vous partager ? Les dons de soi sont les plus touchants qu'on puisse offrir, et peut-être aussi les plus difficiles, parce qu'ils exigent que vous donniez non pas quelque chose de matériel, mais une partie de vous, de votre personnalité, et nécessitent votre présence et votre attention. Ce sont incontestablement les dons les plus significatifs et les plus durables, ceux qui ont le plus d'impact. Ces dons n'ont pas besoin d'être compliqués. L'offre de Steph de transporter et de tenir compagnie à son voisin pendant sa chimiothérapie n'exigeait aucune compétence spécialisée mais avait un effet immense.

Tentez le coup, donnez un petit quelque chose de vous aux autres. Qu'est-ce que vous faites facilement et qui peut être difficile pour d'autres ? Offrez-le. Vous nettoyez très bien les réfrigérateurs ? Vous êtes un excellent relecteur ? Vous adorez jardiner ? Vous avez un camion ? Vous savez laver les vitres et passer la serpillière ? Vous aimez photographier des portraits ? Vous savez couper les cheveux ? Vous êtes un cuisinier hors pair ? Vous avez de la place pour une personne sur votre voilier ? Vous savez réparer un pneu de vélo ? Vous connaissez très bien les champignons sauvages ? Vous êtes fou de jeux de société ? Vous avez un véritable don pour l'organisation ? Vous pouvez apprendre à quelqu'un à coudre ou à tricoter ? Vous avez compris où on veut en venir.

L'HISTOIRE ZÉRO ACHAT DE JILL

« Offre : cours de pliage de draps en personne.

J'essayais de savoir ce que je pourrais offrir d'intangible. Je suis "experte" en pliage de draps. Ma mère m'a enseigné cela quand j'étais très jeune et depuis c'est moi qui le fais. Si vous êtes intéressé, je peux réserver une salle à la bibliothèque. »

— *Jill Smulson, Elkridge, Maryland*

La proposition de Jill a rencontré un tel succès qu'elle a réservé une salle dans sa bibliothèque municipale pour enseigner gratuitement l'art mystérieux du pliage de drap-housse.

Imaginez quel est votre don et offrez-le à la communauté. Vous en tirerez des relations plus approfondies et un sentiment de satisfaction, car vous saurez que vous avez fait quelque chose d'extraordinaire qui a des répercussions sur autrui, même s'il ne s'agit que d'emmener au supermarché quelqu'un qui a besoin d'un moyen de transport. Allez de l'avant et faites ce que les humains font le mieux : donnez ! Notez comment ça s'est passé, qui vous avez rencontré et comment vous vous sentez.

Une invitation à donner

Voici comment insuffler de la vie au *don* Zéro Achat. Nous vous invitons à donner trois choses.

Votre premier don sera un objet avec une histoire simple. Choisissez un objet dans votre bazar, un truc qui se balade dans votre coffre de voiture ou qui est planqué dans le fond d'un tiroir. Quelque chose dont l'histoire ressemble à celle-ci : « J'ai trois verres doseurs ! Un seul me suffit. J'aimerais trouver de nouvelles maisons pour les deux autres. J'ignore comment ils sont arrivés là et ils n'ont pas de place particulière dans mon cœur. Qui en a besoin ? Qu'allez-vous cuisiner ? »

Votre deuxième don sera un don de vous-même. Vous pouvez y aller doucement et offrir quelque chose que vous avez fait (personne n'a de mal à trouver un bénéficiaire disposé à recevoir un cookie maison ou un repas chaud), mais nous espérons que vous essaierez quelque chose d'encore plus personnel. Si vous aimez cuisiner, choisissez une recette qui vous rappelle une personne chère et transmettez l'histoire qui l'accompagne ainsi que la recette et le plat en question. Si vous êtes habile de vos mains, proposez de réaliser quelque chose (tricotez une écharpe aux couleurs préférées de quelqu'un, crochetez un gant de toilette tout doux pour un bébé ou une personne âgée). Si vous êtes bricoleur, proposez de réparer ou de fabriquer quelque chose. Si vous avez une passion ou un métier que vous aimez, offrez votre savoir ou vos créations : la couture, la peinture, le jardinage, la lecture à voix haute, l'envoi de mots ou d'e-mails d'encouragement, les poèmes, le chant, une balade pour accompagner quelqu'un, une promenade dans votre quartier préféré de la ville ou dans un parc méconnu, une visite au musée, tondre une pelouse, pelleter la neige, jouer aux cartes, faire une pédicure, mettre de l'ordre dans un cellier. Nous avons vu tout cela et plus encore. Le don en soi importe peu. La clé, ici, c'est de choisir un don de soi qui vous procurera du plaisir, pas quelque chose qui vous semble pénible ou épuisant. Choisissez quelque chose que vous aimez faire de toute façon et faites-en un cadeau pour autrui, de sorte qu'il y ait du plaisir pour celui qui donne et celui qui reçoit. Si vous avez un talent ou une passion cachés, quelque chose que vos amis ignorent, nous espérons que vous trouverez un moyen de le partager comme un don de soi, pour étendre votre présence dans la communauté afin que les autres commencent à voir et à apprécier toute votre personnalité.

Votre troisième don sera un objet qui a une signification particulière à vos yeux et dont vous ne voulez plus. Ce peut être quelque chose qui vous rappelle de bons moments et vous souhaitez étendre son rayonnement joyeux au monde extérieur. Ou ce peut être un objet rattaché à des souvenirs plus compliqués, plus amers, voire douloureux, et vous aimeriez lui offrir un nouveau propriétaire pour ouvrir un chapitre plus heureux, ce qui, en retour, changera votre interprétation de cet objet, vous permettant de tirer de l'acte de don un bonheur nouveau, une libération ou une résolution.

Donner votre robe de mariée, par exemple, est une manière de faire honneur à un mariage heureux, enveloppant la jeune mariée de cet habit d'amour, ou peut aider à tirer quelque chose de positif du chagrin d'un mariage qui s'est terminé. Nos maisons regorgent d'objets de la sorte : meubles et vaisselle hérités, livres avec des dédicaces que nous ne voulons plus voir, cadeaux d'anciens amoureux, étranges bibelots offerts par une grand-tante. Regardez autour de vous et trouvez un objet lié à une histoire que vous aimeriez raconter, triste, heureuse ou tout autre, mais une histoire qui a du sens à vos yeux, un lien avec votre propre histoire. Ce don constitue un lot en deux parties : votre objet et votre histoire. Assurez-vous d'offrir les deux, sous quelque forme que ce soit (inutile d'écrire un livre ou une dissertation, les histoires peuvent être racontées de vive voix, griffonnées sur un bout de papier ou partagées sous la forme qui vous conviendra à vous, le conteur).

Une fois que vous avez choisi ce que vous allez donner, décidez comment vous aimeriez procéder. Souvenez-vous, vous êtes maître de vos dons et **il n'y a pas de mauvaise façon de donner** : vous pouvez les proposer à un grand groupe de personnes ou sélectionner leurs possibles destinataires selon les critères de votre choix. Faites la liste de quoi, à qui, quand et où vous aimeriez donner et voilà que vous avez élaboré votre propre économie du don !

Pour que ce changement soit encore plus sympa et réussi, commencez avec un groupe d'amis ou de collègues. Rejoignez notre forum international sur buynothinggeteverything.com ; vous y trouverez tout le soutien nécessaire auprès d'autres personnes travaillant sur le même challenge, ainsi qu'une communauté accueillante constituée de personnes impatientes de partager leurs idées et d'élargir les idées de bases que nous proposons ici. Parlez-en de vive voix et envoyez des e-mails ou des flyers pour bâtir votre réseau personnalisé de partage local.

L'HISTOIRE ZÉRO ACHAT DE BAYAN

« J'ai appris à être un peu courageuse. On frappe à une porte sans savoir ce qu'il y a derrière. Je pense que le groupe de don fait ressortir le bien en chacun de nous. Nous sommes tous humains, tous identiques. »

— Bayan Kazem, Winnipeg, Manitoba[29]

ÉTAPE 2 : DEMANDER

On a souvent du mal à demander ce qu'on veut et ce dont on a besoin. Pourquoi ça ? À vivre dans une société qui prône l'indépendance et l'autonomie, on a assimilé le fait qu'afficher sa vulnérabilité, ses besoins et ses désirs trahit une faiblesse profonde qui peut être perçue comme une tare. Une personne accomplie n'a pas besoin des autres, n'est-ce pas ? On aspire à avoir les moyens d'acquérir toutes les ressources dont on a envie ou besoin, même si c'est au détriment des autres. Les économies du don reposent sur l'hypothèse fondamentale qu'il y a suffisamment autour de nous et que si on partage ce qu'on possède avec autrui, ce partage établira des relations entre nous, des relations qui nous apporteront protection, soutien, subsistance et un plus grand bonheur. Personne n'est une île. On est tellement plus heureux quand on est relié aux autres, dans les périodes d'abondance comme dans celles de manque.

L'HISTOIRE ZÉRO ACHAT DE LATONYA

« Dans une économie du don, il n'y a pas de division liée à la richesse ou au statut. Nos envies et besoins sont équivalents. Nous avons tous des cadeaux à partager. Personne n'a trop de temps à donner, trop de sourires à échanger, trop de cookies à manger. Comprendre réellement une économie du don, c'est comprendre qu'on appartient à un mouvement dédié à créer une opportunité alternative pour partager, soutenir et recevoir. Nombreux sont ceux qui ignorent la richesse qu'on peut en tirer : les relations humaines… en alignant notre consommation avec l'accompagnement, la compassion, la gentillesse et la générosité. »

— LaTonya Baldwin, bénévole régionale pour le Projet Zéro Achat, Michigan

Un membre de l'un de nos premiers groupes de l'État de Washington a demandé des fleurs fraîches venant des jardins du coin à disposer autour de la chambre quand sa femme sortirait de l'hôpital pour entamer des soins palliatifs à leur domicile. Quand elle est rentrée chez elle pour la dernière fois, des seaux et des vases remplis de fleurs étaient alignés sous son porche. Ils avaient été offerts et disposés là par des inconnus qui souhaitaient l'entourer de gentillesse, de beauté et de ces parfums naturels pour accompagner sa fin de vie. De telles requêtes, de celles qui demandent une certaine vulnérabilité, ont des répercussions très fortes, ressenties à la fois par leurs destinataires et par les donneurs, et elles deviennent des anecdotes locales, ébauches d'une culture de la compassion dans le quartier.

L'argent nous sépare, l'économie du don nous rapproche

Aucune idée n'est peut-être jamais vraiment originale. En travaillant à l'articulation de notre philosophie, nous sommes tombées sur les écrits de Charles Eisenstein, auteur et défenseur de l'économie du don, qui nous ont confortées dans la direction que nous prenions. Il nous aura fallu des années et l'observation de centaines de saines économies du don pour apprendre que l'argent n'est pas si merveilleux que ça. Comme Eisenstein le laisse entendre, **l'argent nous sépare**. L'économie de marché engendre l'isolement et l'argent nous déconnecte les uns des autres. Quand on paie pour quelque chose, on n'a pas d'obligation envers le vendeur, on est déconnecté de la personne qui a fabriqué, cultivé cet objet ou qui en a hérité. De la même manière, quand on paie quelqu'un pour un service, on n'a pas d'obligation réciproque, hormis le paiement et le service rendu. On est moins enclin à établir une relation, car celle-ci est définie par une transaction monétaire. L'argent qui entre dans l'équation restreint les rôles et pose une barrière dans la relation d'égal à égal. L'économie de marché est fondée sur le modèle du manque, ce qui aggrave le phénomène.

Dans l'hypothèse de réserves limitées, on nous pousse à croire qu'il n'y a pas assez pour tous. On se dispute ainsi les mêmes ressources en pensant : « Plus pour toi, c'est moins pour moi[30]. » On se divise, chacun cherchant à obtenir plus que son prochain.

> « L'économie monétaire détruit aussi la communauté, remplaçant les interactions de don par des services payants et nous jetant dans un monde peuplé d'inconnus. Parce qu'elle est foncièrement compétitive, elle génère un monde hostile dans lequel on est tous indifférents[31]. »
> Charles Eisenstein

En revanche, l'économie du don s'appuie sur le postulat de l'abondance, avec l'assurance que, lorsque vous donnez quelque chose, vous ne le perdez pas pour toujours. Un autre exemplaire de cet objet sera toujours disponible si vous en avez besoin. Il est une autre valeur inhérente au don : votre cadeau vous rapproche d'un autre et enrichit sa vie. Souvent, un cadeau est attaché à une histoire et cette histoire entre dans la narration collective, comme un don supplémentaire. Elle agit comme un ciment et nous la répétons, encore et encore, parce qu'elle nous fait du bien. On apprend, à tour de rôle, quelque chose sur le donneur et le bénéficiaire.

Demander, au même titre que donner, engendre une connexion. La demande, et l'acte de recevoir, est le pendant du don, tout aussi crucial que ce dernier, dans l'équation de ce type d'économie. Pour demander, il faut de la confiance, du courage, la volonté de montrer sa vulnérabilité et la foi que nos requêtes ne diminueront pas notre valeur ou notre dignité dans les yeux d'autrui. En vérité, nos demandes entretiennent une interdépendance qui bénéficie à tous.

Mais, soyons honnêtes, vous êtes nombreux pour qui demander sera l'une des étapes les plus difficiles du challenge Zéro Achat. Les femmes, en particulier. Faire état de nos besoins peut nous exposer et nous rendre vulnérables. Pourquoi ? Beaucoup pensent que cela révèle une faiblesse ou un manque de respect. Traditionnellement, la société attend des femmes qu'elles soient gentilles et désintéressées, et une gentille fille ne réclame pas. Une gentille fille accepte ce qu'on lui donne, peu importe que ça corresponde ou non à ses envies ou à ses désirs réels. Des études ont montré qu'il arrive souvent que les femmes n'obtiennent pas ce qu'elles veulent ou méritent, simplement parce qu'elles ne le demandent pas[32]. On nous a enseigné que notre travail était de *donner*, pas de *recevoir*. Filles et femmes sont souvent éduquées pour être les soignantes de la société et éprouvent par conséquent des difficultés, voire de la honte, à exprimer leurs propres besoins, les refoulant pour accomplir ce que la société tient pour notre meilleur potentiel : aider autrui. C'est peut-être ce qui fait que les femmes sont si douées pour demander pour les autres et pourtant si réticentes à demander ce dont elles ont envie ou besoin. Quand on demande ce dont autrui a besoin, on reconnaît que cette requête est juste. Participer au Zéro Achat nous rappelle que chacun mérite de recevoir des cadeaux. Oui, chacun d'entre nous. Et par conséquent vous aussi.

Beaucoup ont aussi appris que demander quelque chose donne à autrui une forme de pouvoir sur nous : on devient dépendant ou redevable de cette personne. Trop souvent, les « cadeaux » de ce type – quelle que soit leur forme, quand votre rancard paie pour le dîner ou quand vous demandez une augmentation – sont assortis de conditions. C'est en partie dû au fait que, dans l'économie de marché, les gens qui ont des cadeaux à offrir sont souvent ceux qui ont plus de pouvoir que nous.

Les économies du don bouleversent ces rapports liés au pouvoir du cadeau. Un cadeau offert gratuitement l'est sans condition. Quand la demande et le don se font publiquement dans une économie du don, on ne tire plus de ficelles cachées. Et quand quelqu'un exprime une demande, c'est la vérité qui se dévoile : personne n'est totalement autonome, on a tous des envies et des besoins auxquels nous ne pouvons répondre par nous-mêmes et il n'y a pas de honte à avoir.

Réfléchissez-y : quand un ami vous demande quelque chose, l'estimez-vous moins ? Bien sûr que non. On est généralement reconnaissant d'être capable de donner à ceux qui demandent. Notre but, c'est de vous aider à voir que demander n'est pas seulement une force, mais une vertu nécessaire pour provoquer une réaction en chaîne de dons.

On a oublié comment demander

On manque d'entraînement pour demander des choses. C'est pourquoi beaucoup de membres du Buy Nothing Project disent que *demander* est l'un des actes les plus difficiles. Donner est bien plus facile et bien moins compliqué que de se rendre vulnérable en *demandant* ce dont on a besoin. Dans son livre *Sacred*

Economics, Charles Eisenstein explique à quel point on peut être réticent à l'égard de ce sentiment d'obligation ou de gratitude : « On ne veut pas recevoir de cadeaux parce qu'on ne veut se sentir obligé vis-à-vis de personne. On ne veut pas devoir quoi que ce soit à autrui. On ne veut dépendre des dons ni de l'aumône de personne. "Je peux subvenir à mes besoins, merci. Je n'ai pas besoin de toi."[33] »

Cet instinct qui nous pousse à acheter plutôt qu'à demander nous coûte, littéralement. La dette des cartes de crédit a atteint un record fin 2018 aux États-Unis, avec une moyenne de 8 254 $ par foyer[34]. **On équipe nos maisons des mêmes objets, on conduit nos voitures vers les mêmes écoles, magasins ou événements, sans baisser la vitre pour jeter un œil à notre voisin**. On est cloîtrés dans notre autonomie, payant tout pour nous-mêmes, en apparence autosuffisants. **Et pendant ce temps, les industriels épuisent nos ressources naturelles pour produire encore plus d'objets pour des citoyens déconnectés cherchant à combler le vide**.

Un mariage Zéro Achat

Mais une fois qu'on franchit le pas et qu'on adopte la mentalité de demander plutôt que d'acheter, l'extraordinaire se produit. On a vu, encore et encore, des demandes courageuses aboutir à de beaux résultats. L'un des exemples les plus extraordinaires était un mariage Zéro Achat. Il y en a eu plusieurs au fil des années et ce genre de cérémonie reposant sur les dons du voisinage devient une expérience particulièrement intime pour toutes les personnes impliquées, car la participation collective tisse une toile riche où on donne et où on reçoit.

Dans certains cas, les mariages Zéro Achat sont le parfait exemple du manque transformé en abondance, en un microcosme généreux de don et de demande qui peut apporter de la joie et des liens authentiques au-delà de la liste des invités. Organiser un mariage est intimidant, mais ça coûte aussi extrêmement cher. Un mariage Zéro Achat est un retour à une époque plus simple, mais c'est aussi une manière de contourner l'industrie du mariage. Ça commence souvent par la robe, qui est donnée ou prêtée. (Tant de femmes mariées gardent leur robe sur un cintre dans une armoire, vouée à ne plus jamais être portée. Offrir votre robe à une future mariée peut être la première graine que vous sèmerez pour un mariage Zéro Achat.) Mais bien d'autres éléments traditionnellement indispensables à un mariage peuvent être donnés gratuitement : le vin et la nourriture, un beau jardin, des tables et des chaises, une coiffure, un quatuor à cordes, des bougies, des décorations, une voiture de collection…

Markessa Pinder, membre du Buy Nothing Project, a grandi en familles d'accueil jusqu'à son adoption par sa grand-mère à l'âge de 12 ans. À 27 ans, après avoir échappé à un petit ami violent, elle a ravivé la flamme avec son grand amour et ils ont décidé de se marier. Markessa partait du principe qu'ils se marieraient très simplement à la mairie avec deux amis pour témoins, parce qu'elle et son fiancé voulaient économiser pour leurs études et une maison. Mais Markessa n'avait pas de robe pour l'occasion. Elle a demandé à son groupe Buy Nothing de Kirkland, dans l'État de Washington, si elle pouvait emprunter

« une robe de soirée toute simple, quelque chose pour être jolie ».

Robyn Dosono, une membre du groupe que Markessa n'avait jamais rencontrée, avait une robe habillée à lui prêter, mais elle se demandait aussi pourquoi Markessa ne prévoyait pas une cérémonie de mariage plus officielle plutôt qu'un simple passage à la mairie. Markessa lui a répondu en privé, expliquant qu'elle n'avait pas de famille et très peu d'amis dans la région. « L'argent, c'est quelque chose. Un mariage coûte cher et avec un bébé et deux autres enfants, on avait d'autres rêves, vous savez[35] », a raconté plus tard Markessa aux informations locales.

Robyn a tout de suite posté un message sur le groupe de Kirkland pour demander si quelqu'un voulait aider le couple à organiser un mariage de rêve. « Je n'avais pas de mère, alors elle a fait le nécessaire », a confié Markessa les larmes aux yeux. Sept heures après le message de Robyn, le couple avait une salle prêtée, un photographe et vidéaste, une robe pour la mariée et les demoiselles d'honneur, des tables, des chaises, des roses et des hortensias, des petits cadeaux personnalisés pour les convives, des plats gastronomiques pour le buffet et un DJ pour animer la fête. Les cadeaux offerts par des inconnus ne cessaient d'affluer : une femme a vidé un tiroir à bazar et a été ravie de proposer l'alliance du précédent mariage de son mari. Cette cérémonie communautaire, qui aurait coûté 10 000 $ au bas mot, s'est transformée en un prétexte pour célébrer le triomphe de l'amour et du partage de nos talents et de notre temps sur l'achat de choses. « Ils demandaient un peu de sucre et ils ont reçu le gâteau, le steak et le homard ! » a résumé Carol Myers, l'une des participantes.

Erica O'Leary, membre du Buy Nothing Project du quartier de Beacon Hill, à Seattle, a elle aussi organisé un mariage Zéro Achat. Pour elle, c'était l'opportunité de donner du sens à son mariage car elle avait rencontré la plupart de ses amis au sein de son groupe d'économie locale du don. D'après le *Seattle Times*, qui a relaté l'événement, Erika a « fait un mariage Zéro Achat avec une robe, un gâteau, des décorations, des fleurs issus de dons, les services offerts d'un interprète en langue des signes pour les proches sourds et d'un photographe de mariage. Sa plus grosse dépense a été de 300 $ pour la salle de réception[36] ». En moyenne, un mariage peut facilement coûter dans les 30 000 $, mais parce que les participants mettent la main à la pâte, les mariages dans une économie du don deviennent une affaire de partage autour de ce rite de passage.

Demander, la deuxième étape

Nous avons déjà présenté le challenge Zéro Achat, qui consiste à ne rien acheter pendant une semaine ou plus. Peut-être n'avez-vous de toute façon pas ressenti le besoin d'acheter quoi que ce soit. Mais peut-être que si. Pensez-vous à quelque chose dont vous avez besoin ou envie et qui nécessite un passage en magasin ? Avez-vous un objet qui pourrait être réparé ou pour lequel vous avez simplement besoin d'aide ? Faites une liste de ces besoins. Puis demandez à vos voisins ou aux membres de votre groupe de don s'ils peuvent vous prêter cette plaque à pâtisserie ou cette échelle, ou vous aider à réparer la vieille lampe de votre grand-mère.

Allez-y : demandez ! Il est temps de sortir de votre zone de confort et de demander, bon sang ! C'est là l'obstacle principal qui vous empêche de vous lier à vos voisins, amis et collègues et de plonger pleinement et librement dans les réseaux de dons qui vous entourent. En faisant le premier pas, vous montrerez aux autres qu'ils peuvent eux aussi demander ce qu'ils veulent.

Les gens adorent partager ce qui leur vient facilement. Certaines personnes aiment désherber les jardins et organiser les placards, d'autres adorent cuisiner un bon chili, d'autres encore n'ont aucun mal à corriger un CV tandis que certains aiment conduire et sont heureux de proposer leurs services. Songez à quelque chose qui doit être fait mais pour lequel vous avez toujours pensé qu'il vous faudrait embaucher quelqu'un pour le faire avec vous et demandez de l'aide, gratuitement. Un voisin sera sans doute ravi que vous ayez demandé.

Christine, une jeune mère vivant au nord de Detroit, a trouvé le courage de faire une demande pour réaliser un rêve auquel elle n'osait croire : le don de miles pour un vol vers la Corée. Christine est née en Corée mais a grandi dans le Michigan avec sa famille adoptive. Quelques mois auparavant, elle avait retrouvé sa famille biologique en Corée du Sud et voulait la rencontrer pour la première fois. La requête de Christine a donné à une inconnue l'opportunité de partager ses miles en trop pour lui offrir ce voyage d'une vie. Christine a écrit, en témoignage de sa gratitude : « Ce groupe de don m'a offert un voyage en Corée du Sud pour rendre visite à ma famille biologique pour la première fois. Je suis bouleversée à l'idée d'avoir maintenant un compte à rebours pour ce voyage avec une date pour l'automne. Quand je regardais les vols et que je songeais à des billets à plus de 6000 miles… (j'ai repensé aux principes du Buy Nothing Project). Aucune demande n'a plus de valeur qu'une autre. Chaque demande compte. Toutes les demandes valent la peine d'être exprimées. Alors, j'ai demandé. Je n'avais jamais espéré que cette demande serait satisfaite. J'ai jeté une bouteille à la mer, et la mer m'a envoyé une voisine. Notre voisine, Kristy, a été très généreuse de consacrer du temps, dans sa vie en ce moment chargée, pour me bloquer ce vol. Elle nous rappelle à tous qu'aucune demande n'est trop grande et, plus important encore pour moi aujourd'hui, que notre communauté est là pour nous soutenir les uns les autres dans notre parcours. Le cadeau qu'elle m'a fait va bien au-delà des miles. Il dépasse toute valeur monétaire. Mes amis, ce cadeau, c'est une chance, ce sont des souvenirs à venir, la réconciliation avec mon identité et un niveau de compréhension de mon passé et de mon histoire que je n'ai encore jamais connu. Nous avons tous des cadeaux à offrir. Celui de Kristy, c'est l'amour. Elle l'a offert à une voisine qui était une inconnue. »

Le baromètre du bien-être du réseau de don de Christine dans le Michigan a atteint des sommets et chaque membre a reçu une bonne dose de la puissance potentielle du don. Une voisine dont le fils avait enseigné en Corée a proposé à Christine de lui fournir des cadeaux américains très appréciés dans son pays d'origine, tels que des objets liés au base-ball, à apporter à sa famille.

Comme l'explique Lissa Jagodnik, l'une des membres pionnières qui a œuvré à l'infrastructure du Buy Nothing Project dans la région de Seattle pour en faire un réseau mondial, le Zéro Achat est semblable à la tradition qui consiste à apporter des cookies maison à ses nouveaux voisins pour leur souhaiter la bienvenue dans le quartier : « Si cette voisine se tenait debout à votre porte avec une assiette de cookies au chocolat tout chauds, ce n'est pas parce qu'elle pensait que vous aviez besoin de cookies ou que vos enfants étaient trop maigres. Elle se tenait là avec une assiette de cookies sortis du four parce qu'elle voulait rencontrer ses nouveaux voisins ; elle voulait faire connaissance avec les personnes qui venaient d'emménager ; ça lui faisait plaisir de venir se présenter. Une économie locale du don offre à chacun l'opportunité de frapper à la porte d'un voisin (au sens propre comme au figuré) avec une assiette de cookies chauds, une chance de se présenter, une façon de faire connaissance. C'est notre but premier. Il ne s'agit vraiment pas des "cookies". Il ne s'agit pas de qui a plus ou qui a moins, qui a besoin de plus et qui a besoin de moins, ni de la valeur des cadeaux offerts et reçus. Le but, c'est de tisser des liens, d'aider les gens à se sentir les bienvenus et de partager pas seulement des biens matériels, mais aussi un peu de soi. »

L'HISTOIRE ZÉRO ACHAT D'ALEXA

« Avant, je pensais que se soucier de l'environnement était synonyme de privation. Quand j'ai commencé à faire des dons, je racontais les histoires liées aux objets que j'offrais. Ce collier qui appartenait à ma grand-mère. Cette loupe avec laquelle mon frère et moi nous amusions à observer les chenilles et les crapauds. Une voisine a fait don de ses soutiens-gorge, qu'elle ne pouvait plus porter après une double mastectomie. Ces histoires ont littéralement ouvert des portes. Après avoir demandé une cafetière à piston, je me suis retrouvée dans le salon de ma voisine, ses enfants me fourrant leur matou sous le nez en me racontant tout ce qu'il faisait de marrant et ce qu'ils apprenaient à l'école. Les voisins ont commencé à parler entre eux grâce au coup d'accélérateur donné par l'échange de biens matériels.

En août 2017, j'ai eu la peur de ma vie. Le premier jour de mon nouveau travail, je suis tombée en courant après le bus et je me suis cassé la jambe et le pied. Pire encore, cette semaine-là, je déménageais d'un immeuble sans ascenseur à un autre. Je ne pouvais ni marcher, ni conduire, ni taper à l'ordinateur, ni écrire, ni m'habiller et à peine accomplir une tâche physique quelconque. Dans un appel désespéré, je l'ai raconté à mon groupe Buy Nothing. Les voisins ont aussitôt fait la queue pour me conduire à mes rendez-vous chez le médecin et m'apporter des petits plats maison. Ils ont emballé et déballé des cartons, déplacé des meubles, nettoyé, lavé mon linge et m'ont prêté un scooter médical.

Le quartier a changé du tout au tout à mes yeux. Les personnes qui vivent autour de moi ne sont plus des inconnus, mais font partie de ma famille. Quand on place les relations au premier plan et qu'on fait passer les gens avant le profit, on récolte de la gentillesse et de la gratitude. En abondance. »

— Alexa Carey, professeur d'anglais dans le Connecticut et membre de l'équipe internationale du Buy Nothing Project

Si vous n'arrivez pas à penser à un service dont vous auriez besoin ou à un objet qui pourrait être réparé, doublez la mise et lancez-vous en demandant une « chose » dont vous avez envie ou besoin. Ce peut être la fameuse plaquette de beurre, des bottes de pluie pour votre fille, une laisse pour le chiot, un dîner à congeler pour un soir où vous ne cuisinerez pas, n'importe quoi qui figure sur votre liste de courses. On a vu des demandes satisfaites pour toutes sortes de choses : robes de bal, bois de chauffage, photographes de mariage, gardiennage de chiens, pianos, ordinateurs portables, cartons de déménagement, perceuses électriques, barrières d'escalier, crayons, mugs thermos, doudounes en duvet et courses vers l'aéroport.

Un jour, l'une des membres d'un groupe d'économie du don qui avait le mal du pays et se sentait un peu déprimée après une élection importante a décidé de demander des cadeaux intangibles. Voici sa requête : « Je demande des trucs drôles, cool, beaux, bizarres sous forme de GIFs, d'anecdotes, de blogs géniaux, de liens vers des musiques, etc. pour que les jours à venir soient un peu plus lumineux et que le moral revienne. » Les superbes photos, les belles histoires personnelles, les liens vers des blogs et des podcasts enrichissants et les centaines de blagues stupides et distrayantes qu'elle a reçus sur les réseaux sociaux ont été autant de bouées de sauvetage qui l'ont aidée à traverser cette période difficile. Chaque jour, dans le monde entier, des requêtes similaires sont satisfaites dans le cadre d'économies du don ou de conversations personnelles. Offrir de la gentillesse et de l'attention est toujours bienvenu. Ce n'est pas pour rien si les vidéos de chats sont autant partagées.

Tous les dons ont la même valeur

Il y a deux règles tacites dans une économie du don. La première, c'est que tous les dons ont la même valeur. On ne les monétarise pas. Une remorque pleine de bois de chauffage a la même valeur que le cordon d'alimentation d'un ordinateur. On ne peut attribuer de valeur monétaire aux cadeaux proposés dans une économie du don et on ne le fait pas. Les liens établis n'ont évidemment pas de prix. **La seconde, c'est l'hypothèse qu'aucun cadeau qui vous sera fait ne porte d'étiquette de prix vous permettant de le revendre dans une économie de marché, sauf si vous annoncez cette intention dès le départ au moment où vous faites la demande.** On part du principe que chaque cadeau est donné gratuitement et ne sera pas aussitôt transformé en argent liquide. La raison est la suivante.

Aux prémices de l'expérience du Buy Nothing Project, on s'est rendu compte que quelques personnes revendaient discrètement les cadeaux qui leur avaient été donnés par d'autres membres du groupe. Ils convertissaient, en substance, les cadeaux reçus en argent liquide. Cette pratique a ébranlé les fondements même de notre expérience sociale et a tellement irrité les donneurs, touchés par un fort sentiment de trahison, qu'ils ont lancé une chasse aux sorcières à l'encontre des revendeurs. Pourquoi ont-ils éprouvé un tel ressentiment à l'égard de ceux qui revendaient leurs dons gratuits pour de l'argent ?

La bonne santé de ce type d'économie repose sur le don, la demande et la gratitude. Mais elle repose également sur le principe implicite que les cadeaux ne doivent être ni monétarisés ni classés sur une échelle de valeurs. Sinon, tous se disputeraient les cadeaux définis par le marché comme ayant le plus de valeur. La valeur attribuée par chacun à certains dons s'évanouirait et on se précipiterait sur les objets les plus chers tandis que ceux de moindre valeur attendraient comme des indésirables avant de finir, vraisemblablement, à la décharge.

Dans une saine économie du don, on part aussi du principe qu'un cadeau sera utilisé en l'état par son bénéficiaire et pas « encaissé ». L'économie du don est un antidote à l'économie monétaire, il est antithétique de convertir de la gentillesse en billets. Quand les temps sont durs, on peut demander exactement ce dont on a besoin, plutôt que de l'argent. Au lieu de revendre secrètement des cadeaux pour s'acheter un nouveau manteau d'hiver, par exemple, il suffit de demander un manteau dès le départ. En adoptant la mentalité du Zéro Achat, on perd l'habitude d'attribuer aux objets une valeur marchande et on gagne en honnêteté ; quand on partage avec ses voisins, l'honnêteté et la transparence bâtissent la confiance, et la confiance n'a pas de prix.

Il en va de même pour les demandes. Aucune demande, dans une véritable économie du don, n'est trop grande ni trop petite. Demandez à chaque membre d'écrire les leurs et soumettez-les au groupe ou, si vous n'avez pas de groupe de don, tentez votre chance en postant les vôtres sur les réseaux sociaux ou dans des lieux où vos réseaux personnels ou professionnels les verront. Exposez-les comme des exemples et encouragez les autres à faire de même. Cette expérience de la demande est l'illustration parfaite de l'épanouissement possible d'une culture basée sur le don non monétarisé et démontre comment quelque chose que vous considérez comme « important » (c'est-à-dire de grande valeur) peut être anodin et sans intérêt pour un autre, et qu'il sera ravi de vous l'offrir. Ce qui est important aux yeux de quelqu'un, par exemple un coup de main pour réparer un réfrigérateur, est souvent une requête facile à satisfaire pour un autre. On a vu des demandes comblées de voitures, de bateaux et de maisons, aussi bien que d'herbe à chat, de journaux et de boîtes à chaussures vides.

GRANDE DEMANDE, PETITE DEMANDE

Dans un groupe Buy Nothing de Silver Spring, dans le Maryland, son administratrice locale, Elisa Ferrante, a encouragé les membres à se livrer à l'exercice de la grande demande/petite demande. Elle a écrit ceci : « Je mets chacun de vous au défi de penser à une petite chose que vous comptez acheter cette semaine, une chose si petite qu'il ne vous viendrait même pas à l'idée de la demander, et de la demander ici ! (Qui sait, si quelqu'un a ce que vous cherchez, peut-être qu'il vous le donnera !) Ensuite, pensez à une chose si grande qu'il ne vous viendrait pas à l'idée de la demander, et demandez-la ici ! (Qui sait, si quelqu'un a ce que vous cherchez, peut-être qu'il vous le donnera !)

Un instant plus tard, Anna Carson a été la première participante à intervenir : « Quelle super idée ! Ma grande demande, c'est un kayak. J'en ai envie depuis que je me suis installée dans le Maryland il y a sept ans, et j'espère pouvoir en faire sur l'Anacostia pour ramasser les bouteilles et les déchets pendant mes balades. Ma petite demande, ce sont des nœuds pour les cheveux pour mes filles. Merci à tous pour votre lecture ! »

Quelques minutes plus tard, Dana, autre membre du groupe, a répondu : « Anna Carson, j'ai tellement de nœuds que ma fille refuse de porter ! Contente de te les offrir ! »

Au bout de quelques instants, la grande surprise est venue de Kelli Cronin, une voisine : « Anna Carson, j'ai un kayak gonflable. J'essaie de trouver le courage de m'en débarrasser. Ça me faciliterait la tâche de savoir que tu auras plaisir à l'utiliser ! »

Anna, secouée par tant de facilité, a répondu avec gratitude : « Merci beaucoup, Kelli !!! Je vais l'adorer et je promets de nettoyer les cours d'eau du coin quand je pagaierai !! J'ai l'impression d'avoir gagné au loto ! »

Oui, l'économie du don peut nous faire économiser de l'argent, mais plus important encore, elle nous aide à sortir l'argent de l'équation. « Votre argent ne vaut rien ici », comme on le dit souvent, parce que dans une économie de partage, l'argent n'a pas de valeur. Ce sont les dons et les demandes qui ont le plus de valeur. On peut brouiller les lignes entre ceux qui ont et ceux qui n'ont pas et nous mettre tous sur un pied d'égalité. L'économie du don permet de changer d'état d'esprit et de passer de « Plus pour toi, c'est moins pour moi » à « Plus pour toi, c'est plus pour moi ». Ou, mieux encore, notre but ultime : « Plus pour toi, c'est plus pour nous tous. »

Dans une économie du don, l'argent n'a pas de valeur.

Connexions inattendues

Demander ce qu'on désire a aussi des conséquences fortuites. En allant chercher l'objet en question, on peut être surpris par les personnes qu'on rencontre. Le fait de demander et de recevoir un objet a littéralement changé la vie de Jaime Rosier, qui vit près de Los Angeles. Un couple, membre de son groupe de dons, lui a proposé l'objet qu'elle cherchait et elle s'est arrangée pour passer chez eux en coup de vent pour le récupérer. Jaime allait à un concert et n'avait pas beaucoup de temps. Le couple l'a convaincue d'entrer boire un verre de vin et lui a présenté un ami de passage. C'était une petite visite agréable, mais le billet de concert de Jaime n'attendrait pas et elle a filé malgré leurs protestations. Elle est rentrée chez elle avec son cadeau, pour se rendre compte qu'elle aurait préféré retourner chez ces voisins que d'aller à n'importe quel concert.

Deux jours plus tard, elle y est retournée pour récupérer un autre cadeau et le destin a voulu que leur ami y soit de nouveau. Ils ont traîné ensemble pendant des heures. Jaime a rapidement sympathisé avec leur meilleur ami et ils ont échangé leurs numéros pour rester en contact. « Voyez-vous, j'étais célibataire et décidée à plaire, et il était beau gosse, intelligent, extrêmement drôle, téméraire et gentil », se souvient Jaime.

Le premier SMS qu'elle a reçu de son nouvel ami les a conduits à leur premier rendez-vous, bientôt suivi d'un deuxième et depuis ils n'ont jamais cessé de se voir. « Ça fait presque un an que ce gentleman incroyablement aimant, gentil, loufoque, créatif, bienveillant et attentionné a volé mon cœur. Je suis sur un petit nuage car il m'a demandé de l'épouser, et j'ai répondu que j'adorerais ! »

Nous avons entendu ce genre d'histoire des milliers de fois : les gens rencontrent leur meilleur ami ou leur âme sœur grâce au Zéro Achat. Il nous serait impossible d'inventer toutes ces histoires, et elles sont trop nombreuses pour qu'on puisse les compter. Nous sommes submergées de récits et de confessions sur des amitiés profondes qui se sont nouées autour du don, de la demande et de la gratitude. On ne parle pas seulement de copains, mais de ces personnes présentes dans les grandes étapes de votre vie. Chaque exemple qui suit est une rencontre réelle entre amis précieux ou âmes sœurs qui se sont trouvés par l'appel simple et révolutionnaire du Zéro Achat :

- des célébrants pour des mariages intimes ;
- des amis qui organisent une baby shower ;
- les personnes qui vous tiennent la main pendant que vous attendez des nouvelles de votre enfant aux urgences ;

- les bonnes âmes qui vous habillent et vous nourrissent après l'incendie de votre maison ;
- l'ami qui débarque pour s'occuper de votre tout-petit quand vous accouchez de votre deuxième enfant ;
- le meilleur ami que vous appelez quand vous perdez un être cher ;
- ceux avec qui vous passez vos vacances ;
- le témoin que vous voulez près de vous pour vous marier en douce ;
- la personne que vous finissez par épouser.

La volonté de demander ce dont vous avez besoin puis de rencontrer le donneur en personne pourrait être le catalyseur de votre propre histoire d'amour. Et puisque vous demandez, profitez-en pour proposer quelques objets à donner. Ça aide toujours de montrer que vous êtes actif dans ce réseau de donneurs et de receveurs qui soutiennent ce mode de vie. Plus vous donnez, plus vous recevrez, sous quelque forme que ce soit. C'est comme ça que ça marche, et plus tôt vous embrasserez cet état d'esprit, plus tôt vous en récolterez les fruits. Ainsi, au moment où vous aurez véritablement besoin de quelque chose, vous serez en bonne place pour l'obtenir. Les gens se plieront en quatre pour vous rendre service.

Plus vous donnez, plus vous recevrez, sous quelque forme que ce soit.

Une invitation à demander

Vous êtes prêt à mettre la *demande* en pratique. Nous vous invitons à formuler trois types de demandes. Votre première demande sera une chose dont vous avez envie ou besoin, quelque chose qui figure sur votre liste de courses. Proposez une petite histoire avec votre demande pour expliquer pourquoi vous avez envie ou besoin de cet objet. Ce peut être quelque chose d'aussi étrange et fou que ce message publié sur notre groupe Buy Nothing local par Jamie Bechtel Morrison, propriétaire d'un chien : « Booooon, je n'arrive pas à croire que je suis en train d'écrire ça, maaiiis j'ai besoin de rats morts. On dresse notre chien de sauvetage (Atlas, pour ceux qui l'ont croisé dans ses chasses au coyote…) à l'identification de l'habitat des rats dans le cadre d'un programme de sauvegarde (sauvegarde d'une île, un boulot incroyable). Si vous avez des rats morts, j'ai un congélateur dédié aux rats morts. Mon Dieu, j'aimerais tellement que ce soit une blague… »

L'histoire de Jamie a reçu de nombreuses réponses et a permis de remettre cette étrange demande en contexte, mais elle a aussi déclenché une bonne discussion entre les membres de la communauté au sujet de la dératisation non toxique. Tout le monde se sentait concerné, car on a un sérieux problème de rats à Bainbridge Island et Jamie n'a eu aucun mal à trouver six rats, donnés gratuitement pour dresser son chien. Gagnant-gagnant.

Votre deuxième demande sera de l'aide, que ce soit pour un projet ou pour réparer quelque chose. Réfléchissez à ce pour quoi vous avez besoin d'aide, écrivez les premières choses qui vous viennent à l'esprit et lancez-vous ! Ce peut être un coup de main pour monter un meuble qui attend dans un carton, ou bien quelqu'un avec une camionnette pour vous aider à enlever un vieux sèche-linge de votre sous-sol, ou encore une personne prête à vous débarrasser de cette énorme araignée qui tisse sa toile dans votre maison. Un jour, Liesl avait besoin d'aide pour traduire un contrat écrit en japonais pour son travail. Chose incroyable, un locuteur natif du Japon vivait dans notre quartier et a pu traduire facilement ce document d'une page. C'était une grosse faveur du point de vue de Liesl, mais une tâche facile pour notre voisin.

Nos trois standards indémodables qui se placent en haut de la liste de ce dont on a toujours besoin seraient : (1) aider au grand nettoyage de printemps ; (2) aider à désherber un jardin envahi par les mauvaises herbes ; (3) trouver une personne sur qui compter pour aller chercher les enfants à une activité extrascolaire quand on est coincé par une obligation professionnelle.

Votre troisième demande sera quelque chose pour vous. Votre première demande concernait un autre membre de votre famille ? C'est bien ce qu'on pensait. À présent, il est temps de réfléchir à ce que *vous* voulez, quelque chose que vous avez songé à vous procurer sans jamais le faire, cette chose qui vous rendra heureux et qui n'est destinée ni à vos enfants, ni à vos petits-enfants, ni à votre partenaire. C'est quelque chose que vous pouvez trouver frivole ou que vous ne vous êtes jamais procuré parce que posséder des choses rien que pour soi vous semble égoïste. Allez-y, demandez ce qui se trouve sur votre liste secrète de souhaits et voyez ce qui se passe. Si ça se trouve, vous allez recevoir ce que vous demandez.

Une fois que vous avez décidé ce que vous aimeriez demander, décidez comment vous aimeriez le demander. Vous pouvez demander à un grand groupe de personnes ou soumettre vos requêtes à quelques personnes sélectionnées. Plus votre demande aura de témoins, plus ils seront nombreux à voir comment procéder. Pour exprimer vos premières demandes de l'étape 2, essayez tous les lieux où vous avez partagé vos premiers dons, le groupe d'amis, de parents, de voisins ou de collègues à qui vous avez donné à l'étape 1. Rendez-vous sur notre forum de discussion sur buynothinggeteverything.com pour parler des difficultés que vous éprouvez et voyez comment les autres peuvent vous aider à les surmonter. N'hésitez pas à rendre ce livre responsable de vos demandes soudaines et bizarres. Confiez à vos amis et voisins que vous vous êtes engagé dans ce challenge Zéro Achat en sept étapes, votre propre *N'achetez rien, changez tout !*, et peut-être se joindront-ils à vous.

Si vous êtes mal à l'aise, s'il vous plaît, prenez ce qui suit à cœur : nous savons que demander des choses peut être intimidant et rendre vulnérable, mais nous sommes les preuves vivantes que non seulement on y survit, mais que c'est la clé pour bâtir une économie du don florissante qui comblera vos envies et vos besoins, pas uniquement en termes de biens matériels mais aussi sur le plan de la richesse des relations et de la joie.

ÉTAPE 3 : RÉUTILISER & REFUSER

Le slogan aux trois *r* – « **réduire, réutiliser, recycler** » – fut lancé à l'apogée du mouvement environnemental des années 1970 et les *r* sont à dessein classés par ordre décroissant d'impact, qui se trouve correspondre à l'ordre du plus difficile au plus facile à accomplir. Nous sommes nombreux à avoir pris l'habitude de trier nos déchets recyclables dans des poubelles distinctes et les programmes municipaux de collecte facilitent leur transfert vers des centres disposés à les transformer en objets utiles. Réutiliser est un peu plus exigeant, mais bien meilleur pour l'environnement. De prime abord, réduire peut sembler le plus difficile, puisque ça nous oblige à réprimer notre culture et notre mentalité de consommateur.

Nous sommes convaincues qu'il est grand temps de se concentrer sur le *r* oublié, celui dont l'impact immédiat est le plus important : refuser. **Imaginez une « pyramide de l'acheteur » : d'abord refuser, puis réduire, réutiliser et recycler.** Quand vous commencez par **refuser** d'acheter cet objet neuf tout juste sorti de l'usine, cet objet n'aura pas recours à des ressources non renouvelables ni ne finira dans un bassin-versant ou dans une décharge. Y a-t-il un moyen par lequel éviter d'acheter cet objet neuf ? En anglais, le mot *refuse* a deux significations : l'une est un nom et désigne les ordures qu'on jette à la poubelle ; l'autre est un verbe qui indique, comme le français « refuser », une réticence à accepter ou à accorder quelque chose, ce qui revient à dire non. Dans « refuser », on entend aussi le mot « user ». En langage Zéro Achat, le lien entre ces termes est éclairant. Il nous rappelle qui si on « refuse » de nouveaux achats et qu'on « use » des affaires d'autrui à la place, dans le sens de « faire usage » (en en faisant l'acquisition ou en les empruntant), on a une bonne chance de réduire les émissions de gaz à effet de serre et la quantité de déchets (*refuse* en anglais) envoyés à la décharge. **Dans la hiérarchie des déchets, en matière d'impact sur l'environnement, réduire se place en toute première position. Recycler se situe bien plus bas car cela demande de l'énergie et produit des déchets. Mais la prévention, autrement dit refuser, a clairement sa place au sommet.**

Si ces idées sonnent pour vous comme un retour à une époque révolue, vous n'êtes pas complètement à côté de la plaque. Le Zéro Achat est une réminiscence d'une époque où on exhortait les Américains à adopter un mode de vie plus frugal. Pendant la Seconde Guerre mondiale, le gouvernement demandait aux citoyens de « tout épuiser… user… faire avec… ou faire sans », comme on pouvait le lire dans les communications de guerre émises aux États-Unis par le War Advertising Council et validées par l'Office of War Information. Aujourd'hui, certains écologistes et scientifiques tirent un signal d'alarme similaire au sujet de la récupération des ressources pour lutter contre la pollution et le changement climatique. Nous sommes nombreux à avoir des proches, comme Inge, la grand-mère de Rebecca, qui ont connu la guerre et ont légué leurs habitudes frugales en héritage.

QUELQUES MOTS DE REBECCA : L'HISTOIRE ZÉRO ACHAT DE SA GRAND-MÈRE INGE

« Ma grand-mère Inge s'est frayé un chemin pour survivre pendant l'Holocauste en faisant des zigzags de sa maison natale à Danzig jusqu'en Angleterre, de retour à Danzig, elle est ensuite passée à Berlin, de nouveau en Angleterre, puis a pris un bateau qui a coulé, est retournée en Angleterre, puis a embarqué sur un autre bateau qui l'a emmenée au Canada. Grâce à l'aide d'inconnus, elle est arrivée à San Francisco où elle s'est installée pour devenir artiste et poète. Quand elle trouvait de nouveaux usages à des objets, elle en tirait de la fierté et, à la naissance de ma fille aînée le premier soir de Hanouka, elle m'a raconté comment elle avait célébré cette fête pendant la guerre. Elle n'avait pas de bougies, et moins encore de menorah en métal pour les y placer, alors elle a coincé des allumettes dans une longue fissure qui fendait le plateau de sa table et a laissé leur lumière fugace éclairer sa chambre pour quelques secondes chaque soir. Réutiliser, réemployer et fureter ont maintenu son corps et son âme en vie pendant son existence de réfugiée et, quand elle a retrouvé un foyer où elle était en sécurité, elle a gardé ces habitudes et les a appliquées à son art. Elle inspectait chaque jour le sol pendant qu'elle marchait, à la recherche de tout ce qu'elle pourrait utiliser dans une sculpture, une peinture ou un collage. Mes sœurs et moi avons fouillé la terre pour elle et lui avons offert nos trouvailles. Elle était enchantée quand je dénichais une montre-bracelet démodée écrasée par un pneu de voiture ; elle a récupéré le moindre engrenage de sa carcasse pour l'une de ses œuvres multisupports.

Elle crochetait des animaux étranges et merveilleux avec des bouts de laine dépareillés, qui bruissaient parce qu'elle les bourrait de sacs en plastique qu'elle avait lavés. Un été, au cours d'une expédition familiale en camping, grand-mère Inge m'avait acheté un paquet de chewing-gums et avait transformé chaque emballage d'aluminium en un animal sauvage différent, un véritable cirque avec lequel je pouvais jouer pendant qu'on bringuebalait dans son camping-car le long de la côte californienne. Jusqu'à ce jour, sa mémoire n'a cessé de me servir de guide dans la réutilisation et je pense que le mouvement Buy Nothing lui plairait. »

Que les choses ont changé ! Pour ceux d'entre nous qui ont grandi dans les années 1980, 1990 et au début des années 2000, où la culture populaire nous poussait à nous juger sur la quantité, la nouveauté et les marques de ce qu'on possédait, changer de mode de vie pour réutiliser par choix peut ne pas sembler très cool. Nous allons essayer de vous faire changer d'avis et peut-être vous convaincre d'embrasser avec nous l'esprit d'inventivité de grand-mère Inge pour transformer en nouveauté ce qui est vieux et soi-disant bon à jeter.

Voici quelques raisons pour lesquelles la réutilisation peut avoir des répercussions positives :

- **Une raison économique.** D'après une analyse de l'Institute for Local Self-Reliance, pour 10 000 tonnes de déchets gérés chaque année, la réutilisation crée entre 28 (réparation des palettes en bois, par exemple) et 296 emplois (réutilisation des ordinateurs). Les centres d'enfouissements et les incinérateurs créent un emploi pour 10 000 tonnes de déchets annuels[37].
- **Une raison environnementale.** La réutilisation surpasse ici le recyclage. Le recyclage, autrement dit la transformation d'un produit à la fin de sa vie utile en quelque chose de nouveau, consomme de l'énergie, à la fois pour transporter les déchets en masse vers les usines de recyclage et pour procéder à la décomposition et au remodelage des matériaux. Certains matériaux ont un cycle en circuit fermé, mais beaucoup exigent qu'on y ajoute de la matière vierge pour redevenir un bien de consommation. La réutilisation peut être opérée par chaque individu à la maison et par de petits entrepreneurs locaux, ce qui

diminue les besoins en énergie et l'empreinte carbone liée au transport.

- **Une raison personnelle.** La réutilisation allume l'étincelle de la créativité et on éprouve de la fierté à transformer ses vieilles affaires en objets utiles et à leur donner un nouvel usage. D'accord, on n'a pas de statistiques sur le degré de bonheur engendré par la fréquence à laquelle on réutilise, mais on ne cesse d'observer la joie inattendue qui découle de cet état d'esprit chez les membres du Buy Nothing Project. Sarah, dans le Connecticut, adore frimer avec le miroir d'occasion de sa chambre d'amis, qu'elle a repeint pour lui donner un look rustique chic. Storm Furness de Queensland, en Australie, nous fait part de cette révélation : si vous avez oublié votre sac de course, récupérez ce dont vous avez besoin dans le compartiment plastique de la poubelle de tri généralement placée à l'entrée du magasin. Notre voisine Michelle White met les cœurs de romaine qui lui restent dans un verre d'eau. Ils prennent racine et produisent de nouvelles feuilles de salade directement sur son rebord de fenêtre. Avec le temps, un cœur de laitue, de céleri, et même des oignons nouveaux et des betteraves, peuvent produire de la nourriture. La réutilisation peut prendre bien des formes et vous permet de poser sur vos affaires un regard complètement nouveau. On éprouve une satisfaction immense quand on trouve des manières d'économiser de l'argent en utilisant différemment ce qu'on possède déjà.

Beaucoup pensent que la réutilisation est chronophage, et pour qui travaille à temps plein, a des enfants et mène une vie trépidante, cette pratique qui demande encore plus de travail paraît tout bonnement inenvisageable. Pour nous, **la réutilisation est plutôt un raccourci qui vous évite un passage au magasin ou des heures passées sur Internet à se procurer un article neuf**. Si vous ne deviez mettre en pratique qu'une seule étape, la plus importante, du Zéro Achat, ce serait d'apprendre à remplacer les choses qu'on achète par réflexe, comme ces objets à usage unique, par des objets plus durables et réutilisables qu'on possède déjà.

Une expérience du Zéro Achat

Il y a quelques années, Rebecca est encore montée d'un cran en se mettant au défi de porter tous les jours pendant un an la même robe portefeuille d'occasion en coton noir, toutes les autres pièces de sa garde-robe provenant gratuitement de l'économie du don à laquelle elle participait. L'industrie textile est le deuxième plus grand pollueur du monde derrière l'industrie du pétrole. On achète de plus en plus de vêtements qu'on porte de moins en moins longtemps. L'EPA (Agence américaine de protection de l'environnement) estime que, sur les 16 millions de tonnes de textiles produites en 2015, 10,5 millions ont fini à la décharge. Seulement 2,5 millions de tonnes ont été recyclées, un chiffre qui pourrait être facilement amélioré quand on sait que presque tous les textiles peuvent être recyclés ou réutilisés[38]. Et si le synthétique ne se décompose jamais réellement, les fibres naturelles finissent par se transformer en compost.

L'EXPÉRIENCE DE LA ROBE UNIQUE DE REBECCA

Je voulais en avoir le cœur net : étais-je vraiment capable de ne porter qu'une seule robe d'occasion tous les jours pendant une année entière ? Supporterait-elle toutes mes activités et des lavages réguliers ? Quelqu'un le remarquerait-il ? Finirais-je par trouver incommode ou ennuyeux le fait de n'avoir qu'une seule robe ? J'ai obtenu les réponses à toutes mes questions : oui, si on veille à la laver délicatement et à la faire sécher à l'air libre, même une fine robe d'été en coton durera une année entière en étant portée quotidiennement. Non, vous ne briserez aucune règle sociale tacite en portant la même chose tous les jours, surtout si vous y ajoutez des accessoires qui amènent chaque jour à votre look des couleurs, des textures et des motifs différents. Honnêtement, les seules personnes à l'avoir remarqué sont celles à qui je l'avais dit ; les autres étaient sincèrement stupéfaites d'apprendre que j'avais porté la même robe tous les jours. J'ai tiré une grande leçon de leur surprise : les gens avec qui on travaille chaque jour font moins attention à la base de notre garde-robe qu'à tout ce qui est plus coloré et stimulant visuellement, ce qui m'a permis de passer dans cette robe toute une année au travail, d'assister à un mariage, à une commémoration, de passer des vacances, de faire des randonnées et de participer à un voyage scolaire en camping.

On ne s'attend pas à ce que vous soyez très nombreux à vouloir remplacer toute votre garde-robe par une seule pièce d'habillement à la manière de Rebecca, mais nous pouvons tous tirer une leçon de ce qu'elle a appris : on peut élaborer un look personnel à partir d'une base très simple, et ces vêtements n'ont pas besoin d'être neufs. Concentrez-vous sur les pièces que vous aimez vraiment et usez-les jusqu'à la corde.

Pourquoi se sent-on bien quand on fait du shopping et encore mieux quand on n'achète rien

On connaît l'attrait pour les nouveaux achats : l'énergie nouvelle qui réside dans cet article, l'idée d'avoir quelque chose de neuf qui n'appartient qu'à soi, le sentiment d'accomplissement d'avoir enfin pu s'offrir cette chose pour laquelle on avait économisé, ou un achat lié à une grande étape de la vie, comme un tailleur ou un costume pour son premier emploi. Nous ne sommes pas en train de vous suggérer d'abandonner complètement ces expériences et les sentiments positifs qui en résultent. Nous voulons vous montrer comment on peut éprouver la même joie et les mêmes plaisirs à travers le Zéro Achat plutôt qu'en achetant des produits neufs.

Nous sommes nombreux à connaître le plaisir rapide et la facilité du shopping en ligne pour absolument tout, des livres aux maillots de bain en passant par les matelas emballés. On est tous câblés pour recevoir un pic immédiat de dopamine (un neurotransmetteur libéré par les cellules cérébrales, aussi connu sous le nom d'« hormone du bonheur ») quand on anticipe la réalisation d'une envie en cliquant sur un bouton. Quand deux jours plus tard le produit est livré à notre porte, cette satisfaction différée nous procure une autre montée de dopamine. Les nouveaux acheteurs, la génération Z des moins de 22 ans, sont largement influencés pour acheter des vêtements et toutes sortes de choses *via* les plates-formes de leurs réseaux sociaux (on en fait l'expérience directe, étant mères d'adolescents). On comprend. Le frisson lié à l'acquisition de nouvelles choses est authentique. Mais ce même pic de dopamine est accessible dès lors qu'on reçoit ce dont on a envie ou besoin, du nécessaire et bassement matériel aux luxes et trésors longuement désirés, sans rien payer, offerts par la communauté.

On ne cesse de constater que lorsque les gens choisissent de partager et de réutiliser les choses, cela leur procure au moins autant de joie que de les acheter neuves. Oui, l'être humain est programmé pour réunir des biens et les stocker en prévision des périodes où les ressources se font rares. Mais on est aussi programmés pour éprouver de la joie à se lier à nos frères humains et à partager des ressources, garantissant ainsi notre survie et notre réussite mutuelles en tant que société.

La réutilisation est l'une des étapes les plus importantes du Zéro Achat, et c'est aussi l'une de celles qu'on comprend le plus aisément de travers. C'est vrai que l'idée de réutiliser peut faire remonter des souvenirs d'aïeux qui ont connu la guerre et la pénurie et qui ont continué à vivre en temps de paix avec leurs habitudes de survie, comme cette façon qu'avait votre grand-mère de refuser de se débarrasser de son canapé à fleurs des années 1970. Mais la réutilisation peut être vécue très différemment dans un esprit d'économie du don, grâce à la motivation du partage plutôt que de l'accumulation, l'idée de donner et de recevoir pour répondre aux besoins immédiats de votre foyer. Quand on écarte cette mentalité de survivaliste, la réutilisation permet d'économiser du temps, de l'argent et de l'énergie mentale.

Pour commencer, essayez de jauger chaque nouvel objet qui entre dans votre maison en ayant en vue son prochain usage. Prenez par exemple une sauce tomate : choisissez celle dont le bocal a la plus large ouverture. Ainsi, vous pourrez l'utiliser pour stocker des restes (inutile de le rincer, vous n'aurez qu'à y fourrer directement vos pâtes à la tomate pour votre déjeuner du lendemain), puis pour combler l'une des mille raisons de conserver quelque chose à l'avenir, et enfin pour porter des fleurs à un ami quand vous aurez trop de bocaux chez vous et qu'il faudra faire de la place. Cette approche fonctionne pour tout ce dont vous avez envie ou besoin. Les vêtements par exemple peuvent être coupés en morceaux pour remplacer l'essuie-tout. Liesl s'y est convertie quand tout ce qu'elle avait sous la main pour nettoyer une régurgitation de boule de poils de son chat était un vieux tee-shirt. Huit ans plus tard, elle n'a toujours pas eu besoin de racheter d'essuie-tout grâce à une réserve constante de tee-shirts d'enfants usés qu'elle peut laver et réutiliser, et quand ce que le chiffon a essuyé ne permet pas de s'en resservir dans la maison, elle l'utilise pour arracher les mauvaises herbes dans son jardin.

Quand vous devez acheter de la nourriture dans une barquette en plastique (ce qui est, soyons honnêtes, parfois inévitable), imaginez des façons créatives de la réutiliser. On a trouvé une marque locale de tortillas de blé vendues dans des sachets à glissière en plastique très robustes. Ainsi, on peut se procurer autant de quesadillas que veulent nos enfants et, par la même occasion, des sachets qui résisteront à des années de réutilisation pour acheter de la nourriture en vrac, congeler des plats, emballer des pique-niques, organiser une valise, isoler des chaussettes de randonnée humides, et tout ce qui nécessite un emballage imperméable. La réutilisation inventive d'objets du quotidien vous permettra d'économiser du temps, de l'espace et de l'argent, et vous tirerez de la fierté de votre ingéniosité et de votre débrouillardise.

Une fois que vous maîtrisez la réutilisation, vous pouvez passer à d'autres r : rénovation, restauration, remise à neuf, relooking, réagencement, rafraîchissement et réparation. Meubles, lampes et miroirs sont de très bons sujets. Vous en trouverez chez vous ou par le biais de l'économie du don et vous pouvez les remettre en état pour en faire des objets uniques rien qu'à vous. Se fabriquer à partir d'une vieillerie un objet nouveau et personnalisé est extrêmement gratifiant.

La prochaine fois que vous avez besoin de quelque chose, regardez ce que vous possédez déjà avant de chercher sur Internet ou en magasin. Par exemple, le jour où vous vous rendez compte que vous n'avez pas de short mais que vous avez un jean troué, vous pouvez en faire un joli short en jean, votre nouveau short préféré. Si ça se trouve, en triant vos affaires pour en donner, vous allez retrouver un short oublié depuis longtemps au fond de votre armoire. Vous n'avez rien à réemployer ? Demandez ce dont vous avez besoin à votre groupe d'économie du don. La réutilisation peut s'appliquer aux affaires des autres, pas seulement aux vôtres. Ce sont ces petites révélations qui vous montrent que la vie n'est pas si différente quand on n'achète pas du neuf. Il faut envisager cela comme une manière d'épouser le mode de vie sage et sans gaspillage de nos ancêtres, en faisant subir une avance rapide au meilleur de leurs pratiques jusque dans nos maisons du XXIe siècle.

La vie moins les courses

La cuisine est un des endroits où on peut économiser de l'argent et des ressources. On a tendance à acheter trop de choses au supermarché et on se retrouve à jeter des produits périmés. Le département américain de l'Agriculture et l'EPA (Agence américaine de protection de l'environnement) estiment que chaque personne a gaspillé 98,9 kilos de nourriture rien que pour l'année 2010 aux États-Unis et travaillent ensemble à réduire ces quantités par deux d'ici 2030[39]. Selon nous, on peut dépasser cet objectif plus rapidement en adoptant un mode de vie Zéro Achat.

Approvisionnez vos étagères avec des ingrédients de base et vos herbes et épices préférées, puis utilisez ce que vous avez en réserve dans votre garde-manger plutôt que d'acheter des ingrédients particuliers pour de nouvelles recettes originales. Inutile d'acheter des ingrédients que vous n'utiliserez qu'en petite quantité et qui prendront vraisemblablement la poussière en attendant que vous trouviez une nouvelle recette pour les utiliser. Faites des réserves de vos basiques préférés et cuisinez avec. Non seulement vous gagnerez de la place sur vos étagères et éviterez de gaspiller des ingrédients, mais vous économiserez de l'argent. Quand vous avez des restes qui ne seront pas mangés le lendemain, congelez-les. Vous serez ravi de les réchauffer un soir où vous n'avez pas envie de cuisiner.

DIX CHOSES À RÉUTILISER PLUTÔT QU'À JETER

Voici une liste de dix choses courantes à réutiliser plutôt que de les jeter pour rallonger vos plats et vos courses et réduire votre budget alimentaire.

1. ***Écorces d'agrumes.*** On s'en sert comme ingrédients pour un super nettoyant multi-usage (recette en page 139), en zestes d'orange et de citron, comme allume-feu une fois séchées. Jetées au fond d'une poubelle, elles sont aussi un excellent désodorisant.
2. ***Brocoli, chou-fleur, blettes.*** Ne jetez pas les tiges. Une fois émincées, ajoutez-les à une poêlée de légumes ou à une salade, ou faites-en des pickles à garder au réfrigérateur dans un bocal de vinaigre avec une gousse d'ail et un filet de miel.
3. ***Marc de café.*** Vous pouvez l'utiliser comme exfoliant pour le visage, les pieds, les bras et les jambes. Une pincée peut aussi vous servir à récurer les plats. On économise de l'argent en engrais pour nos myrtilliers en le remplaçant par du marc de café répandu à leurs pieds. Les myrtilles l'adorent ! On s'en sert aussi pour faire mariner une viande et comme ingrédient secret dans les brownies (préférez le marc de café très fin de l'expresso pour cet usage).

4. ***Coquilles d'œuf.*** Mettez une poignée de coquilles d'œuf blanches écrasées dans un filet à mailles fines et fourrez-le dans votre machine à laver avec une lessive de blanc : les coquilles aident à éliminer le gris sur les tissus clairs. Pas besoin d'eau de Javel ! Ou utilisez les coquilles pour votre apport naturel en calcium. Des études ont montré que les coquilles d'œuf ont de nombreuses propriétés bénéfiques[40]. Laissez tomber les gélules et faites tout simplement cuire vos coquilles d'œuf pendant 8 minutes au four à 180 °C. Laissez refroidir, puis broyez-les en une poudre fine. Ajoutez ce complément (1 cuillerée à café ou moins) à votre jus ou votre smoothie préféré une fois par jour. Demandez conseil à votre médecin ou votre pharmacien pour un dosage sûr et approprié.
5. ***Bouchons en liège.*** Les bouchons en liège font de super… tableaux en liège ! Prenez un vieux cadre ou un vieux miroir et collez-y les bouchons de façon à recouvrir complètement le miroir ou le fond de votre cadre. Saviez-vous que les bouchons peuvent aussi servir à… vous l'avez deviné… boucher toutes sortes de jolies bouteilles en verre réutilisables dans lesquelles stocker des liquides. Cherchez « réutiliser des bouchons en liège » sur Internet et vous trouverez des centaines d'autres idées. Pour finir, notre préférée : les poignées de couvercle en liège. Si vous avez des couvercles en métal qui chauffent,

glissez deux ou trois bouchons en liège sous la poignée du couvercle, de façon perpendiculaire, et attrapez-les par les bouchons plutôt que par le métal chaud. Et hop ! Ils restent froids même après des heures de cuisson.

6. ***Pelures d'oignon.*** Mettez-les dans les soupes ou dans la mijoteuse : plus de 500 000 tonnes de déchets d'oignons sont jetés chaque année en Union européenne et les fibres présentes dans la peau sont aussi nutritives que le bulbe[41] !
7. ***Croûtes de parmesan.*** Gardez-les et mettez-les dans le bouillon de votre soupe. Elles relèvent un minestrone ou une soupe de légumes !
8. ***Eau de cuisson des haricots.*** Si vous faites cuire des haricots à la Cocotte-Minute ou à la mijoteuse, gardez leur eau de cuisson ; elle constitue une base aussi savoureuse que nutritive pour les soupes.
9. ***Feuilles de thé.*** Les feuilles de thé noir séchées éliminent les odeurs. Elles sont un excellent désodorisant pour le réfrigérateur, les tapis et les coussins des animaux. Les feuilles de thé noir et d'infusion constituent un très bon compost instantané pour les plantes en pot ou en pleine terre.
10. ***Brosses à dents.*** Ne jetez pas les brosses à dents usagées. Elles sont des outils parfaits pour le ménage. Gardez-en une sous l'évier pour frotter autour du robinet et dans les angles du lavabo. Dédiez-en une autre comme brosse à ongles après le jardinage. Rangez-en une avec les produits

ménagers pour nettoyer une éclaboussure sur un tapis ou un meuble. Et mettez-en une près de la machine à laver pour frotter les taches.

On planifie nos repas autour des légumes de saison disponibles dans nos jardins et dans les fermes environnantes et on utilise ce qu'on a dans nos réfrigérateurs et nos garde-manger pour inclure davantage de fruits et de légumes dans les plats principaux. Quand c'est la saison des mûres, on en cueille autant qu'on peut dans les parcs du coin et on les congèle pour pouvoir faire des smoothies tout au long de l'année. Et le chou kale, qui pousse douze mois de l'année dans nos jardins du Nord-Ouest Pacifique, est la base de nombreuses recettes de smoothies, salades, en-cas (quand on aime le kale, on adore les chips de kale) ou poêlées de légumes.

Avant de faire vos courses, faites une liste d'ingrédients autour desquels vous pourrez cuisiner plusieurs recettes pendant la semaine afin d'éviter les achats compulsifs. Les ingrédients bruts sont les bases les plus simples, les plus saines et les moins chères de tous nos repas, et moins un plat compte d'ingrédients, plus il est rapide à préparer. Nos ingrédients de base (qu'on achète généralement en vrac) sont les patates douces, les amandes, les noix de cajou, le beurre de cacahuète, les haricots noirs et les haricots pinto secs, les pois chiches secs, les lentilles, les tortillas de blé et de maïs, le riz, la farine et les pâtes. À partir de ces ingrédients, on peut préparer des centaines de plats différents. Les recettes en trois ingrédients sont aussi une excellente façon d'économiser de la nourriture, de l'argent et du temps.

Vous seriez surpris de tout ce que vous pouvez trouver par une simple recherche en ligne. Parmi nos recettes préférées, on compte les muffins cheddar-brocoli-œuf, les pancakes banane-amande-œuf, les smoothies banane-fruits rouges, les barres au beurre de cacahuète et les œufs au plat chou kale-ail.

CHERCHEZ DE LA NOURRITURE PLUTÔT QUE DE L'ACHETER

Imaginez pouvoir cuisiner une semaine de repas pour une famille de quatre personnes avec deux sacs de courses maximum. C'est notre objectif et on y arrive parce que, dès qu'on a le temps, on cherche et on cultive les ingrédients qu'on utilise, comme les orties (quand c'est la saison) ; le cresson (sauvage) ; les fruits rouges (on les cueille et on les congèle) ; les légumes verts de jardin comme le chou kale et le chou fourrager ; les pommes de terre, les oignons et l'ail qu'on cultive et stocke ; les champignons (on les ramasse) et les œufs de nos poules. Il existe un excellent site Internet répertoriant tous les endroits où on peut trouver des aliments à cueillir ou ramasser partout dans le monde : fallingfruit.org. Où que vous viviez, en zone rurale, urbaine ou en périphérie des villes, Falling Fruit vous indique quel aliment pousse en abondance près de chez vous.

Si vous êtes un cueilleur débutant, suivez cette règle d'or : ne mangez jamais rien que vous ne puissiez identifier avec certitude. Si vous connaissez mal les fruits, champignons, plantes et fruits à coques locaux, faites-vous guider par un expert du coin.

Réutiliser et refuser : non aux objets à usage unique et oui à des alternatives plus durables

Outre ce qui servira pour nos repas de la semaine dans le garde-manger et dans le jardin, que peut-on refuser d'acheter ? Voici des moyens de dire non sans stress aux objets à usage unique et oui à des alternatives plus durables et plus viables.

Pour réduire vos déchets quand vous êtes à l'extérieur, ayez avec vous un mug réutilisable pour ne pas avoir à gaspiller de tasses à café jetables (en prime, certains cafés proposent une réduction quand vous apportez votre propre tasse !) ; gardez un jeu de couverts dans votre sac (les couverts en bambou sont très légers) ou au bureau pour ne pas avoir à utiliser de couverts en plastique ; ayez toujours un sac en tissu pliable et réutilisable pour y mettre vos courses (ou gardez des sacs dans le coffre de votre voiture).

Ne vous sentez pas obligé d'appliquer *tout* ce qu'on vous propose ci-après. **Ces listes et idées sont là pour vous motiver à réutiliser et à recycler davantage, pas pour vous mettre la pression.** Choisissez celles qui vous inspirent et avec lesquelles vous êtes à l'aise. Commencez par celles qui vous seront les plus faciles et mettez-vous au défi d'aller plus loin au fil du temps. Dans le sillage des pratiques frugales de nos grands-mères, voici une liste d'articles qui ne figurent plus sur nos listes de courses.

Cinquante choses qu'on n'achète jamais

1. **Essuie-tout.** D'après le site Internet TreeHugger, les produits jetables en papier constituent un quart des déchets présents dans les décharges, et on apprend grâce à des statistiques fiables qu'il faudrait 51 000 arbres par jour pour remplacer le nombre de feuilles d'essuie-tout jetées quotidiennement[42]. Alors passez aux essuie-tout en tissu ! Ils n'ont pas besoin d'être cool. Vous pouvez utiliser des chiffons ou en fabriquer à partir de vieux torchons, de draps troués et même de tee-shirts usés. Si vous les rangez dans un joli panier ou dans un tiroir de la cuisine, vous les aurez sous la main pour toutes sortes de nettoyages. Fourrez-les dans la machine à laver et vous voilà équipés pour éponger toutes les crasses imaginables.
2. **Serviettes en papier.** Utilisez vos serviettes en tissu et réutilisez-les encore et encore. Si vous n'en avez pas de jolies, vous pouvez envisager de les fabriquer en réemployant de vieux draps de coton, une chemise, une jupe ou une nappe. On a toutes les deux un tiroir rempli d'une trentaine de serviettes en tissu pour tous les jours. Elles sont très faciles à faire : cherchez « comment coudre une serviette de table » sur Internet et vous trouverez des tas de bonnes idées.

CHEZ LIESL, C'EST 1 POULET = 5 REPAS

Chez Liesl, le poulet est l'une des sources de protéines préférées de la famille et on y utilise le poulet tout entier. Voici quelques astuces pour obtenir cinq repas avec un seul poulet. « On part du poulet entier cru qu'on fait généralement rôtir. À partir de là, le poulet nous fait plusieurs repas.

Repas 1 : un dîner avec le blanc, les pilons, les cuisses et les ailes rôtis.

Repas 2 : enchiladas ou riz sauté avec les restes de viande.

Repas 3 : on utilise les os pour faire un bouillon de poulet, avec des pelures d'oignon et d'ail et des fanes de carottes. Vous pouvez congeler les os si vous ne faites pas le bouillon le jour même.

Repas 4 : on réserve le bouillon gras pour des utilisations ultérieures et on garde les os. On y ajoute de l'eau et on fait mijoter longtemps jusqu'à obtenir un bouillon maigre et que les os soient tendres.

Repas 5 : c'est là que les os deviennent de la nourriture pour le chien ; on les mixe dans un robot à très forte puissance avec un peu de bouillon maigre pour obtenir une pâtée sans éclats d'os. On garde cette pâtée dans un bocal au réfrigérateur pour l'ajouter au repas de notre chiot. À ce stade, le poulet a nourri toute la famille et il n'en reste rien. »

3. **Mouchoirs.** Utilisez un mouchoir en tissu ! C'est ce que faisait votre papi.
4. **Sacs-poubelle.** Ouaip, on n'en achète plus parce qu'on ne voit pas l'intérêt de recouvrir nos poubelles alors que tout atterrit dans un grand container au centre de transfert des déchets. Selon les communes, vous n'êtes pas obligé d'emballer vos déchets dans des sacs en plastique destinés de toute façon à la décharge. Renseignez-vous, vous nous remercierez plus tard. Si les sacs-poubelle sont obligatoires, réutilisez les sacs de nourriture pour animaux, les sacs alimentaires ou tout autre grand sac que vous ou votre groupe de don avez en trop plutôt que de contribuer à l'amas de polyéthylène dans les décharges. Souvenez-vous que vous pouvez demander ce dont vous avez besoin. Votre demande va permettre à autrui de donner et celui-ci sera ravi de vous faire cadeau de ce qu'il destinait de toute façon à la poubelle.
5. **Sachets refermables.** Les sacs en plastique à glissière sont utiles de bien des manières. Vous ferez de sacrées économies si vous les réutilisez plutôt que de les acheter. Retournez-les et lavez-les dans l'évier avec de l'eau froide et du liquide vaisselle. Comme ils sont en polyéthylène, qui est un plastique perméable, vous pouvez les laver exactement comme vous laveriez votre vaisselle. Ensuite, on les dispose sur un séchoir à sacs en bois près de l'évier (ou un arbre à biberons si vous en avez un). Vous pouvez le fabriquer en mettant des baguettes dans un porte-brosses à dents et en plaçant les

sacs à l'envers sur les baguettes. Facile. Certaines personnes font sécher les sacs en les accrochant avec des magnets sur la porte de leur réfrigérateur. Nous allons un cran plus loin et nous lavons en fait toutes sortes de sacs en plastique pour les réutiliser. On espère que ce livre vous encouragera à ne plus jamais acheter de sac en plastique et à stocker vos aliments dans des matériaux plus sains pour l'environnement, comme les bocaux en verre. Mais si vous avez besoin de sacs en plastique, les laver et les réutiliser est une très bonne méthode. Et quand ils arrivent en fin de vie, recyclez-les ! Vous pouvez jeter les sachets refermables dans les poubelles de tri, tant qu'ils sont propres et secs.

6. **Sachets congélation.** D'après nous, les sachets congélation ne sont qu'une arnaque marketing de plus. Il suffit d'utiliser deux sachets refermables réutilisables pour avoir une meilleure isolation entre vos aliments et l'intérieur du congélateur. (Voir astuce #5 pour laver vos sachets refermables et les réutiliser.) Quand vous achetez des aliments surgelés dans des sacs refermables épais, réutilisez-les à tout prix.
7. **Sacs en tissus réutilisables.** Ce sont les sacs que vous emportez pour faire vos courses de façon à ne pas avoir besoin des sacs en plastique ou en papier du magasin. Prenez-les avec votre mug et vos couverts à emporter. Fabriquer le sac en tee-shirt sans couture de Rebecca ne vous prendra pas plus de dix minutes et c'est une alternative simple aux sacs qu'on trouve dans les magasins.

LE SAC EN TEE-SHIRT SANS COUTURE DE REBECCA

Avec ce sac en tee-shirt Zéro Achat qui vous permet de réemployer un vieux tee-shirt et de réduire votre consommation de sacs à usage unique, tout le monde y gagne.

- Coupez les manches d'un vieux tee-shirt pour former les bords extérieurs des anses du sac. Vous pouvez en faire des chiffons ; elles sont parfaites pour essuyer les verres, aussi bien ceux de vos lunettes que ceux dans lesquels vous buvez.
- Coupez le col pour former l'ouverture du sac et les bords intérieurs des anses. Gardez l'encolure pour un autre usage. Je les adore pour maintenir mes journaux enroulés, m'attacher les cheveux ou ligoter mes plants de tomates l'été.
- Si votre tee-shirt a un ourlet roulotté piqué à la taille, vous pouvez le couper et le garder avec l'encolure pour faciliter l'étape suivante.
- Posez le tee-shirt à plat sur une table et saisissez les coins droit et gauche du bas du tee-shirt. Faites un nœud plat (d'abord le tissu droit par-dessus le gauche, puis le gauche par-dessus le droit) afin de former un fond fermé à votre sac. S'ils sont trop courts pour les nouer, utilisez l'encolure pour les attacher ensemble sur l'endroit ou l'envers du tee-shirt (les deux fonctionnent, choisissez le look que vous préférez). Votre sac est prêt à l'emploi.

8. **Nettoyant multi-usage aux agrumes.** Utilisez des écorces d'agrumes et du vinaigre pour fabriquer un nettoyant multi-usage. Il suffit de mettre vos écorces d'orange (ou de citron ou citron vert) dans un grand récipient et de les recouvrir de vinaigre blanc. Ajoutez des écorces au fil du temps jusqu'à ce que le récipient soit plein, en veillant toujours à ce qu'elles soient recouvertes de vinaigre. Laissez macérer pendant un mois minimum et vous obtiendrez un excellent nettoyant aux agrumes tout aussi efficace sur la graisse que n'importe quel produit acheté en magasin. On remplit un vaporisateur d'un tiers de vinaigre aux écorces d'agrume pour deux tiers d'eau et c'est parti pour le ménage ! Si vous n'aimez pas l'odeur du vinaigre, vous pouvez ajouter votre huile essentielle préférée afin d'obtenir l'odeur parfaite pour votre maison.
9. **Lessive.** Ça fait des années qu'on utilise toutes les deux, par intermittence, cette recette de lessive concentrée en poudre. Vous trouverez de nombreuses variantes en ligne. Elles fonctionnent toutes très bien. Pour une charge pleine dans une machine à chargement par le dessus, 1 cuillerée à soupe suffit (vous pouvez aller jusqu'à 2 petites cuillerées à soupe si le linge est affreusement sale). La recette qui suit dure deux mois pour un foyer de trois personnes. *Ingrédients :* du borate de sodium, de la soude et un savon solide (*rien* n'égale un pain de savon Fels-Naptha pour lutter contre les taches). *Mode d'emploi :* râpez le savon dans un grand saladier à l'aide du côté le plus fin d'une râpe à fromage manuelle ou détaillez-le en morceaux de 2 centimètres puis hachez-le finement à l'aide d'un robot.

Ajoutez un grand verre (240 ml) de borate de sodium et la même quantité de soude. Mélangez à la main en utilisant des gants de protection réutilisables en latex. Vous pouvez mélanger au robot, mais vous devez vous assurer d'avoir coupé le savon en petits morceaux pour ne pas abîmer la lame et de nettoyer soigneusement tous les éléments une fois la préparation terminée. Mélangez jusqu'à obtenir une texture lisse et homogène. Les filaments de savon doivent s'être désagrégés. Conservez le mélange dans un grand bocal et maintenez son couvercle bien fermé entre deux utilisations. Gardez cette préparation clairement étiquetée hors de portée des enfants ou de quiconque pourrait l'ingérer, car ses ingrédients ne sont pas propres à la consommation ! Vous pouvez ajouter du vinaigre blanc dans vos machines en guise d'assouplissant pour réduire l'accumulation de savon sur les vêtements et dans votre lave-linge. Vous trouverez facilement tous ces ingrédients dans des emballages recyclables sans plastique pour moins cher que l'équivalent en lessive industrielle.

10. **Assouplissant liquide, cristallin ou en feuilles.** Utilisez plutôt des balles de séchage maison ! Vous réduirez ainsi le temps de séchage en machine d'au moins 10 %. Elles servent aussi d'alternative aux assouplissants puisqu'elles suppriment l'électricité statique, adoucissent les tissus et peuvent apporter une note parfumée si vous y ajoutez quelques gouttes d'huile essentielle. Pour les fabriquer, il vous faut un vieux pull en laine ou du fil 100 % laine. Faites une boule avec votre pull ou votre laine et maintenez-les en une sphère de la taille d'une grosse orange en enroulant

autour du fil de laine. Prenez quelques chaussettes dans votre collection de chaussettes orphelines (vous en avez plein, c'est sûr), glissez une boule de laine dans chaque et fermez-les avec un nœud. La laine soumise à l'eau, à la chaleur et au mouvement feutre facilement. Passez vos boules de chaussettes à la machine sur un programme chaud (ajoutez-y un peu de lessive et quelques serviettes ou tee-shirts pour la remplir). Vous pouvez leur faire subir deux cycles de lavage à chaud pour vous assurer qu'elles ont feutré. Si vous n'avez pas facilement accès à une machine à laver, vous pouvez le faire dans une grande quantité d'eau chaude savonneuse, en remplissant votre baignoire ou une bassine dans le jardin, et en utilisant une bonne vieille planche à laver pour remuer et frictionner les chaussettes afin de transformer la laine en boules. Passez-les au sèche-linge à haute température jusqu'à ce qu'elles soient complètement sèches. Dénouez les chaussettes et libérez les balles de laine qui doivent maintenant être feutrées comme il faut. Vous pouvez ajouter quelques gouttes d'huile essentielle sur les balles de laine tous les quatre cycles pour parfumer votre linge.

11. **Nettoyant pour four.** Vous vous souvenez du nettoyant multi-usage dont on vous a parlé en #8 ? Faites un mélange moitié vinaigre aux agrumes, moitié eau pour nettoyer votre four. Il viendra à bout de la graisse et du brûlé sans les vapeurs chimiques d'un produit conventionnel.
12. **Nettoyant pour tapis.** Saupoudrez sur votre tapis une fine couche de bicarbonate de sodium mélangé à quelques gouttes d'huile essentielle de votre choix, puis aspirez. Ça

rafraîchit votre tapis. Si vous ajoutez du borate de sodium au mélange, ça le nettoie. Toutefois, attention si vous avez des enfants et des animaux, car le borate de sodium est légèrement irritant et ne doit pas être ingéré.

13. **Produit à vitres.** Lavez vos vitres avec un mélange composé d'un tiers de vinaigre blanc, de deux tiers d'eau et d'une goutte de liquide vaisselle, puis essuyez-les avec du papier journal plutôt qu'avec de l'essuie-tout qui n'est bon qu'à laisser des peluches sur les carreaux.
14. **Poudre à récurer.** Utilisez cette mixture pour venir à bout des restes de nourriture qui refusent de se détacher des plats, des casseroles et de la fonte. Réutilisez un bocal de sauce de 700 ml et versez-y vingt gouttes d'huile essentielle de votre choix (on aime beaucoup le mélange moitié arbre à thé, moitié lavande) et suffisamment de bicarbonate de sodium pour le remplir. Oui, c'est tout. Ça semble diaboliquement simple, mais c'est vraiment divin. Ça marche ! Ça sent merveilleusement bon, puisque vous utilisez les huiles que *vous* aimez. Percez quelques trous dans le couvercle du bocal et saupoudrez le bicarbonate sur les plats humides dans l'évier, puis frottez à la main ou avec un de vos tampons à récurer maison (voir #15) et vos plats comme votre évier étincelleront. Vous êtes inquiet pour l'hygiène ? La majorité des liquides vaisselle ne désinfectent pas les plats. Ils retirent les particules de nourriture qui fournissent du carburant et un refuge sûr pour les bactéries pathogènes et nettoient la surface des plats en enlevant les graisses et autres substances qu'on ne veut pas retoucher ou remanger. Ce mélange de bicarbonate de

sodium et d'huile essentielle remplit toutes ces missions et si vous utilisez vos doigts plutôt qu'une éponge, vous supprimez encore un vecteur courant pour les bactéries. Toujours inquiet ? Ajoutez quelques gouttes de votre savon préféré.

15. **Tampons à récurer.** Le vieux papier aluminium usagé fait un excellent tampon à récurer pendant au moins une semaine si vous le froissez. Ne riez pas, ça marche. Et une fois que votre aluminium froissé est tout aplati, jetez-le dans votre poubelle de tri (si votre ville recycle l'aluminium) et utilisez un autre morceau d'alu usagé comme tampon à récurer. Vous pouvez aussi réutiliser les filets alimentaires en plastique, le genre de sacs dans lesquels on vend les agrumes et les pommes de terre, pour en faire des tampons à récurer. Rassemblez plusieurs filets et pliez-les en accordéon en segments de 6 centimètres de long environ. Attachez le milieu aussi serré que possible avec une longueur de ficelle. Une fois le paquet bien ficelé, coupez la ficelle qui dépasse (les restes de coton peuvent être compostés), puis coupez chaque boucle de filet pour faire gonfler l'éponge.
16. **Lingettes attrape-poussière.** Si vous utilisez un balai type Swiffer, inutile de racheter sans cesse des lingettes. Il vous suffit d'utiliser un gant de toilette, un chiffon en microfibre ou une couche lavable, de le laver et de le réutiliser.
17. **Eau en bouteille.** À moins que vous soyez en pleine préparation de votre kit de survie, évitez tout simplement d'acheter de l'eau en bouteille quand vous avez soif. On vous en supplie. Et pendant qu'on y est, pourquoi ne pas renoncer

à toute boisson en bouteille de façon générale ? Les bouteilles en plastique arrivent en troisième place des objets les plus échoués sur nos littoraux. À votre avis, que trouve-t-on en quatrième position ? Les bouchons en plastique[43] ! Ça va vous demander un petit effort personnel mais, quand vous n'êtes pas chez vous, vous pouvez emporter une gourde en inox ou en verre partout où vous allez et la remplir d'eau pour vous désaltérer. Ça marche tout aussi bien pour les boissons plus fun : parfumez l'eau avec une tranche de citron ou une poignée de feuilles de menthe, remplissez votre gourde de thé glacé maison ou de votre boisson préférée. Chaque année, 50 milliards de bouteilles en plastique sont jetées rien qu'aux États-Unis et on sait à présent qu'une grande partie d'entre elles finissent dans les océans. En utilisant une gourde, vous évitez chaque année qu'environ 156 bouteilles en plastique finissent dans notre flot de déchets et potentiellement dans les océans[44].

LAISSEZ TOMBER LES BOISSONS ACHETÉES EN DÉPANNAGE À LA SUPÉRETTE

Parfois, nos familles parcourent à pied le kilomètre et demi qui nous sépare de la supérette de notre quartier. On prend des sacs pour ramasser les ordures le long de la route. Chaque fois, on récupère plus de cinquante emballages de boissons. En 2009, l'organisation Keep America Beautiful a mené une étude portant sur 240 chaussées à travers le pays. Elle en a conclu qu'on trouve approximativement 6 729 déchets par mile de chaussée aux États-Unis, soit environ 4 182 par kilomètre[45]. L'étude a aussi montré que 53 % des ordures trouvées sur la chaussée proviennent des automobilistes, et on tend à trouver 11 % d'ordures supplémentaires sur les routes qui passent par une supérette, dont 40 à 60 % d'emballages de boissons. L'Environmental Working Group a publié une étude qui affirme que « toutes les vingt-sept heures, les Américains consomment suffisamment de bouteilles en plastique pour faire le tour de l'équateur si on les empilait les unes sur les autres[46] ».

On n'a pas tous la chance d'avoir de l'eau potable à domicile[47]. Si vous êtes dépendant de l'eau en bouteille, vous économiserez de l'argent et ferez moins de déchets plastiques en achetant des bonbonnes d'eau. Vous pouvez y remplir une gourde pour perdre l'habitude des bouteilles à usage unique. Quand vous connaîtrez la quantité d'énergie, de toxines et de matériaux vierges qu'il faut pour produire cette bouteille ou cannette à usage unique, vous changerez peut-être d'avis sur sa nécessité. Remplissez votre propre gourde. Si l'eau courante est potable chez vous, offrez-en des bonbonnes à des voisins qui pourraient en avoir besoin.

18. **Film alimentaire.** Cette fine pellicule plastique de polymère, assez collante pour s'accrocher sur elle-même et sur à peu près tout, ne peut être recyclée. Stockez les restes de nourriture dans des bocaux en verre chaque fois que vous le pouvez, utilisez une assiette pour couvrir un bol ou, avec parcimonie, un morceau d'aluminium réutilisable. Rebecca a une super technique pour fabriquer son propre emballage alimentaire réutilisable en cire d'abeille (voir en page 217) qui fonctionne exactement comme du film si vous avez besoin de couvrir de la nourriture au réfrigérateur ou ailleurs.

LE PVC, TRÈS PEU POUR MOI

Outre les préoccupations environnementales, il y a des raisons de santé à abandonner le plastique. On voit émerger des preuves de la corrélation entre l'exposition aux phtalates présents dans les plastiques et la baisse de la fertilité masculine[48]. Une exposition élevée aux phtalates (chez les ouvriers qui posent des sols en PVC, par exemple) est associée à de faibles niveaux de testostérone, ce qui entraîne une série d'effets nocifs sur le corps des hommes. On apprend très vite que le système reproducteur masculin est particulièrement sensible à l'exposition aux phtalates, d'une manière qui a des répercussions pour les hommes qui y sont directement exposés, mais aussi pour les générations futures.

19. **Bloc-notes.** On peut noter des choses sur n'importe quel bout de papier. La prochaine fois que vous triez le courrier, gardez les publicités et les lettres imprimées d'un seul côté. Utilisez le verso pour prendre des notes et comme brouillon pour votre imprimante. De cette façon, on tient généralement une année sans acheter de papier ! Vous pouvez aussi utiliser les enveloppes, les sacs en papier qui sont trop usés pour porter ou tout ce qui a assez de place pour gribouiller ou pour écrire quelques lignes ou une liste.
20. **Emballages matelassés et enveloppes de publipostage.** On en reçoit tellement tout au long de l'année qu'on les garde pour les réutiliser ou les donner à des voisins qui ont leur petite entreprise et en ont besoin pour leurs envois. Il suffit de recouvrir l'adresse avec une étiquette soignée et ça fait tout à fait professionnel. On attire parfois l'attention sur le fait qu'il s'agit d'un emballage réutilisé en écrivant au dos « Réutilisez cette enveloppe SVP ». La plupart des gens apprécient que leur enveloppe ait déjà été utilisée. Les emballages rembourrés sont aussi parfaits pour protéger les objets fragiles lors d'un déménagement. Vous pouvez vous en servir exactement comme du papier bulle.
21. **Papier cadeau et rubans.** Il existe tellement d'alternatives merveilleuses au papier cadeau : tissus, sacs en papier, journaux, dessins d'enfant, vieilles cartes ou pages de livres. On a un stock de sacs en tissu réutilisables qu'on fabrique chaque année pour en faire des sacs cadeaux. Et bien sûr, on garde le papier cadeau et les sacs cadeaux pour les réutiliser. Vous n'avez qu'à jeter un œil sur le littoral

et vous y trouverez des rubans de ballons d'anniversaire à l'hélium. Ils ne se décomposent pas. Pour épargner ces rubans à nos plages, réutilisez ceux qui arrivent avec les cadeaux que vous recevez et créez vos propres rubans à partir de bandes de tissu, de ficelle et de corde qui atterrissent chez vous.

22. **Cartes de vœux, d'anniversaire, de Saint-Valentin.** Ces créations, qui étaient à l'origine faites main, ont été usurpées par toutes les marques de papeterie. Prenez vos ciseaux, un joli papier, de la colle, et soyez créatif ! En réalisant littéralement un copier-coller à l'ancienne, vous pouvez transformer ce qui se trouve chez vous – magazines, artisanat maison, objets trouvés, autocollants – en cartes de vœux que vos amis et votre famille adoreront recevoir dans leur boîte aux lettres. Les dessins d'enfants sont particulièrement appréciés des grands-parents, oncles et tantes ! Points bonus si vous prenez comme base des chutes de feuilles cartonnées d'anciens projets ou de vieilles cartes postales. Ça marche tout au long de l'année pour les mots doux de toutes sortes.
23. **Étiquettes cadeaux.** Pendant les fêtes, on est connues pour réemployer les cartes de l'année précédente en étiquettes cadeaux. Vous pouvez évidemment nous copier avec toutes les jolies cartes que vous recevez dans l'année. Coupez la page contenant le gentil texte qu'on vous a écrit et transformez-les en étiquettes personnalisées pour vos cadeaux.
24. **Décorations de Noël.** Les décorations de Noël sont les objets les plus délicieux qui soient à fabriquer en famille,

car vous les conserverez précieusement d'année en année. Chez Liesl, tous les ans, chaque membre de la famille fabrique une décoration pour le sapin, c'est une tradition. Cherchez « décoration de Noël maison » sur Google ou Pinterest. Vous pouvez les fabriquer à partir d'objets dont vous disposez déjà chez vous. Liesl fait les siennes à partir de vieux CD ou DVD, de couvercles en métal, de bras ou de jambes de poupées (sérieusement, on dirait des sucres d'orge une fois que vous y avez peint des rayures de couleurs vives), des pommes de pin, à vous de voir.

25. **Stylos.** Il s'avère que les stylos sont partout, regardez dans les parkings et sur les trottoirs. Ce qui est triste, c'est que quand on les laisse par terre, ils se font rouler dessus par une voiture et deviennent vite des bouts de microplastique emportés par les pluies dans l'égout le plus proche. Et sur notre île, où pensez-vous que ces égouts arrivent ? Directement dans le détroit de Puget. Ramassez-les quand vous le pouvez et vous n'aurez peut-être plus jamais besoin d'acheter (ou d'emprunter) un stylo !

LE QUATRIÈME ROYAUME

Rien de surprenant à ce que le plastique se retrouve dans la nature, en particulier dans les mers, en quantités si alarmantes. Vous avez déjà vu quelques chips de polystyrène ou un sac plastique que vous aviez laissé échapper par une brise légère s'envoler à toute vitesse ? Si on regarde de près la genèse du polymère, comment il est conçu pour durer et pourquoi il est fait pour rester, on comprend aisément les raisons pour lesquelles le plastique est omniprésent.

Le plastique a fait son entrée sur la planète en 1907 quand Leo Baekeland, un Belge émigré aux États-Unis, a inventé un matériau presque éponyme, la « bakélite », aussi connue sous l'interminable dénomination d'anhydrure de polyoxybenzylméthylèneglycol. C'était le premier polymère fabriqué par l'homme, entièrement à base de composés synthétiques. Il avait créé un plastique rigide mais modelable qui convenait tout particulièrement aux industries émergentes de l'électricité et de l'automobile à cause de sa résistance extraordinaire à l'électricité, à la chaleur et à l'action chimique. La science avait surpassé le monde naturel. Le plastique, qui tire son nom du grec *plastikos*, « malléable », était révolutionnaire. Nos animaux, minéraux et végétaux n'étaient pas capables de créer quoi que ce soit d'aussi robuste, comme la Bakelite Corporation l'a plus tard affirmé aux médias. Ils avaient créé un « quatrième royaume où les frontières étaient illimitées[49] ». Aujourd'hui, ce quatrième royaume a pris le contrôle de la planète et fait des ravages en silence, sous la forme d'une invasion approuvée par l'être humain.

26. **Chips de calage en polystyrène ou papier bulle.** Les chips de polystyrène sont l'une des choses les plus laides qu'on puisse trouver dans la nature et elles y arrivent aussi sûrement que les élastiques à cheveux et les stylos à bille. À vrai dire, le polystyrène est l'une des pollutions au plastique les plus courantes dans le monde naturel. Nous ne sommes pas en train de vous demander de partir à l'affût de la moindre chips de polystyrène dans les buissons. Mais vous ne devriez *a priori* jamais avoir besoin d'acheter ces trucs-là parce que la plupart des gens essaient de s'en débarrasser. Demandez des fournitures d'emballage et vous vous ferez plein d'amis. Les gens *adorent* se débarrasser de leurs chips en polystyrène.
27. **Cartons.** Il y a vraiment des gens qui en achètent. S'il y a bien une chose qu'on peut être sûr de trouver gratuitement, c'est un carton. N'achetez pas de cartons. Demandez. Les cavistes sont tout disposés à s'en débarrasser. Certaines communautés, comme la nôtre, ont même sur Internet des groupes dédiés aux cartons et autres fournitures de déménagement.
28. **Ficelle.** On n'achète plus de ficelle et on n'a pas honte de dire qu'on la récupère sur toutes sortes d'objets, comme les sacs de nourriture de nos poules. Vous pouvez facilement demander de la ficelle sur votre groupe de don, parce qu'il y a fort à parier que vos voisins en ont eux aussi une petite collection.
29. **Élastiques en caoutchouc.** On les trouve sur certains produits, comme les pieds de brocolis pour les tenir ensemble

(comme s'ils allaient se perdre…). On en trouve (une fois de plus, attendez voir…) dans les rues. Ils jonchent le sol, de partout. Penchez-vous et ramassez-les. Récupérer tous les élastiques perdus pour les remettre en circulation, c'est aussi simple que ça.

30. **Jouets en plastique.** Demandez à n'importe quel parent, il sera ravi de vous en donner une ou deux caisses. Quand nos enfants étaient petits, ce sont des objets que nous nous sommes promis de ne jamais acheter. Ils ne savaient pas ce qui existait et étaient heureux de recevoir des jouets d'occasion mais neufs à leurs yeux. Nous sommes particulièrement virulentes au sujet des jouets de plage en plastique. Tellement de jouets oubliés échouent sur les plages… On adorerait que les gens arrêtent tout simplement de les acheter. La famille de Rebecca a trouvé de supers alternatives, comme une collection de moules à gâteaux en aluminium et en cuivre qui passe l'été à bâtir des châteaux de sable et le reste de l'année accrochée au portail de son jardin comme décorations d'extérieur. Les vieux moules à manqué, verres doseurs, saladiers et autres ustensiles font de merveilleux accessoires pour creuser, construire des châteaux de sable et amasser des trésors à la plage.
31. **Pailles en plastique.** Les pailles en plastique sont un véritable fléau sur le sol (et dans l'eau), occupant la septième place des objets les plus répandus sur nos littoraux. Les pailles en plastique peuvent aspirer, mais elles flottent également très bien. Elles ne quitteront jamais au grand jamais cette planète, mais vont se désagréger en morceaux

minuscules qui seront ingérés par la vie marine. Si vous le pouvez, remplacez-les par vos lèvres ; et si vous avez vraiment besoin de boire à la paille, essayez l'une des nombreuses nouvelles alternatives au plastique. Il existe des pailles en verre, en bambou, en métal et même en silicone. (Le silicone, contrairement au plastique, est un polymère produit à partir d'un composé naturel, le silicium. Essayez une de ces catégories de pailles réutilisables. À l'issue d'une vie bien remplie, elles peuvent même être brûlées et devenir des cendres biodégradables[50].) Les tiges de fenouil géantes de Rebecca font aussi d'excellentes pailles, soit dit en passant.

32. **Couverts en plastique.** Notre civilisation n'y va pas avec le dos de la cuillère, car des cuillères, fourchettes et couteaux en plastique, on en voit plein les plages, échoués sur le littoral. Une étude récente a montré que les couverts en plastique comptent parmi les dix types de déchets plastiques les plus courants sur les plages de Californie[51]. Si on passait tous aux couverts en métal ou en bambou, on réduirait rapidement ce fléau planétaire. Refusez les couverts en plastique. Ayez dans votre sac un jeu de vaisselle en bambou ou en métal, où que vous alliez, ce sera votre argenterie de tous les jours pour contribuer à la réduction des déchets plastiques. Gardez-les dans la boîte à gants de votre voiture quand vous êtes en déplacement. Nous récupérons des couverts en métal trouvés un peu partout en ville tout au long de l'année, puis nous les offrons dès que l'occasion se présente, que ce soit pour les anniversaires à l'école ou pour les festivals du coin. Quand on

sait que les couverts en plastique sont l'un des plus grands contributeurs des 9 millions de tonnes de plastique qui rejoignent chaque année les océans, on se dit que tout ce qui est jetable et en plastique, comme les couverts, les sacs et les pailles, devrait être tout simplement interdit par la loi.

33. **Assiettes jetables en carton ou en plastique.** Vous savez où on veut en venir. Utilisez tous les jours vos assiettes de... tous les jours et vous n'aurez plus jamais besoin d'acheter d'assiettes jetables. Faites plutôt l'acquisition d'un jeu d'assiettes dont vous vous fichez un peu pour les pique-niques et autres activités de ce genre. Comme ça, vous ne serez pas tenté d'acheter des assiettes en carton. Les gens préfèrent manger dans de vraies assiettes et l'univers n'en manque pas. Alors utilisez-les ! On a des assiettes et des bols en émail pour le camping et on nous a offert un lot d'assiettes en verre vintage parfaits en été pour les concerts gratuits en plein air et les pique-niques.
34. **Briquets en plastique.** Les briquets en plastique « jetables » remplacent bien trop souvent les allumettes. Malgré les zones non fumeur et la baisse de la consommation de tabac, certains bars et restaurants mettent toujours à disposition des boîtes d'allumettes gratuites que vous pouvez emporter pour vos usages pyrotechniques. Les allumettes, faites de carton et de bois, deux ressources renouvelables, marchent tout aussi bien et sont sans plastique.

LES PRODUITS À USAGE UNIQUE

Dans son livre *Plastic: A Toxic Love Story*, Susan Freinkel décrit comment le plastique s'est infiltré dans nos vies : « Produit après produit, marché après marché, les matières plastiques ont rivalisé avec les matériaux traditionnels et ont pris le dessus, remplaçant l'acier dans les voitures, le carton et le verre dans les emballages et le bois dans les meubles... En 1979, la production de plastique dépassait celle de l'acier. Sur une période incroyablement courte, le plastique était devenu le squelette, le tissu conjonctif et la pelure glissante de la vie moderne[52]. »

Nous sommes devenus accros au plastique et au confort qu'il nous procure. Il est bon marché, polyvalent, léger, durable et résistant à la corrosion. Mais personne n'a songé à ce qu'il adviendrait de lui. Freinkel explique que, dans les années 1960, l'Américain moyen consommait 13 kilos de produits en plastique et qu'en 2010 sa consommation avait atteint les 140 kilos, soit l'équivalent de 300 milliards de dollars. La plupart de ces plastiques sont destinés à être utilisés une fois puis jetés. Les objets jetables à usage unique sont devenus le fléau de notre monde, et se retrouvent aujourd'hui dans la nature : pailles, gobelets, couvercles, bouteilles et bouchons, couverts et papiers de bonbons. Inutile de vous faire un dessin.

35. **Bouillon de légumes.** Cette astuce est tellement simple que vous n'en reviendrez pas qu'elle soit restée cachée là, sous vos yeux, toutes ces années. Quand vous pelez des oignons ou de l'ail, coupez les extrémités de courgettes, videz un poivron ou pelez des pommes de terre, gardez ces chutes de légumes ! Mettez-les dans une boîte au congélateur ou au réfrigérateur et remplissez-la au fur et à mesure. Puis, une fois par semaine, versez de l'eau dans une casserole, mettez-y ces bouts de légumes, des herbes et une pincée de sel si ça vous chante et portez à frémissement à feu doux pendant une heure ou deux. Égouttez les légumes (direction le compost) et vous obtenez un superbe bouillon de légumes qui vous servira de base pour des soupes et autres préparations. Quand on fait des légumes vapeur, on récupère l'eau de cuisson, parfaite pour les soupes.
36. **Sauces salade.** Vous vous souvenez de la sauce toute simple au vinaigre balsamique et à l'huile d'olive ? Et cette vinaigrette à la moutarde ? Préparez une délicieuse sauce maison dans un bocal ! Si vous en faites beaucoup, vous en aurez d'avance pour une semaine ou deux. Elles se bonifient avec l'âge et vous n'aurez plus d'excuse pour ne pas manger de légumes verts. Essayez cette recette de fausse César express, vous ne serez pas déçu : écrasez 4 à 6 gousses d'ail et mettez-les dans votre bocal préféré. Ajoutez 240 ml d'huile d'olive et ¼ de cuillerée à café de sauce nuoc-mâm. (Oui, de la sauce nuoc-mâm. Veillez à l'acheter dans une bouteille en verre.) Ajoutez 50 g de parmesan fraîchement râpé, 1 ou 2 cuillerées à soupe de vinaigre de vin ou de vinaigre fait maison avec vos chutes

de fruits (que vous apprendrez à faire en page 203). Ajustez le vinaigre et la sauce nuoc-mâm à votre goût et voilà ! Chaque fois que vous utilisez cette sauce, vous pouvez ajouter un peu de fromage pour lui donner plus de goût. Elle est délicieuse, nos enfants l'adorent.

37. **Mélanges d'épices.** Les mélanges qu'on achète dans le commerce ne sont souvent pas très sains. Ils sont beaucoup trop riches en sel et sont bourrés d'additifs. Alors faites vos propres mélanges, et en quantité ! Vous n'en aurez que pour quelques minutes et vous pourrez en profiter pendant des semaines. Liesl vous propose sa recette facile de mélange pour tacos (pour 300 g environ). Mettez tous les ingrédients ci-dessous dans un grand bocal, secouez bien pour mélanger et garder dans un endroit frais à l'abri de la lumière.

LE MÉLANGE D'ÉPICES DE LIESL

- 100 g de chili moulu (on aime toutes les deux les mélanges de piments moulus purs. Liesl utilise parfois du chili moulu qu'elle trouve au Mexique ; Rebecca achète le sien en vrac. Prenez celui que vous préférez !)
- 70 g de cumin
- 3 cuillerées à café d'ail semoule
- 3 cuillerées à café d'oignon semoule
- 1 cuillerée à soupe de poivre grossièrement moulu

- 2-3 cuillerées à soupe de graines de coriandre moulues
- 2 cuillerées à soupe de paprika (on ajoute parfois du paprika fumé)
- 1,5 cuillerée à soupe de sel (ou plus selon votre goût)
- 2 cuillerées à café de piment concassé
- 2 cuillerées à café d'origan (on aime le mexicain)

38. **Déguisements de carnaval.** C'est l'archétype du vêtement qu'on ne porte qu'une seule fois et qu'on peut partager quand on n'en a plus besoin. C'est aussi le projet par excellence à réaliser soi-même pour créer du lien parent-enfant. Alors réveillez l'artiste qui sommeille en vous et trouvez comment fabriquer ce costume de Godzilla. Ou attendez que le carnaval approche et demandez le déguisement que vous recherchez. Il se cache probablement dans le placard d'un voisin qui vous sera reconnaissant de pouvoir s'en débarrasser à votre porte.
39. **Pots de fleurs et treillis.** Tout ce qui contient des trucs peut devenir un pot de fleurs. Il suffit de faire marcher votre imagination et de choisir des matériaux aptes au contact alimentaire pour les plantes comestibles. Soutiens-gorge, W.-C., casques de vélo, souches d'arbre évidées, baignoires, camions en jouets, pots de peinture et chaussures de bébé sont aussi des pots de fleurs. Soyez créatif ! Les treillis, comme les pots, sont des accessoires de jardin ouverts aux réutilisations les plus saugrenues. Chez nous, on se sert de

bâtons, de têtes de lit en fer, de roues de vélo, de parasols retournés (sans la toile), de bancs en métal, de nappes en macramé, de clôtures grillagées, de lampadaires, de vieilles chaises, de piquets de clôture et bien sûr de grillage à poule. Si vous n'avez rien de tout ça ou que vous visez un résultat spécifique, vous pouvez vous procurer des pots d'occasion auprès de votre groupe d'économie du don.

40. **Pots pour semis.** Laissez tomber les pots en plastique et utilisez des boîtes à œufs en carton ou des tubes de papier toilette coupés en deux comme minipots pour vos semis.

MICROPLASTIQUES, MACROPROBLÈME

L'attention récente portée sur le problème des plastiques dans les océans s'est concentrée sur le gyre du Pacifique Nord, le « vortex de déchets » plastiques qu'on estime à deux fois la taille du Texas. Néanmoins, on peut maintenant pister ce problème des plastiques générés par l'homme dans les cinq gyres du globe, ces gigantesques systèmes de courants circulaires dans le Pacifique Nord, le Pacifique Sud, l'Atlantique Nord, l'Atlantique Sud et l'océan Indien. La photodégradation du plastique se produit sur des siècles. Il se désintègre en de minuscules particules qui imitent sinistrement le zooplancton, ces micro-organismes jouant un rôle crucial dans les chaînes alimentaires aquatiques. On sait que les microplastiques sont maintenant plus nombreux que le zooplancton dans l'environnement marin et qu'ils se fraient un chemin jusqu'à nos propres corps dans la chaîne alimentaire.

Le Dr Joel Baker, directeur scientifique du Center for Urban Waters à Tacoma, utilise des filets spéciaux appelés des filets manta accrochés derrière des bateaux dans le détroit de Puget pour collecter un échantillon de tous les objets flottant dans l'eau. Les chercheurs ont découvert que plus de 65 % du plastique présent sur les plages sont des débris plastiques microscopiques[53]. Cela signifie que si on prend une surface échantillon arbitraire de plastiques sur la plage, qu'on la passe au tamis et qu'on récupère chaque morceau de plastique, sur 100 morceaux, 65 seraient trop petits pour les voir sans microscope. Mais pour des animaux suspensivores comme les moules, ils s'apparentent à de la nourriture. Les scientifiques récoltent actuellement des données pour étudier dans quelle mesure les microplastiques pourraient être biologiquement disponibles en plus grandes quantités que le plancton pour des animaux se nourrissant de plancton. Ça pourrait être un problème si on mange ces organismes. Une étude récente sur les poissons de l'Atlantique Nord a révélé qu'ils ingèrent pas moins de 24 000 tonnes de débris plastiques chaque année[54]. Ce constat nous saute aux yeux : si les poissons et les moules mangent du plastique, nous aussi.

41. **Allume-feu.** Ils sont très faciles à fabriquer et ça amuse les enfants. Gardez les peluches de votre sèche-linge et les boîtes à œufs en carton. Rendez-vous en page 210 pour les instructions.
42. **Puzzles.** Quand on a passé plusieurs jours sur un puzzle de 1 000 pièces, croyez-vous vraiment qu'on le refera ? Sans doute pas dans l'immédiat. Alors récupérez-en un chez un voisin ! Ici, dans le Nord-Ouest Pacifique, on a une éthique forte quant à la transmission de maison en maison des puzzles de 500, 1 000 ou 2 000 pièces à l'arrivée de l'hiver.
43. **Protections pour meubles et sols.** Tellement de choses peuvent servir à protéger vos sols des traces de pieds des meubles. Les fines rondelles de bouchons en liège, les vieilles tongs et les semelles intérieures de chaussures sont parfaites. Il suffit de les couper à la bonne taille et de mettre un peu de glu.
44. **Tampons.** Passez à la coupe menstruelle. Vous n'en achetez qu'une seule et vous vous épargnez bien des trajets au magasin pour racheter des tampons. L'investissement en vaut la peine.
45. **Allumettes longues.** Si vous avez une source de feu, comme la veilleuse d'une gazinière, et que vous n'avez besoin d'allumettes longues que pour allumer certaines bougies ou un four à gaz, prenez un spaghetti ou un fettucine ! Ça marche parfaitement.
46. **Désodorisant.** Suivez l'exemple d'Inge, la grand-mère de Rebecca, et prenez une tasse ou un sachet de café moulu fraîchement passé pour désodoriser une pièce ou

rafraîchir l'air d'une voiture (au bout d'un jour ou deux, jetez-les au compost). Les feuilles de thé, les écorces d'orange, un bol de lavande séchée ou encore un verre de vinaigre blanc fonctionnent aussi très bien. Autre bonne recette : remplissez un petit bocal de bicarbonate de sodium et d'une douzaine de gouttes de l'huile essentielle de votre choix.

47. **Lingettes pour bébé.** Quand nos enfants étaient bébés, on se servait d'un vaporisateur d'eau et de « serviettes » propres, principalement des chiffons doux, pour nettoyer leurs petites fesses. Nous en avions parlé à nos pédiatres qui avaient approuvé la méthode, d'autant plus que nos petits plongeaient dans un bain tous les deux ou trois jours. Certains parents préfèrent y ajouter un peu d'huile neutre (une qui ne rancit pas), un peu de savon ou de shampooing pour bébé et deux gouttes d'huile essentielle.
48. **Ballons gonflables.** Les ballons s'envolent. Vraiment. Lâchez-les avec le ruban auquel ils sont attachés et ils finiront dans un arbre ou dans l'océan. Le ruban ira se mêler à une algue ou s'enchevêtrer autour d'un phoque ou d'une tortue marine. Pour vos fêtes, remplacez les ballons par des guirlandes de fanions colorés. Les guirlandes sont réutilisables et vous pouvez les fabriquer à partir de chutes de tissus, ce qui fait qu'elles ne s'envolent pas pour finir en ordure ou en danger pour la nature. On fabrique les nôtres avec des bouts de tissu et un ruban de biais. Pas besoin de coudre si vous mettez un point de colle à tissu au centre du biais.

DIY GUIRLANDE DE FANIONS

- Récupérez du tissu. Pour le plaisir des yeux, sélectionnez un bel assortiment de couleurs et de motifs. Vous trouverez votre bonheur dans les vieux draps, les nappes tachées, vos vêtements préférés qui méritent mieux que le sac de chiffons ou auprès d'une amie couturière ou amatrice de patchworks qui vous donnera ses chutes.
- Dénichez un ruban de biais très large et doublé, entre 2,5 et 3 mètres par guirlande. Vous trouverez sur Internet comment le faire vous-même.
- Il vous faudra de la colle à tissu ou de la colle de bricolage si vous partez sur un projet sans couture.
- Faites un patron. Pour un modèle avec des demicercles, découpez des pièces de 23 centimètres de long (côté plat) × 15 centimètres de haut (côté arrondi). Cette taille fonctionne bien pour un ruban de 2,8 mètres et laisse assez de longueur aux extrémités pour nouer ou épingler la guirlande. Certains préfèrent des fanions plus classiques en triangles, des rectangles pendus par le côté court ou encore un mélange de formes. Choisissez le modèle que vous préférez.
- Repassez les chutes puis reproduisez le patron sur les tissus. Utilisez des ciseaux cranteurs pour découper les fanions.

- Déterminez l'ordre dans lequel vous voulez placer vos tissus, puis ouvrez le ruban de biais et collez chaque pièce, une à une, à sa place. Alignez le côté plat de vos pièces avec le pli intérieur du biais. Avant de poser le fanion dans le biais, appliquez un fin trait de colle sur le bas du biais, un autre sur le haut du fanion et rabattez le haut du biais à plat sur le fanion. Pressez doucement la zone avec les doigts pour faire adhérer l'ensemble, puis recommencez avec un autre fanion. Un conseil : disposez toutes les pièces à plat avant de commencer à coller pour bien centrer les fanions et laisser suffisamment de longueur de biais à chaque extrémité. Quand vous les collez, serrez bien le haut de chaque fanion de sorte que leurs bords se touchent juste. Installez la guirlande là où elle pourra sécher à plat.
- Vous avez maintenant une guirlande en tissu que vous pouvez nouer ou punaiser, dedans ou dehors, pour des années de décoration de fêtes. Si vous voulez pouvoir la laver, oubliez la colle et optez pour la couture. Mais ça fait des années qu'on utilise les mêmes guirlandes pour toutes nos fêtes sans avoir à les laver ou à recoller les fanions, et rien ne s'est encore défait, même quand on les a laissées sous la pluie ou dans l'humidité des nuits entières.

49. **Bois de chauffage.** Là où nous vivons, il y a des tempêtes hivernales. Il est très fréquent de voir de gros arbres et des branches tomber. Si vous vous chargez de les transporter, la plupart des gens seront contents que vous les dégagiez de leur propriété. Le père de notre amie Ingrid est connu pour se pointer sur les routes avec son bonnet de couleur vive après les tempêtes pour ramasser les branches tombées sur la voie publique. Il chauffe sa maison et aide à dégager les débris des routes, le tout gratuitement.
50. **Presse-ail.** Laissez tomber le machin de cuisine et prenez une pierre en forme de pilon. Liesl se sert de la même depuis quinze ans. Au Népal, ses amis utilisent deux pierres dans leur cuisine, une plate en guise de planche et une cylindrique pour piler, écraser et moudre l'ail, le piment, les céréales ou les épices entières sur la pierre plate. La prochaine fois que vous trouvez une pierre en forme de pilon dans les bois, dans votre jardin ou sur les rives du cours d'eau le plus proche, envisagez d'en faire un presse-ail. Pensez Cro-Magnon, pas Ikea. Un coup sur la gousse d'ail et elle est pelée. Un deuxième coup, elle est écrasée. Facile.

Faites de chaque jour une grande occasion

Vous avez des trésors en réserve pour les « grandes occasions » ? À quelle fréquence les sortez-vous ? C'est bien ce qu'on pensait. Il est temps de sortir ces objets ravissants des placards. La vie est trop courte et, oui, vous le valez bien !

À mesure que les parents des baby-boomers nous quittent, leurs affaires sont redistribuées dans les familles et on hérite d'un vieux service en porcelaine qu'on se sent obligé de mettre à l'abri. On a tellement peur de perdre ou d'abîmer les jolies choses qu'on passe à côté de la joie qu'elles peuvent nous procurer. Pourquoi ? Ça fait des années que Liesl utilise la porcelaine fine de son arrière-grand-mère, même avec de jeunes enfants et même pour les repas les plus simples. Elle passe au lave-vaisselle alors il n'y a aucune raison de ne pas l'utiliser. Et, oui, une assiette s'est cassée l'année dernière et on l'a recollée. Elle a l'air comme neuve et a gagné un peu en personnalité.

Natalya Peskin, de Redmond dans l'État de Washington, écrit sur la tristesse de ne pas se servir des objets dont on hérite : « Il m'est arrivé à plusieurs reprises de devoir m'occuper des affaires de parents décédés. Le plus difficile, c'était de voir ces “objets de fêtes” emmagasinés. Parmi les plus tristes, je pense à ces verres à vin que ma belle-mère avait mis dans une vitrine et n'avait jamais utilisés. Elle les tenait de sa belle-mère, qui les avait elle aussi exposés sans jamais s'en servir. Il y avait aussi ces jolis services de vaisselle anglaise et allemande. Quand nous leur rendions visite, mes beaux-parents nous servaient le repas dans de la vaisselle en plastique achetée en vide-greniers. »

Exhumez tous les objets précieux qui prennent la poussière dans vos buffets et placards et profitez-en dès aujourd'hui !

- **Vêtements.** Ne gardez plus vos jolis vêtements de côté pour les grandes occasions. Si vous vous sentez super bien dans quelque chose, portez-le. Pour un rendez-vous, pour le travail, pour un dîner entre amis. En commençant à porter les belles choses, vous n'aurez plus tellement besoin des plus médiocres.

- **Bijoux.** Mettez ce bracelet que vous n'avez pas porté depuis des années ou ces boucles d'oreilles que vous cachez de peur de les perdre. Ils ne vous procurent aucune joie si vous ne les portez pas. Si vous prenez conscience que vous ne porterez jamais la plupart des choses que vous gardez, saisissez cette chance pour les donner à une personne que vous aimez. Mieux vaut maintenant que jamais. Elle pensera à vous à chaque fois qu'elle les portera.
- **Maquillage, parfum, produits de toilette.** Faites-vous une journée beauté. Liesl gardait une huile pour les pieds à la menthe poivrée – pour un jour où elle pourrait lever le pied – depuis la naissance de son fils, il y a seize ans. Le flacon attendait là, dans son armoire de toilette. Il a fait trois déménagements, a suivi la famille à travers tout le pays. Un jour, elle s'est rendu compte qu'il était temps de se servir de ce truc ! Utilisez vos huiles de bain, bains moussants, crèmes exfoliantes, encens, meilleurs parfums. Ces choses-là ne se bonifient pas avec l'âge.
- **Nourriture.** Il est temps à présent d'ouvrir votre garde-manger et de sortir tous les trucs qui attendent une grande occasion. Profitez-en maintenant, avant qu'ils soient périmés et plus bons qu'à nourrir les poules.
- **Vases.** Sortez-les de vos placards ! Mettez-y votre collection de verre poli ramassé sur la plage ou de cailloux de rivière, le contenu des poches de la famille avant chaque lessive (une *Time Capsule* visuellement intéressante),

des plumes, des brindilles, des billes, toute la monnaie économisée en n'achetant plus rien… et bien sûr, des fleurs.

- **Bougies.** Les bougies peuvent magnifier le dîner un soir de semaine. Ne gardez pas ces chandelles pour une occasion qui ne se présentera peut-être jamais. Utilisez-les et demandez-en d'autres (ou fabriquez-les) quand elles seront consumées.
- **Verres à pied.** Sortez le cristal ! Ne les gardez pas pour les dîners chic que vous organiserez peut-être un jour. Buvez les grands vins, le kombucha et l'eau gazeuse dans de jolis verres, parce que vous vous sentirez ainsi sophistiqué et raffiné. Les enfants de Rebecca ont grandi en buvant dans des verres à pied très chic récupérés en Zéro Achat et n'en ont cassé qu'un seul. On a tendance à faire plus attention aux jolis verres et ils durent plus longtemps que vous ne l'imaginez.
- **Argenterie.** Si vous avez la chance d'en avoir, sortez-la ! Ne la laissez pas se ternir dans un placard. Mangez avec une fois par semaine. Ou soyez fou et faites-en vos couverts de tous les jours ! N'est-ce pas complètement idiot d'avoir de belles choses dans des cartons et de ne jamais en profiter ?
- **Carnets.** Avez-vous dans votre bibliothèque de beaux carnets, inspirants, que vous gardez là pendant des années parce que vous n'avez pas encore trouvé la chose parfaite à y écrire ? Écrivez ! Vous pouvez aussi les utiliser pour vos listes de tous les jours, vos tâches à effectuer et vos prises de notes.

- **Linge.** Gardez-vous dans une armoire votre meilleure couette, votre plus beau couvre-lit, vos serviettes de table, oreillers, draps les plus doux pour cette fois où tante Léonce pourrait vous rendre visite ? Profitez des meilleurs que vous avez ! Ne les gardez pas pour une personne ou une occasion particulière. Cette personne, c'est vous, et cette occasion, c'est *maintenant* !

> Vous méritez ce qu'il y a de mieux.
> Et ça commence maintenant !

Une invitation à réutiliser et refuser

Nous vous invitons à relever trois défis.

Premièrement, refusez : choisissez cinq articles dans la liste des cinquante choses qu'on n'achète jamais, des choses que vous pouvez refuser d'acheter sans que ce soit une épreuve ou un sacrifice. Ça ne doit pas vous intimider, refuser d'acheter devrait vous simplifier la vie et améliorer votre humeur et votre budget, pas représenter une souffrance. Commencez par les choses qui correspondent à ces critères. Une fois que vous avez pris l'habitude de ne plus les acheter, continuez avec cinq choses supplémentaires. Complétez la liste avec vos propres idées et partagez-les sur le forum de discussion sur buynothinggeteverything.com.

Deuxièmement, réutilisez : pendant une journée, mettez la main sur des objets à usage unique, des emballages et du carton que vous jetteriez au tri ou à la poubelle en temps normal. Ne vous inquiétez pas, on ne vous demande pas de le faire pour toujours, seulement de chercher trois choses que vous pouvez réutiliser. Les bocaux et bouteilles en verre ou en plastique, les sacs en papier et en plastique, les baguettes, fourchettes et cuillères jetables, les cartes de vœux, les courriers publicitaires et les documents de travail non confidentiels font d'excellents candidats. Même quand on s'efforce de refuser les objets jetables, ils se fraient un chemin jusqu'à nous. Prenez votre revanche sur le système et réutilisez-les. Notez votre liste de course ou votre journal du jour au dos d'une publicité ou d'un compte rendu de réunion, redressez une plante tombante avec les baguettes de votre déjeuner, déchirez ce sac en papier pour rembourrer le colis de friandises que vous envoyez à votre nièce qui vit en internat. Vous pouvez même en profiter pour en faire un don improvisé : versez de l'eau fraîche dans cette bouteille, glissez-y une jolie fleur et déposez-la sur le bureau de votre collègue, pour le plaisir d'offrir un peu de beauté gratuite.

Enfin, faites passer le message. Pour ancrer le pouvoir de transformation du refus et de la réutilisation sur nous et notre planète, il faut célébrer votre nouvelle débrouillardise et vos talents de MacGyver. Pour cela, vous pouvez photographier votre plus belle réussite et demander aux autres de partager les leurs. Faites-le sur notre forum sur buynothinggeteverything.com ou en personne, racontez-le dans les marges de ce livre que vous partagerez avec d'autres ou prévoyez d'en parler au début de chaque réunion que vous superviserez pour briser la glace. Choisissez la manière qui vous convient le mieux. **Les gens sont fascinés par le fait de refuser et de réutiliser dès lors qu'on les autorise à en parler.** Promis.

ÉTAPE 4 : RÉFLÉCHIR

En employant l'expression « Zéro Achat », on ne vous demande pas de vous priver des choses que vous aimez ou dont vous avez besoin. Dans cette étape du challenge, nous vous invitons à marquer une pause et à réfléchir avant d'acheter. C'est une étape clé pour cultiver un état d'esprit Zéro Achat animé par vos actions. Avant d'acheter quoi que ce soit, posez-vous cette question simple : ai-je un autre moyen de satisfaire cette envie ou ce besoin, ou dois-je vraiment acheter ceci ? Parfois, oui, vous devrez acheter des choses, mais il existe bien des alternatives !

L'HISTOIRE ZÉRO ACHAT DE KIM

« Faire du shopping me distrait de l'inquiétude et de l'ennui. Une fois que j'ai pris conscience de cela, il est devenu plus facile d'y résister. »

— *Kim Beth, Stittville, Ontario*

C'est là que la pyramide du non-acheteur est votre alliée si vous la gardez en tête. Toutes les options du Zéro Achat se valent, chacune ayant son utilité selon le moment et le lieu. Voici quelques pistes :

- **Faites sans.**
- **Trouvez une alternative que vous possédez déjà.**
- **Fabriquez.**
- **Empruntez.**
- **Demandez d'occasion.**
- **Demandez neuf.**
- **Louez.**
- **Achetez d'occasion.**
- **Achetez une version réutilisable, durable, multi-usage.**

Choisir une alternative deviendra vite une seconde nature et vos réponses varieront selon toutes sortes de circonstances et de variables. **Toutes ces solutions sont bonnes !**

Chaque fois qu'on fait le choix d'utiliser un objet qui est déjà en circulation, c'est un de moins à fabriquer et à distribuer, qui utiliserait des ressources épuisables et polluerait au passage. Et on trouve chaque année de plus en plus d'alternatives disponibles. En plus des milliers de groupes d'économies locales du don bourrées d'objets gratuits, neufs ou d'occasion, il existe des possibilités de location pour tout, des vêtements aux meubles, et de nombreux marchés internationaux d'occasion en ligne. Quand vous déciderez que vous avez réellement besoin d'acheter quelque chose, quelle que soit cette chose, ce sera un achat mûrement réfléchi et vous aurez peu de chances d'en éprouver des remords. Nous voyons le Zéro Achat comme un appel à l'action, un mode de vie qui nous montre, si on regarde de près et qu'on fait l'effort, qu'on peut en fait trouver exactement ce qu'on avait prévu d'acheter au départ. Il y a véritablement de l'abondance autour de nous.

Vous serez surpris par la quantité de choses que vous pouvez obtenir sans mettre les pieds dans un magasin. C'est à la fois une bonne et une mauvaise nouvelle : on est arrivé à un point où il y a tellement de choses dans notre environnement, pas uniquement rassemblées dans les décharges et les centres de tri (mauvaise nouvelle), qu'on peut trouver à peu près tout ce qu'on veut, dès lors qu'on le cherche ou qu'on le demande (bonne nouvelle). Outre les réseaux de partage dont nous avons parlé, on trouve partout une grande variété d'objets élémentaires, qu'on a dans ses poches ou dans son sac à main – stylos, barrettes, élastiques en caoutchouc, crayons, trombones... –, dans les parkings, devant les écoles, sur la route et les trottoirs. Aujourd'hui, la Terre ne fournit plus seulement de la nourriture et un abri, mais aussi des fournitures de bureau et bien d'autres choses. Et les enfants sont les premiers à trouver cette façon de faire les courses beaucoup plus marrante que d'aller au magasin : c'est une chasse au trésor gratuite, à laquelle s'ajoute la montée d'adrénaline inhérente au plaisir de la découverte. On comprend bien que tous les parents ne vont pas se mettre à quatre pattes avec leurs enfants pour ramasser des fournitures sur les parkings. Ce n'est pas la seule manière de pratiquer le Zéro Achat.

Il nous arrive souvent à toutes les deux de ne pas acheter un seul vêtement pendant toute une année grâce à nos réseaux de dons qui nous en fournissent plus que nécessaire par les relais et les vide-dressing. Les relais sont des réseaux de partage qui commencent quand une personne vide ses placards, met ce dont elle veut se débarrasser (vêtements trop petits ou jamais portés) dans un carton et le passe à la personne suivante dans la liste. Le carton passe de maison en maison dans l'ordre de la liste, chacun de ses hôtes prenant ce qui lui plaît et y ajoutant ce dont il est prêt à se défaire. Les relais fonctionnent pour les ustensiles de cuisine, les outils de jardinage, les peluches, les jouets d'enfants et même les produits de toilette, mais c'est pour les vêtements qu'ils sont le plus efficace.

Pour les personnes travaillant en entreprise ou dans d'autres cadres professionnels, les relais peuvent être extrêmement utiles pour varier leur garde-robe sans dépenses excessives en vêtements bas de gamme. Dans bien des cas, leur emploi en dépend. Nous sommes conscientes que pour des femmes en pleine ascension sociale, l'achat d'un premier tailleur ou d'une tenue spéciale représente un puissant rite de passage. Quand vous trouvez ces pièces essentielles de votre garde-robe grâce à des échanges de vêtements, vous trouvez des affaires qui vous vont et vous flattent, qui vous donnent le pouvoir de grimper l'échelle professionnelle tout en libérant vos deniers durement gagnés. L'échange de vêtements s'accompagne en bonus des vœux de réussites et des opportunités offertes par le réseau des femmes que vous rencontrez.

Ce n'est donc pas qu'on n'*acquiert* pas de nouvelles choses. C'est juste qu'on ne les *achète* pas. On déniche nos affaires grâce aux réseaux de dons. Nous sommes convaincues qu'on peut éprouver la même euphorie en acquérant gratuitement un vêtement déjà porté qu'en achetant un vêtement neuf. On peut même arguer que réaliser une telle affaire procure encore plus de joie (amateurs de soldes et de bonnes affaires, prenez note !). Nous sommes aussi conscientes que pour les vrais accros au shopping, ça ressemble à une forme de torture unique en son genre. Avant de paniquer, lisez ce qui suit.

Le frisson du shopping

On sait que certaines personnes adorent l'expérience globale du shopping. Vous en faites peut-être partie. Vous achetez au moins un vêtement par semaine, soit en allant en magasin dénicher l'affaire en or, soit en restant chez vous et en profitant facilement des avantages proposés par les enseignes en ligne. En 2017, les Américains ont dépensé en moyenne, par personne, 971,87 $ en habillement, achetant presque soixante-six vêtements, soit 20 % de plus que ce qu'ils avaient dépensé en 2000[55]. De la même manière, le Britannique moyen dépense environ 1 042 £ en vêtements et chaussures neufs chaque année[56].

Pour nombre d'entre nous, le frisson du shopping, l'excitation d'acquérir des choses neuves, est indéniable. On se sent bien quand on achète ce qui nous fait envie ou dont on a besoin. Le shopping procure des plaisirs multiples : le sentiment de dénicher un trésor caché rien que pour soi, le pouvoir et l'assurance de subvenir aux besoins de sa famille, l'excitation de trouver le cadeau parfait pour un être cher, la fierté d'acheter ce dont on a besoin pour réussir dans son travail, comme les vêtements adéquats et les symboles de pouvoir et de compétence. Le sentiment positif qu'on ressent lorsqu'on déniche la parfaite robe d'été n'est pas que dans la tête ; chacun des achats que nous faisons provoque un pic de dopamine chaque fois que nous anticipons la satisfaction de posséder quelque chose de nouveau. Nos pratiques en ligne facilitent grandement le shopping et nous rendent plus vulnérables aux publicités ciblées – ces annonces qui vous suivent sur Google et les réseaux sociaux sont conçues spécialement pour vous. Nous assistons au même cycle de dopamine chez toutes les personnes participant à une économie du don. Ce n'est pas l'achat qui compte, mais l'anticipation de la satisfaction, du trésor. Quand cette satisfaction nous vient d'un cadeau offert gratuitement par un ami ou un voisin, elle s'accompagne de bienfaits avec lesquels le shopping ne peut pas rivaliser.

Il faut également garder à l'esprit le revers de la médaille du pic de dopamine : le sentiment de déception qui arrive peu après le retour à la maison avec nos affaires flambant neuves. Bien souvent, cet achat indispensable – ces chaussures, ce vase ou cette table qui allaient sans nul doute rendre notre maison absolument parfaite, cette chose dont nous avions besoin pour être heureux ou pour nous sentir bien dans notre peau, unique, puissant ou aimé – perd de son éclat une fois qu'on la possède. Une fois posé dans votre salon, ce bougeoir ou ce miroir décoratif perd cette nouveauté particulière et vous vous rendez compte qu'il ne possède pas les pouvoirs magiques que vous espériez. Il n'a transformé ni votre vie ni votre espace vital ; ce n'est qu'un objet de plus qui occupe de la place dans votre placard ou votre maison.

C'est là que les économies du don atteignent leur paroxysme : quand on a organisé un vide-dressing avec des amis pour renouveler sa garde-robe, quand on s'est procuré de nouveaux ustensiles de cuisine, de nouvelles décorations ou de nouveaux livres auprès d'un voisin, on a des choses nouvelles pour soi *et* on a construit de nouvelles relations humaines. Même lorsqu'on donne et reçoit sans se rencontrer en personne, en déposant par exemple les cadeaux sous un porche de la maison ou à l'accueil du lieu de travail, être allé à la rencontre l'un de l'autre pour satisfaire le besoin de l'un a une profondeur rarement atteinte par l'acte d'achat, sinon jamais. Chaque transaction tisse un nouveau fil dans un réseau d'interconnexions qui nous rend plus sûrs de nous, plus vus, plus entendus et plus valorisés au sein du monde réel. Nous croyons que c'est *ça*, la magie que nous sommes nombreux à rechercher. On remplit nos caddies pour combler un vide créé par la déconnexion. Dans le fond, on achète le mauvais article au mauvais endroit. On peut toujours être maximalistes – pas besoin de se passer des choses qui nous font envie ou dont on a besoin – mais le Zéro Achat répondra à un besoin plus profond que le shopping ordinaire.

Mais qu'en est-il de ceux d'entre nous qui aiment vraiment acheter, tout simplement, ou qui adorent « vouloir » quelque chose et en font une excuse pour aller faire les magasins ? Pour vous, tout repose peut-être dans le frisson de la quête. Vous adorez le défi de chercher, trouver, vaincre et répondre à tous les « besoins » de votre famille à ce moment-là. Ce que vous aimez, ce peut être aussi l'excitation de faire une bonne affaire et d'acheter ce que vous vouliez au prix le plus bas possible. Plusieurs études ont montré qu'anticiper l'achat d'un objet neuf libère de la dopamine, mais on a aussi assisté à la joie pure que les gens éprouvent quand on leur donne l'objet exact qu'ils recherchaient, gratuitement et des mains de personnes vivant près de chez eux. Alors faites une pause et analysez attentivement vos

« désirs », les choses qu'il vous tarde d'acheter et les raisons qui se cachent derrière ces désirs. Vous pourriez être surpris par ce que vous trouverez.

Réfléchir pour prendre le contrôle

À ce stade, nous espérons que vous avez adhéré aux premières étapes : donner, demander, réutiliser et refuser. Il est temps de réfléchir. Nous entretenons tous des relations compliquées avec nos biens matériels et chaque étape du Zéro Achat éclaire à sa manière cette complexité. Réfléchir est peut-être l'une des étapes les plus surprenantes et les plus révélatrices de votre parcours vers le Zéro Achat.

Certains d'entre nous ne peuvent pas se payer le luxe de faire passer leurs désirs avant leurs besoins ; ils concentrent leur petit pouvoir d'achat sur les vraies nécessités de la vie. Pour ceux d'entre nous qui sont dans ce cas, le Zéro Achat peut apporter une sécurité physique et morale et un sentiment accru de respect quand nous recevons les choses dont nous avons besoin, des choses que nous voulons mais que nous ne pourrions jamais acheter et quand nous avons l'opportunité de donner à autrui d'égal à égal.

Certains d'entre nous, submergés de demandes dévoreuses de temps et d'énergie, achètent des choses chaque fois que possible parce que ça semble le moyen le plus simple de remplir son devoir à l'égard de leurs enfants-partenaire-famille-maison-travail-amis. Acheter des lunettes de piscine dans les transports en allant au travail, c'est cocher une ligne sur votre interminable liste de choses à faire avant même de commencer la journée. Pour ces acheteurs par commodité, le Zéro Achat peut entraîner un changement d'attitude, les affaires trouvant deux voire trois fonctions grâce à la réutilisation et au partage, de sorte qu'on a moins de choses à acheter ou racheter, dont il faut se passer ou se débarrasser, et ainsi de suite. Demander des lunettes de piscine à votre groupe d'économie du don ne prend que quelques secondes.

Certains d'entre nous achètent des choses pour combler un vide. On achète pour se rappeler qu'on est beau, intelligent, digne d'amitié et d'attention, utile aux autres et qu'on mérite de plein droit une vie pleine de sens et de joie. Dans le Zéro Achat, les interactions autour de vieilles affaires peuvent devenir de nouvelles amitiés, de nouveaux réseaux de connaissance et de soutien, des occasions de divertissement et une opportunité de mobiliser notre générosité naturelle pour construire une communauté au sein de laquelle on apprécie de vivre.

Quelles que soient les histoires véhiculées par vos affaires, quoi que celles-ci représentent à vos yeux, le Zéro Achat est la promesse de nombreuses opportunités d'apprendre sur vous et de devenir plus heureux, avec vos affaires et avec vous-même. Vous avez peut-être l'impression qu'on tient un double langage, mais patientez un peu : nous voulons que vous demandiez tout ce que vous désirez au fond de vous et nous voulons que vous examiniez ce qui se cache au cœur de votre désir de posséder des choses, et encore plus de choses. On a tous des besoins et des désirs conscients, mais aussi des besoins cachés, subconscients, qui dirigent nos « désirs ». En dévoilant ces faces cachées de nous-mêmes, on peut prendre le contrôle sur notre accumulation et lâcher prise sur les biens matériels.

Participer à une économie du don peut vous sembler chaotique ou chronophage, c'est pourquoi vous préférez acheter. Pour quiconque mène une vie professionnelle trépidante, l'efficacité à obtenir ce dont on a besoin est importante et, à première vue, une économie du don centrée sur les relations humaines peut sembler moins productive qu'une économie de marché centrée sur le profit. Quand on monte un réseau de don autour de soi, se procurer un objet nécessaire peut prendre plus de temps que par un achat instantané en ligne. On ne vous dira pas le contraire. Mais on ne compte plus le nombre de fois où on a observé la rapidité avec laquelle les économies du don peuvent satisfaire besoins et envies une fois qu'elles sont dynamiques et opérationnelles. Il est très fréquent que des demandes soient formulées, satisfaites et les objets récupérés dans l'heure, dans l'après-midi ou dans la soirée ; c'est imbattable, même par une livraison le lendemain ou une expédition au centre commercial le plus proche. Mettre en place ce genre de réseaux demande un investissement personnel au départ : en temps, en dons et en demandes. Nous vous encourageons à prendre dès maintenant le temps d'identifier les actions Zéro Achat que vous trouvez faciles et agréables. Ainsi, vous pouvez commencer à votre rythme à construire de solides relations quotidiennes basées sur le don.

On connaît tous la vieille expression « en avoir pour son argent ». Nous avons la version Buy Nothing : « en avoir pour son investissement dans la communauté ». Le Zéro Achat donne à chacun l'opportunité d'accorder ses ressources à ses valeurs. Si vous êtes partants pour des trucs gratuits, vous en obtiendrez assurément. Si vous cherchez à désencombrer votre maison, vous trouverez preneurs pour récupérer vos affaires (et des amis reconnaissants par la même occasion). Si vous aimeriez passer moins de temps à aller dans des centres commerciaux ou à chercher sur des sites de commerces en ligne, vous remplirez votre objectif. Et la réalisation de ces objectifs s'accompagne d'un bonus : le Zéro Achat permet de créer un monde plus lié et plus empathique dans lequel vous serez heureux de vivre. Vous n'avez même pas à investir d'argent, uniquement vos affaires, vos talents et votre temps pour demander avant d'acheter. Vous tirerez de ces investissements des profits et des récompenses de toutes sortes. Au départ, vous pouvez avoir l'impression que c'est inefficace, car les habitudes de partage que vous mettez en place au sein d'un réseau sont très différentes de celles du shopping. Une fois que ces nouvelles habitudes deviennent une seconde nature et que l'achat n'est plus un réflexe mais un dernier recours, vous allez découvrir les mécanismes de rendement en œuvre dans une économie du don centrée sur l'humain. Voici un exemple décomposé parmi des millions d'actions Zéro Achat pour vous aider à identifier vos propres investissements et récompenses. Ainsi, vous pouvez diriger vos ressources et vos forces là où elles vous seront le plus utiles.

C'est l'anniversaire de votre fille, qui est fan de pirates. Vous voulez donc organiser une fête sur ce thème. Vous lancez un appel à votre groupe de don pour vous procurer un butin de pirate pour la fête d'une enfant de 8 ans. Il se trouve qu'un voisin a récemment organisé un anniversaire sur le même thème et dépose épées en carton, bandanas et chapeaux devant votre porte, ravi de s'en débarrasser. D'autres ont des drapeaux de pirates, des déguisements et des livres audio amusants. Quelqu'un propose même de préparer un gâteau dans son moule en forme de bateau pirate. Validé ! Pendant que vous deviez faire l'effort de demander et de vous organiser pour récupérer tout ça, vous vous êtes épargné des voyages dans différents magasins et le temps que vous auriez passé à chercher ces articles en ligne. De plus, chacun était heureux de participer à sa manière. Et votre fille, qui a eu l'anniversaire de ses rêves, était bien sûr aux anges. Elle s'est sentie aimée, plus encore grâce à votre présence détendue que grâce à ce butin de pirate.

Vous vous rappelez l'étude de UCLA menée auprès de trente-deux ménages de classe moyenne sur le nombre d'objets qu'ils possédaient ? Chaque foyer possédait un nombre stupéfiant de biens matériels, quelque 300 000 objets, et bien des mères se sentaient oppressées par cette accumulation. On comptait tellement d'objets que la plupart des familles devaient remiser les excédents dans leur nouveau tiroir à bazar, le garage. Parmi les conclusions intéressantes de l'étude, les chercheurs ont montré que seuls 25 % des garages pouvaient réellement servir à garer une voiture, ces espaces étant pleins à craquer du trop-plein des maisons. Beaucoup contiennent des étagères remplies d'articles achetés en gros dans les grandes surfaces, assez d'eau de Javel et de papier toilette pour tenir six mois. D'autres comptaient revendre un jour les souvenirs emmagasinés ou les utiliser pour des projets jamais concrétisés, comme les réparer ou les remettre à neuf. Nous supposions que beaucoup de ménages achetaient des choses qu'ils possédaient déjà dans leur garage ou leur grenier pour la simple raison qu'il était trop difficile d'y retrouver quoi que ce soit ou qu'ils avaient tout bonnement oublié qu'elles se trouvaient là. (Si vous reconnaissez votre garage, vous pouvez peut-être demander dans votre groupe de don si quelqu'un peut vous aider à gérer vos affaires. Vous trouverez probablement une personne très organisée qui *adore* faire ça.)

Il y a un autre avantage au fait de demander plutôt que d'acheter. En trouvant les mots pour exprimer votre requête, votre cerveau se livre naturellement à un peu de réflexion pour **savoir si vous avez réellement envie ou besoin de cet objet**. Il arrive souvent que la simple formulation d'une demande soit à l'origine d'une alternative astucieuse déjà en votre possession. Et une fois que vous êtes certain que, oui, vraiment, vous voulez ou avez besoin de cette nouvelle chose, c'est souvent plus rapide et plus simple de l'obtenir gratuitement auprès d'un voisin ou d'un ami que de passer du temps à l'acheter en ligne ou dans un magasin. Le temps investi à demander, à réfléchir et à récupérer les objets au lieu de les acheter est payant de façon évidente (trucs gratuits ! nouveaux amis !), mais aussi d'une manière plus profonde et moins tangible qui se révélera plus complètement avec le temps.

Quand on prend le temps de réfléchir et de demander avant d'acheter, on développe un lien plus profond avec les histoires et les émotions inhérentes à nos affaires. On se comprend mieux soi-même et on est plus disposé à prendre des décisions éclairées et heureuses vis-à-vis de ce qu'on possède, ce qui nous apporte une certaine tranquillité d'esprit quand on se sépare de nos affaires, quand on demande ce dont on a envie ou besoin et quand on partage.

LA ROBE TABOUE DE LIESL

J'étais la benjamine d'une famille de quatre enfants et tout ce qui était à moi avait appartenu à mes frères et sœurs. Il était très rare que j'aie quelque chose à moi, qui n'ait jamais déjà été porté ou utilisé. Ce qui était à moi était par défaut à eux ; quant à leurs affaires – comme dans toute relation fraternelle –, il m'était interdit d'y toucher.

Adolescente, je convoitais la robe rose à pois un peu délurée de ma grande sœur. J'*adorais* cette robe qu'elle portait rarement. Un jour d'été où elle n'était pas là, je me suis glissée dans son armoire et j'ai « emprunté » la robe pour sortir avec des amis. Je me sentais parfaite dans cette robe, je m'imaginais aussi belle et intelligente que ma grande sœur. Malgré cela, j'avais tellement peur de me faire prendre que ça a gâché le plaisir pur de la porter. J'ai réussi à faire une tache sur la robe, si minuscule que je pensais que personne ne pourrait la détecter. Un mois plus tard, quand ma sœur est entrée dans ma chambre la robe serrée dans les mains, j'ai immédiatement su au ton de sa voix qu'elle l'avait découverte. Je pense que je ne lui avais jamais rien fait d'aussi méchant. À l'époque, j'avais l'impression qu'elle ne me pardonnerait jamais.

Cette expérience a changé pour toujours ma relation aux affaires. J'ai cessé de m'y attacher. Je n'ai pas bien compris pourquoi, mais ça a été libérateur.

Je donnais et prêtais mes affaires de tout mon cœur et j'ai construit des liens solides avec des amies avec qui nous aimions échanger et partager ce que nous avions. Je suis allée jusqu'à prêter certaines de mes affaires les plus précieuses, explorant les limites tendues entre m'y accrocher et lâcher prise, avec la conscience implicite que ce que je partageais pouvait ne jamais revenir. Ma sœur me trouvait irresponsable et m'accusait de ne pas prendre soin de mes affaires. Elle avait en partie raison. J'étais subjuguée par le plaisir que me procurait le partage, le lâcher-prise et les répercussions sur mes relations.

S'agissait-il de « mes » affaires ou de choses dont je profitais et qui me reliaient à autrui, même s'il fallait les perdre au bout du compte ? Comme j'étais la plus jeune de la famille, dès le départ, mes affaires n'étaient jamais vraiment les miennes. Je n'ai donc jamais vraiment ressenti le besoin de m'y attacher. Donner les quelques affaires qui m'appartenaient – comme ces boucles d'oreilles précieuses que j'avais achetées un été en Corse ou les robes que je m'étais moi-même cousues – a d'abord été difficile, jusqu'à ce que je lâche prise sur l'objet lui-même et que je mesure la joie qu'éprouvait mon amie en les portant. Il y a tellement de boucles d'oreilles sur Terre. Je pourrais toujours me faire une nouvelle robe. J'ai appris que plus je donnais, plus je voulais donner. Les sentiments positifs étaient addictifs. Ayant constaté l'aliénation et le déchirement inhérents à la propriété, je me suis entraînée à ôter tout pouvoir à la possession et à la convoitise. Les tendances à convoiter et à stocker m'angoissaient et me poussaient à donner encore plus.

Une trentaine d'années plus tard, je poursuis mon expérience. Les choses du quotidien qui se trouvent dans ma maison nous ont été données par des voisins qui se débarrassaient de leurs affaires en trop. Ça me semble naturel, les affaires récupérées me relient à ceux qui me sont proches, comme le faisaient celles de mes frères et sœurs. Je ne voudrais pas faire autrement, parce que mes propres cadeaux sont l'expression d'une vie entière d'apprentissage sur le lâcher-prise et la satisfaction pure, la sérendipité et le bonheur inhérents au fait de partager.

Une invitation à réfléchir

Pratiquer la réflexion vous donne accès à vos besoins, désirs et angoisses subconscients et vous permet de les affronter sans détour. Quel est le moteur de vos achats quotidiens, souvent machinaux ? Quel besoin se cache derrière le désir ? Est-ce la solitude, l'ennui, la peur de manquer, la jalousie, la peur d'être blessé émotionnellement, une mauvaise estime de soi ou l'épuisement ?

La prochaine fois que vous vous apprêtez à acheter quelque chose, essayez d'affronter cette liste de questions.

Les questions à vous poser avant d'acheter quelque chose

1. Comment cet article vous est-il arrivé sous les yeux ? Est-ce que vous en aviez envie et vous l'avez cherché ou vous a-t-il été présenté par la publicité ? En avez-vous toujours besoin ou envie ?
2. Prévoyez-vous d'en prendre soin pour le restant de sa vie utile, y compris le nettoyer à sec/l'épousseter/le laver/l'hydrater/etc. ? En avez-vous toujours besoin ou envie ?
3. Croyez-vous que vous serez en meilleure santé, plus fort, plus attirant, plus intelligent grâce à cet objet ? Existe-t-il des alternatives non consuméristes qui vous apporteraient les mêmes bénéfices ? Cet objet a-t-il une chance de parvenir à ce résultat ? En avez-vous toujours besoin ou envie ?
4. Où allez-vous stocker cet objet, avez-vous assez de place et sera-t-il en travers de votre chemin pour accéder à d'autres objets ? En avez-vous toujours besoin ou envie ?
5. Pouvez-vous fabriquer cet objet ou possédez-vous déjà quelque chose qui pourrait s'y substituer ? En avez-vous toujours besoin ou envie ?
6. Êtes-vous disposé à le réparer ou à payer pour sa réparation si cet objet se cassait ? En avez-vous toujours besoin ou envie ?
7. Remplacez-vous quelque chose que vous possédez déjà ? Qu'est-ce qui ne va pas avec l'objet que vous avez ? Peut-il être réparé, nettoyé ou remis au goût du jour ? En avez-vous toujours besoin ou envie ?

8. Pouvez-vous remettre cet achat à plus tard ? Pendant combien de temps ? Un mois, un an ? En avez-vous toujours besoin ou envie ?
9. Avez-vous réellement besoin de cet objet maintenant ou en avez-vous seulement envie ? Y a-t-il un besoin caché derrière votre désir ? Si c'est le cas, quel est-il et existe-t-il une alternative non consumériste pour le combler ? En avez-vous toujours besoin ou envie ?
10. Vous avez répondu à toutes les questions et, oui, vous avez toujours besoin de cet objet. Y a-t-il une raison importante qui nécessite que vous dépensiez de l'argent pour vous le procurer ? Si vous pouviez vous le procurer gratuitement, avez-vous besoin de le garder pour toujours ou pourriez-vous l'emprunter ? Un motif de sécurité justifie-t-il que cet objet doive être flambant neuf, jamais utilisé ? Si oui, pourriez-vous demander à votre économie du don si quelqu'un en possède un neuf ? Si un équivalent d'occasion faisait l'affaire, le demanderiez-vous ? Il y a des choses dont nous avons réellement besoin, mais même dans ce cas, *besoin* et *besoin d'acheter* ne sont pas forcément indissociables.

Posez-vous ces questions la prochaine fois que vous vous apprêtez à acheter quelque chose et voyez si vous découvrez le besoin qui se cache derrière le désir. Ça peut aider de consigner vos pensées dans un journal ou de confier les solutions trouvées à un ami ou un membre de votre groupe de don. Vous serez surpris de ce que cette introspection vous apprendra sur vous-même, et pouvoir compter sur une communauté aide plus que vous ne l'imaginez pour prendre l'habitude de réfléchir dans une démarche de Zéro Achat.

Voici un autre exercice qui vous aidera à identifier les besoins cachés qui vous forcent à acheter (c'est particulièrement percutant si vous le faites avec un ou deux amis). Imaginez que vous pouvez tout avoir, absolument tout, tout ce que vous voulez et tout ce dont vous avez besoin. Faites une liste, voyez les choses en *grand*, notez les choses tangibles et intangibles. Puis, laissez votre liste de côté, faites une pause et reprenez-la pour voir ce que cette liste ultime dit des choses et de la vie dont vous rêvez. Les biens tangibles sont-ils reliés à des souvenirs heureux de votre vie ? Sont-ils les symboles intimes et personnels de besoins plus grands et moins tangibles ? Y a-t-il des choses ou des compétences que vous pourriez demander pour vous aider à accomplir les choses intangibles de votre liste ? Êtes-vous à la recherche de plus de temps pour vous, plus de temps avec votre famille ou vos amis, plus d'aventure, plus de sécurité, moins de stress ? Gardez à l'esprit ce que vous avez appris sur vous-même quand vous chercherez des choses à rapporter à la maison et d'autres dont vous séparer.

ÉTAPE 5 : FABRIQUER & RÉPARER

Le mot « économie » vient du grec ancien *oikonomos* défini par Aristote comme « l'art de gouverner une maison ». Dans la plupart des sociétés prémodernes, la production et la consommation se passaient au sein du foyer et diriger une telle économie, c'était gérer les ressources pour s'assurer que les besoins de tous soient satisfaits. Cela s'est aussitôt traduit par le bien commun, l'objectif n'étant pas de générer des gagnants et des perdants mais d'établir un fonctionnement global sain afin que la communauté puisse maintenir un mode de vie de qualité.

Nous nous sommes embarquées dans ce mode de vie parce que nous nous sentions impuissantes au milieu de tout le marketing qui nous arrivait, sous toutes ses formes : dans nos maisons, sur Internet et dans nos villes chaque fois que nous allions au supermarché ou dans un magasin. La publicité favorise une culture de la compétition, avec des gagnants et des perdants, aux dépens de tous. La publicité a tendance à jouer avec nos peurs en nous laissant entrevoir un monde de pénurie plutôt que d'abondance : « Venez acheter ça tant qu'il en reste. » Et quand on a vu le résultat d'une telle consommation – les déchets échoués sur nos belles plages – ça nous a mises en colère. Nous avons pris cette colère et cette angoisse et nous les avons transformées en une force pour reprendre le contrôle de ce que nous achetons et rapportons chez nous. Nous n'étions pas impuissantes.

Dans de nombreux pays, un petit nombre de personnes détient la grande majorité des richesses, laissant une petite partie au reste d'entre nous. Aux États-Unis, par exemple, 1 % des plus riches possèdent plus de richesses que l'ensemble de la classe moyenne[57]. Les objets en plastique fabriqués en série sont destinés aux classes moyennes et populaires, des articles bon marché produits en quantités phénoménales pour être consommés par ceux qui ne peuvent s'offrir que le moins cher, des articles qui ne sont pas faits pour durer. On est nombreux à acheter des produits industriels bon marché pour respecter notre budget, des choses qui ne résistent qu'à quelques utilisations, parce qu'on a peur de ne pouvoir vivre sans. On nous dit qu'ils vont faciliter notre quotidien. Mais plus on les utilise, plus on saccage notre environnement, remplissant nos décharges, polluant nos cours d'eau, brûlant plus d'énergie fossile pour les fabriquer et contribuant au réchauffement climatique. Ces produits ne nous facilitent pas forcément la vie. Il faut les acheter, les gérer, puis trouver comment s'en débarrasser une fois qu'ils sont cassés, inévitablement.

Imaginez l'impact sur nos dépenses et sur l'environnement si on partageait plus, mais si on fabriquait aussi davantage nos affaires plutôt que de les acheter.

Soyez producteur, pas consommateur

Les *millenials* remettent au goût du jour un mode de vie à l'ancienne sous un nouveau nom branché : la culture *maker*. La culture *maker* valorise la capacité à réparer des objets anciens ou usés et à assembler des choses existantes pour en créer de nouvelles. Beaucoup de nos ancêtres pas si lointains seraient très familiers de cet art perdu. C'est une posture clé dans le mode de vie du Zéro Achat qui insuffle au challenge une irrésistible dose de créativité.

Il est difficile de donner un prix à votre travail, si vous aimez ce que vous faites. Si vous êtes comme la majorité des gens, vous n'êtes pas payé pour faire ce que vous aimez vraiment. Selon une étude récente menée par le PDG de LinkedIn, 46 % des baby-boomers, 16 à 31 % de la génération X et seulement 12 % des millenials exercent le « métier de leurs rêves »[58]. Le Zéro Achat est un excellent prétexte pour réveiller la boulangère, le tricoteur, l'artisan, le peintre, l'ingénieur, l'électricienne ou le mécanicien qui sommeille en vous. Nous avons vu de nombreuses personnes, tous âges confondus, partager leurs talents cachés avec leur réseau local de don. Comme il n'y a pas de compensation en jeu, il n'y a aucune pression, ce qui est très libérateur et semble favoriser la créativité et l'innovation.

Notre amie Myra Zocher a un talent pour la fabrication du pain. Elle fait un délicieux pain au levain maison aux graines. Dans les premiers temps de notre économie locale du don, Myra préparait régulièrement du pain pour la communauté et donnait de grosses boules aux graines, semblables à un pain multicéréales, pétries et cuites doucement dans leur croûte. Un jour, Liesl l'a filmée en train de faire son pain et est rentrée chez elle avec un sentiment d'émerveillement mêlé d'admiration pour l'amour et le soin manuel portés à chaque miche. Grâce aux retours extrêmement positifs qu'elle a reçus de nous tous, Myra possède aujourd'hui une boulangerie florissante dans le quartier, A Woman Sconed. N'ayez pas peur de partager vos dons, vos talents et vos fabrications maison et de poursuivre vos rêves, autrement vous ne ressentirez pas toute la reconnaissance du monde vis-à-vis de votre personne. Vous pourriez même ne jamais connaître vos talents si vous ne les partagez pas.

Demandez-vous quel est votre talent. Est-ce que vous cousez ou tricotez, êtes-vous très bon en massages, faites-vous du patchwork ou des gâteaux, jardinez-vous ou êtes-vous une oreille attentive ? Faites ce que vous aimez. Arrêtez de consommer des choses qui sont meilleures maison que quand on les achète. Refusez de consommer des produits de consommation de masse. Et, mieux encore, fabriquez suffisamment de vos meilleurs produits pour pouvoir en donner aux autres, de sorte qu'ils puissent eux aussi en profiter sans avoir à les acheter.

Fabriquer : de quoi s'agit-il ?

Qu'aimez-vous faire ou créer ? Qu'achetez-vous que vous pourriez fabriquer ? Il est temps de penser à ce qui vous passionne. Quel type d'activité pourriez-vous faire pour le simple plaisir d'obtenir quelque chose de chouette pour vous ou pour vos amis ? On a toujours l'impression d'être trop occupé, de trop travailler, mais quand on prend le temps de créer pour créer, on en ressent des bienfaits d'une manière inimaginable. Si vous ne savez pas quoi « produire », explorez des pistes qui vous sont nouvelles à partir des choses que vous avez en trop ou qui vous sont facilement disponibles. Expérimentez !

Si vous aimez la cuisine ou la pâtisserie, commencez par préparer vos meilleures recettes et gâteaux en grandes quantités. Congelez-les ou offrez-les. Un repas maison est une belle attention à offrir à quelqu'un qui emménage, qui vient d'avoir un bébé ou sans raison particulière ! Certaines personnes ont des talents plus artistiques : vous êtes peut-être plus porté sur la création de superbes pas japonais en mosaïque à partir de céramiques cassées, de pierres peintes pour le jardin ou de tapis en lirette colorés pour la salle de bains. Il y a tant à faire et à offrir à partir du surplus qui nous entoure. Trouvez ce que vous avez facilement sous la main et créez à partir de ça.

Cleo, la fille de Liesl, a la main verte. Ses plantes grasses florissantes se répandent du jardin à l'allée et y prennent racine. Inspirée par les pots de fleurs attrayants de la pépinière du coin – des sedums disposés de façon fantaisiste dans des vases en céramique, des caisses de bois, des chaussures et même des bottes d'enfants – Cleo a commencé à créer sa propre composition. Quand elle a un moment, elle cueille des sedums et les replante dans toutes sortes d'objets trouvés à la maison, des tasses par exemple, pour les offrir. Les cadeaux sont un témoignage vivant de ce qu'on peut créer à partir du surplus qui nous entoure. L'une de nos amies fait toujours de la sauce à spaghettis en plus pour en donner. Une autre encore demande à ses amis de lui garder leurs bidons de lessive vides ; ainsi, quand elle est à court, elle fait un ou deux bidons de plus de sa super recette de lessive et les offre. On aime tous les produits maison !

Ne croyez pas devoir vous ruiner dans une boutique de loisirs créatifs. Souvenez-vous qu'on vise le Zéro Achat. Dénicher les matériaux, idéalement à partir d'objets trouvés ou donnés gratuitement, fait partie du jeu. On est surpris de la quantité de matières premières disponibles quand on commence à penser de façon créative. Non seulement ça permet de réemployer des matériaux qui finiraient à la décharge, mais ça ne coûte rien. S'il y a des pruniers dans votre jardin ou dans un parc où personne ne cueille les fruits, vous pouvez faire des confitures et les offrir. Vous avez peut-être un ami menuisier qui a toujours des chutes de bois à donner. Ces rebuts peuvent servir de base pour quelque chose que vous aimez fabriquer, comme des cabanes à oiseaux, de petites caisses pour y faire des plantations, ou pour faire un grand feu de joie avec vos amis en brûlant du bois non traité dans un brasero fabriqué avec le tambour en métal d'une vieille machine à laver. Jetez un œil à ce que vous comptez jeter. Si ça se trouve, c'est exactement ce dont quelqu'un a réellement besoin ! Oui, vos déchets peuvent satisfaire les désirs d'autrui.

Le Zéro Achat n'est pas synonyme de minimalisme ou d'austérité (sauf si ça vous chante). On peut être maximaliste et aimer l'extravagance tout en respectant les *r* de réduire et refuser grâce à l'exploitation de nos talents de fabrication et de partage. Sincèrement, il y a *tellement de choses* qui existent déjà et n'attendent que votre créativité pour être réutilisées et partagées.

Réparez !

Un autre *r* est important dans le jargon du Zéro Achat : réparer. **S'il n'y avait pas de magasins près de chez vous, si vous viviez loin de tout commerce, vous répareriez tout ce que vous pouvez.** Dans notre culture désinvolte, on a tendance à jeter les choses pour en acheter de nouvelles, principalement parce qu'on a perdu les aptitudes nécessaires pour réparer ce qui est cassé. Mais grâce à Google et YouTube, on peut apprendre à remettre en état à peu près n'importe quoi. Quand la réparation dépasse vos compétences ou votre équipement (même avec Internet), demandez de l'aide au sein de votre réseau de don. On a vu bien des voisins en dépanner d'autres pour toutes sortes de problèmes de plomberie, de mécanique, de mode, d'électroménager ou de menuiserie.

De la beauté se cache aussi dans ce qui est cassé. Au Japon, le *kintsugi* est une forme d'art qui consiste à réparer les céramiques brisées avec une laque saupoudrée d'or, d'argent ou autre métal précieux, mettant en lumière les fêlures. Inspirez-vous de cette méthode la prochaine fois que vous cassez un objet décoratif, vous pourrez peut-être en faire quelque chose de beau.

Plus on raccommode, moins on dépense. Rejoignez un cours ou demandez à un ami de vous apprendre à réparer les objets électroniques, les voitures ou les vêtements.

Renseignez-vous sur les Repair Cafés. Dans ces ateliers de réparation collaboratifs, des bénévoles partagent leurs savoirs et compétences pour vous aider à remettre en état toutes sortes d'objets. Ce concept venu des Pays-Bas se développe partout en France. Rendez-vous sur le site repaircafe.org pour en trouver un près de chez vous. La ville de Lyon accueille d'ailleurs chaque année depuis 2018 le R festival. Vous pouvez y apporter un objet à réparer et des spécialistes vous aident à sauver ce qui a besoin d'entretien. Parmi vos voisins, il y a sans doute quelques bricoleurs qui vous aideraient volontiers si vous preniez la peine de demander. Tentez le coup et voyez si quelqu'un se propose.

Michelle Lee, une mère de famille originaire d'Ellicott City, dans le Maryland, a été extrêmement reconnaissante quand son voisin s'est proposé de réparer le toboggan attaché à la balançoire dans son jardin. Pendant des semaines, ses enfants n'ont pas pu l'utiliser, mais il ne lui a fallu que quelques outils et un morceau de bois d'œuvre pour le remettre en service.

Faites honneur à l'éthique ancienne de la réparation de ce que vous possédez déjà : apprenez à repriser une chaussette, à réparer une machine à coudre, à remplacer le joint d'un W.-C. qui fuit, à redonner vie à un aspirateur ou à changer le fil électrique d'une vieille lampe. Cousez un bouton, réparez un pneu de vélo. Rattachez la lanière arrachée de vos tongs, remplacez le manche de pelle cassé. En contournant le besoin d'acheter, en réparant ce qui est parfaitement réparable, vous vous sentirez une puissance nouvelle. Ce vieil objet peut vraisemblablement continuer de fonctionner si vous acquérez quelques compétences : faites quelques recherches et croyez en votre aptitude à réparer les choses et à les accompagner dans leur longue vie. Ensuite, partagez vos témoignages pour motiver tout le monde à réparer le prochain objet qui se cassera.

Cinquante choses qu'on fait nous-mêmes

Si vous avez besoin d'inspiration, voici une liste de cadeaux et de produits que nous aimons réaliser nous-mêmes. Ces choses ne nous coûtent presque rien, mais elles sont très utiles et nous servent presque tous les jours, en plus de faire de parfaits cadeaux pour la famille et les amis. Ce ne sont que des pistes pour vous lancer. Il existe des centaines de choses à faire soi-même et, bien souvent, les aliments de base comme le ketchup, les yaourts ou la mayonnaise sont meilleurs faits maison que n'importe quelle version industrielle. Ne prenez pas non plus les éléments de cette liste comme des obligations. Commencez petit. Choisissez deux ou trois choses à faire et voyez si ça vous aide à moins acheter, moins gaspiller et à partager davantage.

1. **Bougies.** Nul besoin d'acheter de belles bougies quand on peut les fabriquer. Récupérez les morceaux de cire de bougies à moitié consumées et faites-en de grandes bougies colorées à offrir ou à utiliser à la maison en cas de coupure d'électricité. Vous pouvez faire des bougies dans des bocaux, dans des boîtes de conserve, ou emprunter des moules à bougies.

FABRIQUER DES BOUGIES

- Rassemblez toute la cire récupérée de bougies partiellement consumées tout au long de l'année et demandez à votre réseau de don des bougies usagées. Sur une planche de bois, écrasez la cire à l'aide d'un marteau en morceaux assez petits pour entrer dans votre récipient. Gardez un peu de cire, idéalement d'une couleur contrastante, à faire fondre dans le moule. Veillez à bien enlever les mèches et à les réserver pour votre bougie. (Vous pouvez attacher plusieurs bouts de mèches ensemble si besoin).
- Remplissez votre récipient avec les morceaux de cire multicolores, en plaçant une mèche au milieu. Enroulez la mèche autour d'un crayon ou d'un stylo que vous plongez dans le récipient, pour éviter qu'elle ne tombe dans la cire.
- Prenez la cire que vous avez mise de côté et faites-la fondre dans une vieille casserole réservée aux travaux manuels. Puis, versez la cire chaude dans le récipient en veillant à ce que la mèche reste droite. La cire fondue et les morceaux de cire se mêlent en une jolie mosaïque.
- Pour y ajouter les vertus de l'aromathérapie, versez une ou deux gouttes de votre huile essentielle préférée.
- Laissez votre bougie se solidifier et refroidir pendant une nuit. Le matin, votre bougie est prête !

Coupez la mèche à la bonne taille et démoulez la bougie si vous avez utilisé un moule. C'est un excellent cadeau.

2. **Divisions de plantes vivaces.** Les plantes vivaces sont des plantes qui résistent à l'hiver et font chaque année de nouveaux bourgeons. Mais pour les maintenir en bonne santé et maîtriser leur développement, les diviser en deux permet de leur redonner de la vigueur. Ainsi, le vieux plant peut concentrer son énergie sur une pousse plus petite et plus facile à alimenter. L'iris et la marguerite du Japon ont toujours besoin d'être divisés, ce qui nous permet d'en donner chaque année à d'autres jardiniers.
3. **Vinaigre de fruit et de vin.** On fabrique de super vinaigres qu'on utilise tout au long de l'année, et on en donne aussi à nos amis et à nos familles. Le vinaigre de fruit à base de déchets, tout comme le vinaigre de cidre avec des épluchures de pomme ou le vinaigre de mûre, est une recette DIY qui peut transformer vos habitudes d'achat. Il est si facile de faire du vinaigre que c'est presque un crime de ne pas en préparer avec vos pelures. Dans un bocal en verre, mélangez un demi-litre de reste de vin rouge, 250 ml d'eau distillée et la « mère » d'un vinaigre biologique que vous avez terminé. Couvrez le bocal avec un coton à fromage ou un chiffon en coton propre de façon à laisser l'air circuler et à retenir la poussière à l'extérieur. Gardez le bocal à l'abri de la chaleur et de la lumière, à température ambiante.

La « mère » est le biofilm qui produit le vinaigre. Si vous regardez de près le contenu d'un vinaigre biologique de vin ou de fruit, vous verrez une masse gélatineuse au fond de la bouteille. C'est le biofilm, un type d'acide acétique produisant des bactéries qu'on appelle l'*Acetobacter* et qui consomment l'alcool présent dans le vin pour le transformer en un délicieux vinaigre. Vous pouvez utiliser ce biofilm pour démarrer tous vos vinaigres. Si vous vous retrouvez sans mère, demandez-en une à votre groupe local de don (ça amusera les gens). Vous en trouverez aussi dans le fond de n'importe quelle bouteille de vinaigre de cidre biologique non filtré et non pasteurisé. Gardez votre mère et réutilisez-la à volonté. Le vinaigre de cidre est chez nous un ingrédient de base. Il soigne n'importe quel rhume et constitue une excellente eau de rinçage pour les cheveux. Gardez cette mère, prenez-en soin et vous voilà prêt à fabriquer vos vinaigres maison.

Pour faire des vinaigres de fruit, gardez les épluchures et trognons de pommes. Les mûres qui poussent sur les ronces au bord de nos chemins font elles aussi un vinaigre absolument délicieux. Mettez les restes de fruits dans un bocal avec de l'eau et la mère d'un autre vinaigre, couvrez avec un tissu et stockez à température ambiante, à l'abri de la lumière du soleil, pour laisser le vinaigre respirer.

Contrôlez régulièrement vos bocaux : il faut compter quelques semaines pour que le vinaigre atteigne son pic de fermentation. Au bout d'un mois environ, filtrez le vinaigre et le mélange de fruits à travers un coton à fromage pour retirer les fruits et les composter. Veillez à conserver la mère, mettez-la avec le vinaigre dans une jolie bouteille et bouchez la bouteille ! Comme nous tous, le vinaigre ne fait que se bonifier avec l'âge.

4. **Balles de séchage.** Récupérez de vieux bouts de laine, pelotes ou vieux pulls et faites-en des balles de séchage (comme expliqué page 140). Les gens les adorent ! Ces alternatives aux feuilles assouplissantes permettent de réduire le temps de séchage d'au moins 10 %.
5. **Bouillon de légumes.** Rendez-vous page 156 pour la recette de bouillon de légumes la plus facile du monde, à partir des restes que vous n'auriez de toute façon pas mangés.
6. **Kombucha.** Préparez des kombuchas aux fruits dans de jolies bouteilles et offrez-les. Vous trouverez des recettes faciles sur Internet. Tout ce qu'il vous faut, c'est un énorme bocal, du thé, du sucre et une culture active appelée SCOBY pour *symbiotic culture of bacteria and yeast* (culture symbiotique de bactéries et de levures). Vous en trouverez peut-être dans votre réseau d'économie du don, car les SCOBY se multiplient !
7. **Vêtements customisés.** Si vous êtes habile avec une aiguille ou une machine à coudre, vous pouvez évidemment fabriquer vos vêtements à partir de rien. Et même si ce n'est pas votre cas, comme Rebecca, vous pouvez toujours customiser des vêtements d'occasion pour les ajouter à votre garde-robe. Elle et ses enfants adorent ça. Il faut connaître deux-trois astuces pour réussir sa customisation ; partez de vêtements trop grands et soyez intrépide. Armez-vous d'épingles à nourrice pour tester ourlets, plis,

lignes de couture et drapés. Quand vous aimez le look d'un vêtement et qu'il vous va, dégainez aiguille et fil. N'ayez pas peur de couper des parties que vous n'aimez pas ou d'assembler plusieurs pièces, d'ajouter ou de retirer à volonté. La jupe préférée au monde de Rebecca est un assemblage d'une chemise de nuit en dentelle des années 1960, d'un chemisier des années 1970 et de bandes d'une écharpe des années 1980. Soyez téméraire et voyez ce qui en sort. Aborder les chutes de tissu de cette manière est très amusant et c'est un excellent projet à mener avec les enfants.

8. **Pesto.** Toute herbe aromatique peut être transformée en pesto. Prenez une herbe, une huile, un fruit à coque, de l'ail (si vous voulez), une pincée de sel, du parmesan et du jus de citron ou de citron vert. Mixez le tout ensemble (un blender ou un robot font parfaitement l'affaire) et dégustez ce pesto frais ou congelez-le pour plus tard. Voici quelques-uns de nos mélanges préférés : cresson de fontaine et amandes ; cresson alénois, pissenlits et noix de macadamia ; persil, coriandre, pignons de pin et ail ; fleurs d'érable à grandes feuilles et pistaches ; et le classique basilic (ou même roquette) et pignons de pin ou noix et ail.
9. **Parfum.** Si vous avez une huile essentielle ou un mélange d'huiles préféré, faites-en un parfum. Tout ce qu'il vous faut, c'est de la vodka, seulement 30 ml, et une vingtaine de gouttes d'huile essentielle. Versez le mélange dans une petite bouteille munie d'un vaporisateur, remuez bien et voilà, vous avez fait votre propre parfum !

10. **Œufs et légumes.** OK, ce sont nos poulets et nos jardins qui font le boulot, on s'attribue seulement le mérite. On donne tout notre surplus de légumes et d'œufs de poule. Aucune loi ne vous interdit d'élever quelques poules tant que vous respectez les règles en matière de nuisances sonores et olfactives, et le développement des jardins partagés, des jardins ouvriers et des bandes de verdure sur les parkings donne à chacun le pouvoir de produire sa nourriture. Ce n'est pas parce qu'il n'y a pas eu un seul agriculteur dans votre famille depuis des générations que cette idée est bonne à jeter. Ce n'est pas difficile, il y a des gens qui n'attendent qu'une chose, vous aider, il est prouvé que toucher ou simplement sentir la terre est un antidépresseur naturel[59] et c'est la meilleure manière qui soit de se faire des amis.
11. **Pain.** De temps à autre, Liesl et sa famille préparent une miche de pain en plus, tant ils aiment cette recette, et la congèlent pour plus tard ou la donnent. Si vous avez une machine à pain, vous n'avez qu'à y mettre les ingrédients suivants, dans n'importe quel ordre, en vous fiant aux temps donnés par la machine, et vous pourrez épater la galerie avec un pain délicieux : 240 ml d'eau chaude ; 180 ml du mélange d'un œuf, du lait et un peu de yaourt ; 2 cuillerées à soupe d'huile de lin (vous pouvez la remplacer par une huile de fruit à coque, mais l'huile de lin est excellente) ; 1 cuillerée à café bombée de sel (on utilise de la fleur de sel) ; 550 g de farine (on préfère un mélange un tiers de farine complète et deux tiers de farine blanche, biologiques) ; 4 poignées de noix (ou de graines de lin) ;

3-4 poignées de raisins secs ; 1 cuillerée à soupe de miel et ½ cuillerée à café de levure de boulanger à réhydrater. Si vous voulez donner un peu plus de corps à votre pain, ajoutez 100 g de carottes ou de courgettes râpées, c'est ce qu'on fait quand on en a dans le jardin.

12. **Yaourt.** Un reste de yaourt (2 cuillerées à soupe) constitue la base parfaite pour une série de yaourts maison. Versez le lait entier que vous préférez dans une casserole. Il n'y a pas de quantités exactes pour cette recette, versez autant de lait que vous voulez de yaourt. (On est *grosso modo* sur un ratio d'un pour un entre le lait et le yaourt obtenu.) Réglez votre minuteur sur 8 minutes pour éviter de faire bouillir le lait. Il faut le chauffer jusqu'à frémissement, c'est-à-dire quand le pourtour commence à faire de petites bulles et qu'une peau se forme à la surface. Coupez le feu et retirez la casserole de la gazinière. Laissez refroidir à température ambiante. Ajoutez 2 cuillerées à soupe de yaourt et fouettez pour l'incorporer complètement au lait. Versez le mélange dans des pots et placez-les dans un plat rempli d'eau chaude pour faire un bain-marie. Vous pouvez placer ce plat au-dessus de la veilleuse de votre four à gaz, et ça peut suffire à garder les pots au chaud toute la nuit. Vous pouvez aussi emballer l'ensemble dans une serviette ou une couverture pour maintenir la chaleur et le poser sur le linteau de votre cheminée allumée (la technique de Rebecca est rudimentaire, elle utilise sa glacière de camping, en entourant les pots de yaourt de pots remplis d'eau chaude, puis elle ferme hermétiquement le couvercle de la glacière). La clé, c'est de trouver un endroit à

chaleur constante pendant 8 à 12 heures. Plus le mélange restera au chaud, plus les yaourts seront fermes. Quand ils ont la consistance désirée, mettez-les au réfrigérateur pour les refroidir.

13. **Compost.** Le compost mature tous les jours dans le jardin de Liesl. Sans ces bacs à compost, elle aurait beaucoup plus de déchets et devrait dépenser de l'argent pour en acheter alors qu'il est facile de le produire à la maison. Si vous avez une grande caisse de bois, elle peut faire office de bac à compost à l'extérieur, et il existe des composteurs d'appartement pour ceux qui n'ont pas de jardin. Vous pouvez en demander un auprès de votre réseau de don. Tous vos déchets alimentaires et organiques y vont, et vous obtiendrez un superbe compost en quelques semaines. Nous vous disons en page 316 ce que nous mettons dans notre compost.
14. **Tisanes.** Citronnelle, menthe, ortie et camomille prolifèrent dans notre région. On les récolte, on les fait sécher (au soleil ou pendues par les tiges dans la maison) et on les conserve dans de jolis bocaux pour en faire des infusions tout au long de l'année. La fille de Rebecca fait un mélange incroyable à base de fleurs de lavande, de pétales de rose et de menthe récoltés sur des plants non traités dans le voisinage.
15. **Tapis en lirette.** Là, YouTube est votre ami. Il existe tellement de façons de faire un tapis en lirette, en tressant, en crochetant avec les doigts, en entortillant ou en nouant. Gardez vos tissus, vêtements, draps et même collants et chaussettes préférés ! Faire un tapis en lirette est

un projet facile qui nous replonge à l'époque des pionniers quand tous les vêtements usés étaient réemployés de cette manière. On a vu de superbes tapis en lirette ajouter une note de couleur devant une douche ou une baignoire, ou servir de coussins confortables sur des chaises de cuisine.

16. **Sauces salade.** À ce stade, vous avez sûrement pigé. La plupart de ce qu'on n'achète pas sont des choses simples qu'on peut réaliser. Il y aura donc des doublons dans ces listes. Rendez-vous en page 156 pour retrouver une recette de sauce facile comme tout à conserver au réfrigérateur.
17. **Démêlant pour cheveux.** C'est l'une des recettes les plus faciles qui marche sur les cheveux difficiles à coiffer. Si votre enfant aime avoir les cheveux longs mais pas les brosser, ce truc est fait pour vous. Mettez 1 cuillerée à soupe de votre huile préférée ou d'un mélange d'huiles, par exemple de l'huile de coco – chauffée, car elle devient solide à température ambiante –, d'avocat, d'abricot, d'olive, de jojoba ou d'amande douce, et 120 ml d'eau dans un joli flacon muni d'un vaporisateur. Ajoutez 1 ou 2 gouttes d'une huile essentielle que vous aimez (essayez les extraits naturels de géranium, lavande, romarin, rose, camomille, menthe poivrée ou pamplemousse). Pour les cheveux épais, ajoutez de l'huile selon votre convenance. Agitez toujours le flacon avant l'application. Si votre huile de coco se solidifie, vous pouvez réchauffer le démêlant entre vos mains. Il fonctionne particulièrement bien si on l'applique sur cheveux humides avant de les brosser.
18. **Allume-feu.** Gardez un bocal à côté de votre sèche-linge pour récupérer les peluches après chaque cycle. Quand

le bocal est plein, bourrez les peluches dans les alvéoles d'une boîte à œufs en carton et placez une allumette debout au centre de chaque alvéole. On ajoute parfois un peu de sciure, des épines de pin et du papier déchiré. Si, comme chez Rebecca, votre famille porte des vêtements en synthétique et en fibres naturelles, les peluches ne brûleront pas forcément aussi bien, mais d'autres déchets comme de vieilles allumettes, les copeaux de crayons taillés et le fourbi trouvé dans les poches des manteaux d'enfants (jolies feuilles, bâtons, morceaux de tissus et de papiers déchirés) font parfaitement l'affaire. Une fois que votre bocal est plein, faites fondre de la cire dans un pot dédié et faites-la couler sur votre mélange de peluches dans la boîte à œufs. Veillez à bien faire couler la cire près des allumettes pour les maintenir debout. Laissez durcir. Vous venez de fabriquer des allume-feu à usage unique : pour les utiliser, découpez les alvéoles une par une, placez-les dans votre cheminée avec du papier et du petit bois et allumez l'allumette pour démarrer le feu.

19. **Lit pour petit animal.** Prenez une boîte en carton et un vieux tee-shirt pour construire un antre douillet à votre chat ou votre petit chien. Ça fonctionne mieux avec un tee-shirt pour homme taille L ou XL et un carton de 30 à 45 cm². Rentrez les rabats à l'intérieur du carton ou coupez-les. Glissez la boîte dans le tee-shirt de sorte que l'encolure se trouve centrée au milieu de l'ouverture du carton. Attachez le bas du tee-shirt au-dessous de la boîte pour le maintenir. Placez dans la boîte un autre vieux tee-shirt ou tout autre tissu doux et invitez votre animal

à venir la découvrir. Il sera ravi d'utiliser l'encolure du tee-shirt comme porte ou comme fenêtre et d'avoir le carton rien que pour lui. Quand la boîte est usée, défaites-la pour la recycler ou pour jardiner, lavez les tee-shirts et fabriquez-en une autre.

20. **Litière à poules.** Quand on a des poules, on a besoin de litière à poules. On a découvert qu'on pouvait « fabriquer » la nôtre avec du papier déchiré ! On en demande à notre communauté et nombreux sont les membres heureux de nous en donner. Il se composte aussi très bien, tant qu'il ne comporte pas de parties en plastique. L'herbe coupée fonctionne bien aussi.
21. **Haricots à l'étuvée.** Laissez tomber les boîtes de conserve et cuisez à l'étuvée des haricots pinto ou des haricots noirs secs. C'est tellement facile que vous vous demanderez pourquoi vous ne l'avez pas fait plus tôt. Vous pouvez en préparer une grande quantité et congeler les restes pour plus tard.

    Pour cuisiner vos propres haricots, mettez 800 g de haricots rincés dans votre mijoteuse ou dans une casserole à fond épais. Recouvrez d'au moins le double d'eau. Ajoutez 3 ou 4 gousses d'ail (inutile de les peler), de l'oignon émincé, une bonne pincée de sel et 1 ou 2 feuilles de laurier. Avec 800 g de haricots secs, vous obtiendrez environ 2,4 kg de haricots cuits, soit suffisamment pour qu'une famille de quatre personnes en profite dans différentes recettes pendant une semaine. Veillez aussi à garder l'eau de cuisson comme base d'une soupe pour un prochain repas.

DES PLAGES DE BPA

Pourquoi cuisiner à partir d'ingrédients bruts plutôt que d'acheter des conserves ? Beaucoup de boîtes de conserve alimentaires ou de cannettes de boissons sont toujours produites avec du bisphénol A (BPA). Les scientifiques ont relevé une contamination étendue et de hauts niveaux de BPA dans les eaux et le sable marins. Ce composé organique fabriqué par l'homme imite l'œstrogène. Par conséquent, il peut avoir des conséquences néfastes sur la santé, que nous commençons tout juste à comprendre. Les chercheurs ont recueilli des échantillons sur plus de 200 sites dans vingt pays, en particulier sur les côtes d'Amérique du Nord et d'Asie du Sud-Est. Ils ont détecté du bisphénol A dans tous les échantillons d'eau et de sable analysés[60]. Il existe peu de lois protégeant la faune et la flore d'une surcharge en produits chimiques et on trouve bien peu d'informations avertissant les touristes d'éviter les plages hautement contaminées.

Des recherches sur des animaux de laboratoire ont montré les effets néfastes des produits en plastique qui filtrent dans leur nourriture. Les scientifiques démontrent que les objets en plastique peuvent contenir des éléments chimiques neurotoxiques et cancérigènes qui perturbent le système hormonal. Le BPA contenu dans les emballages plastiques s'infiltre dans notre nourriture. Songez à la bouteille en plastique de votre vinaigre blanc, votre ketchup, votre mayonnaise, l'emballage plastique de votre fromage, votre tube de dentifrice. Et aussi la plupart des aliments en conserve. On trouve aussi du BPA à fortes doses dans le papier thermique des tickets de caisse, sur les billets de banque que vous manipulez tous les jours et peut-être aussi sur le robinet de votre cuisine, avec ses joints et ses rondelles en plastique. On en trouve même dans la poussière de votre maison !

Des articles de santé publique nous ont appris que nous sommes exposés au BPA par inhalation, ingestion et contact cutané (reçus, billets). En outre, le Dr Philippe Grandjean, du département de santé publique de Harvard T. H. Chan School, a mené des études dans les îles Féroé, une communauté de pêcheurs près de l'Islande et de la Norvège, qui ont relevé de hauts niveaux de polluants organiques persistants (POP) dans le sang et le lait des mères allaitantes. C'est une étude de plus qui nous montre que les additifs chimiques présents dans le plastique sont ingérés par une communauté indigène dont le régime dépend des ressources marines[61].

22. **Arbre à chat.** Notre théorie, c'est qu'un arbre à chat standard constitué d'un bout de tapis ne fait qu'encourager votre boule de poils à faire ses griffes sur vos tapis et autres tissus d'ameublement. Si vous donnez à votre

chat une vraie branche d'arbre, il laissera vos meubles tranquilles. Trouvez la bûche parfaite, arrondie avec deux branches en Y, pour offrir à votre matou quelques points d'escalade. Fixez-la à un morceau d'aggloméré en y vissant l'extrémité sciée.

23. **Nettoyant pour le chrome.** Lustrez les surfaces chromées de votre cuisine en mélangeant un volume de vinaigre blanc pour deux volumes d'eau. Appliquez à l'aide d'un chiffon en microfibres ou d'une éponge.
24. **Compositions florales.** Au lieu d'acheter des fleurs, souvent produites loin de chez vous à grand renfort d'eau, de pesticides et de carburant pour le transport, cueillez les vôtres et profitez-en chez vous. Les spécialistes estiment que la production de 100 millions de roses (soit le nombre de fleurs offertes aux États-Unis le seul jour de la Saint-Valentin) acheminées des exploitations floricoles de pays comme l'Équateur, le Kenya, la Colombie ou la Norvège jusque chez votre fleuriste émet 9 000 tonnes de CO_2. C'est autant de carbone que ce qu'émettent toutes les voitures d'une petite ville américaine pendant un an[62]. S'il n'y a pas de fleurs à cueillir autour de chez vous, créez une jolie composition à partir d'autres éléments, par exemple des branches d'arbres et d'arbustes en fleurs. En hiver, on prend des branches en bourgeons et on les rentre pour « forcer » la pousse anticipée des feuilles. Dans un grand vase, elles sont belles et sommaires à la fois. Rien n'égale un vase ou un bocal rempli de quelque chose de beau ramassé dehors pour se rappeler la munificence naturelle qui nous entoure.

25. **Liquide de rinçage pour lave-vaisselle.** Remplacez votre agent de rinçage par du vinaigre et vous obtiendrez un résultat équivalent, sinon meilleur. Ne le faites pas s'il y a des parties en caoutchouc là où passe le liquide de rinçage, car le vinaigre peut l'éroder. À la place, essayez de mettre 240 ml de vinaigre dans un récipient sur le compartiment supérieur de votre lave-vaisselle pour qu'il éclabousse pendant le cycle de lavage.
26. **Teinture pour œufs de Pâques.** Voici une manière respectueuse de l'environnement de peindre ses œufs de Pâques. Prenez des feutres de couleur non toxiques dont l'encre a séché, mettez les pointes vers le bas dans des verres d'eau, ajoutez une goutte de vinaigre et vous obtenez une teinture parfaite pour les œufs. En prime, cela donnera comme par magie une nouvelle vie à vos feutres.
27. **Exfoliant pour le visage.** Comme vous l'avez appris en page 29, de nombreux exfoliants du commerce contiennent des microplastiques mauvais pour la santé et pour l'environnement. Évitez ces trucs malsains en réalisant l'exfoliant maison préféré d'Andrea Drajewicz, qui vit à Ottawa. Prenez 100 g de flocons d'avoine, 200 g de bicarbonate de sodium, 3-4 cuillerées à soupe de graines de pavot et 3-4 cuillerées à soupe d'écorce d'orange séchée. Mettez ces ingrédients dans un robot et mixez jusqu'à ce que les flocons et l'écorce d'orange soient en grande partie réduits en poudre, puis conservez-la dans un bocal. Pour l'utiliser, mélangez 1 cuillerée à soupe de poudre avec un peu d'eau tiède dans le creux de la main et massez sur le visage, en évitant le contour des yeux. Nettoyez à l'eau

tiède et terminez par un jet d'eau froide. Si vous avez la peau sèche, mélangez l'exfoliant avec de l'huile d'amande douce ou avec une combinaison d'huile de jojoba et d'huile de houx à la place de l'eau. Si vous avez la peau grasse, terminez par une lotion tonique d'hamamélis.

28. **Emballage alimentaire.** Vous savez déjà pourquoi il faut éviter ceux en plastique. Voici le tuto de Rebecca pour fabriquer son propre emballage alimentaire réutilisable et imperméable : commencez par prendre un tissu de coton léger. Vieux draps, chemises à col boutonné et pantalons en denim fin font parfaitement l'affaire. Découpez le tissu en morceaux de la taille et de la forme désirées. Si vous avez des ciseaux cranteurs, utilisez-les pour éviter que les bords ne s'effilochent ; sinon, appréciez les bordures à franges qui vont se former avec le temps. Préchauffez votre four à 65 °C ou au plus bas possible. Recouvrez une plaque de four de papier cuisson. Posez-y un de vos morceaux de tissu. Saupoudrez toute la surface du tissu de pépites de cire d'abeille ou de copeaux de bougies en pure cire d'abeille afin d'obtenir une couverture totale et homogène. Commencez par en mettre moins que nécessaire ; on peut facilement en ajouter.

    Enfournez pour 8 minutes environ ou jusqu'à ce que la cire ait fondu et pénétré dans le tissu. Sortez la plaque du four aussitôt que la cire est entièrement fondue. S'il reste des endroits sans cire sur le tissu, ajoutez-en un peu et remettez la plaque au four pour qu'elle fonde. Quand le tissu est totalement imbibé de cire, sortez-le du four et laissez-le refroidir. Utilisez ces emballages pour couvrir les récipients de nourriture dans votre réfrigérateur, pour transporter des plats chez des amis ou lors d'un pique-nique, pour emballer vos sandwichs, des fruits coupés et toutes sortes d'aliments à emporter. Le tissu ciré rigide se réchauffe et s'assouplit à la chaleur de vos mains. Conservez-les dans un endroit chaud de votre cuisine. Si la cire s'use, il suffit de recommencer le processus de fabrication. Quand ils arrivent en fin de vie, mettez-les dans votre composteur.

29. **Nettoyant/rénovateur de parquet.** Vous pouvez laver et faire briller un parquet avec une pulvérisation du mélange suivant : 1 cuillerée à café de savon de Castille dans de l'eau tiède avec 10 gouttes de votre huile essentielle préférée (citron, pamplemousse, lavande, arbre à thé). Vous pouvez également verser 60 ml de vinaigre et quelques gouttes d'huile essentielle dans un demi-seau d'eau tiède.
30. **Cassonade.** Votre cassonade se transforme en un bloc compact parce que vous l'utilisez trop rarement ? Plus besoin d'en acheter, car vous pouvez la fabriquer chaque fois que nécessaire. Pour 200 g de cassonade dorée, il vous faut 200 g de sucre et 1 cuillerée à soupe de mélasse. Mélangez le tout et le tour est joué ! Pour une cassonade foncée, vous l'aurez deviné, il vous faudra 2 cuillerées à soupe de mélasse pour 200 g de sucre blanc. Et voilà !
31. **Maisons de fée.** Ouaip ! On les fabrique, dans les vallons secrets au milieu des bois et dans le jardin près de notre bibliothèque municipale, et aucune maison de fée du commerce ne fera jamais le poids à côté. Seules les fées peuvent les trouver, intriquées dans la végétation. C'est un

super projet à réaliser avec des enfants et des adultes de tout âge. Dans la maison de famille intergénérationnelle de Liesl dans le New Hampshire, construire des maisons et de l'artisanat de fées le long des sentiers forestiers est une tradition. Pierres, pommes de pin, feuilles, bâtons, écorces et même champignons, tout est bon pour créer art mandala et villages de fée qui réjouiront les promeneurs qui cheminent vers le lac. Nul besoin de mortier ou de clous, il suffit de construire avec les matériaux que vous trouvez, les maisons de fée ne sont pas destinées à durer très longtemps.

32. **Lessive pour linge délicat.** Utilisez du liquide vaisselle pour laver à la main vos vêtements délicats, inutile de prendre une lessive spéciale.
33. **Mayonnaise.** Dans la cuve d'un robot ou dans un blender, mettez 60 ml d'huile d'olive, 1 gros œuf, ½ cuillerée à café de graines de moutarde et ½ cuillerée à café de sel. Mixez bien, puis versez *doucement* 240 ml d'huile d'olive tout en continuant à mixer. Plus vous versez lentement, plus le mélange s'émulsionne. Ensuite, ajoutez doucement le jus de ½ citron. Cette mayonnaise se conserve deux semaines au réfrigérateur dans un bocal en verre hermétiquement fermé.
34. **Poudre à récurer pour évier.** Récurez votre évier avec du bicarbonate de sodium et quelques gouttes de jus de citron vert. C'est le meilleur nettoyant qui soit.
35. **Distributeur de savon.** Prenez un bocal à grande ouverture et percez un trou au milieu du couvercle (on le fait avec un ouvre-boîte à l'ancienne), suffisamment large

pour y glisser une pompe récupérée sur une bouteille de savon à mains. Bloquez la pompe dans le trou central à l'aide d'un mastic en silicone et polissez les bords saillants autour de l'ouverture.

36. **Dentifrice.** Dans le petit bol du robot, mettez 200 g de bicarbonate de sodium, 2,5 cuillerées à café de sel fin, et mixez finement. Ajoutez ¼ de cuillerée à café d'huile essentielle de menthe poivrée (ou d'un extrait naturel ou d'une huile de votre choix). Mixez bien. Ajoutez du xylitol ou de la stévia pour le goût. Ajustez comme vous le souhaitez. Si vous avez mis trop de sel, de parfum ou d'édulcorant, ajoutez un peu de bicarbonate, regoûtez et ajustez selon votre goût. Conservez le dentifrice dans un petit bocal bien fermé. La quantité est suffisante pour remplir aux trois quarts quatre pots de 80 ml.
37. **Beurre de fruits à coque.** On réduit les coûts en achetant les fruits à coque en grandes quantités, puis on les moud dans un blender à puissance maximale pour obtenir des beurres d'amande, de cacahuète, de noix de cajou, de noisette et de graine de tournesol. (C'est possible uniquement avec un blender ou un robot à forte puissance.) La poudre d'amande est aussi un ingrédient de base facile à réaliser avec un mixeur.
38. **Compote de pomme.** Comme on a des pommiers, on est obligées de faire notre compote maison. Notre recette est facile et sans sucre. Coupez les pommes sans les éplucher. Retirez les trognons (et gardez-les pour faire du compost ou du vinaigre). Jetez les morceaux de pomme dans une grande casserole et ajoutez de l'eau de sorte que le niveau

arrive juste en dessous du haut des pommes. Si vous avez une mijoteuse, elle peut aussi faire de super compotes. Inutile d'y mettre beaucoup d'eau. Suivez les mêmes indications que pour une casserole et regardez vos pommes caraméliser lentement. En quelques heures, elles seront suffisamment tendres pour faire une compote. Passez les pommes cuites au moulin à légumes ou écrasez-les simplement à la fourchette pour obtenir une délicieuse compote nature ! On la verse dans des bocaux qu'on congèle pour l'hiver.

39. **WD-40.** Quelques gouttes de n'importe quelle huile alimentaire empêchent les charnières de grincer.
40. **Bâches.** Fabriquez votre bâche avec le tissage plastique des sacs de nourriture pour les poules. Si votre quartier a suivi la mode de l'élevage de poules, certains de vos voisins seront heureux de vous céder de robustes sacs de grain. Coupez-les pour les ouvrir en grand et cousez-les ensemble à la machine (rapide et facile !), à la main (super projet pour débuter en couture, en prenant une grosse aiguille et un fil solide) ou du chatterton (très rapide, s'il est bien collant). Vous pouvez aussi vous contenter d'un sac coupé ouvert en grand et vous aurez une petite bâche pour réaliser vos projets. Ce sont de super protections de sol pour le camping, pour récupérer la saleté sous vos projets artistiques ou sous la chaise haute d'un enfant, elles servent aussi de tapis sous les gamelles de vos animaux et de protection pour tout ce que vous voulez garder au sec.
41. **Mitaines.** La prochaine fois que vous trouvez un pull en laine en haillons ou trop mité pour être raccommodé,

faites-en des chauffe-mains. Commencez par feutrer le pull en le lavant à chaud sur un cycle énergique avec une dose de savon ou de lessive (soit à la main soit en machine ; voir page 140 pour les explications sur le feutrage). Une fois que votre laine feutrée est sèche (n'hésitez pas à la passer au sèche-linge pour qu'elle soit encore plus feutrée), coupez-vous une paire de mitaines : le bout de chaque manche est censé aller aux mains de quelqu'un, et si vous avez besoin de quelque chose de plus large, coupez deux rectangles suffisamment grands pour entourer votre paume, votre poignet et votre avant-bras. Cousez chaque rectangle en forme de tube, en laissant un trou pour le pouce dans la couture.

42. **Chiffons.** Juste un rappel, les amis, « chiffon » n'est qu'un autre mot pour dire vieux vêtement, serviette et drap élimés. On n'a jamais besoin d'en acheter. Gardez-les dans un sac à chiffons pour le ménage.
43. **Cache-mug.** Ne jetez pas vos chaussettes préférées quand vous ne pouvez plus les repriser ou qu'elles sont orphelines ! Coupez le pied (et recyclez-le avec les textiles) et utilisez la partie en tube comme cache-mug express. Il suffit de le glisser autour d'un mug pour maintenir votre boisson au chaud et ne pas vous brûler les mains. L'extrémité coupée va s'enrouler toute seule, pas besoin d'ourlet, de couture ni de colle.
44. **Déodorant.** Mélangez une mesure d'huile de coco ramollie, une mesure de bicarbonate de sodium et une mesure de Maïzena. Si votre huile de coco a figé, laissez-la dans un endroit chaud pour la ramollir ; inutile de la faire fondre.

Ajoutez quelques gouttes de votre huile essentielle préférée. Mélangez bien, puis transvasez le tout à l'aide d'une cuillère dans un petit bocal ou autre contenant à large ouverture. Vous pouvez le conserver au réfrigérateur si vous souhaitez un pain solide ou le garder dans votre salle de bains et l'appliquer en faisant fondre une petite quantité entre vos doigts avant de l'étaler sous vos aisselles ou chaque fois que vous transpirez. Ce déodorant n'a ni la texture, ni le toucher, ni le comportement d'un déodorant classique en stick, mais il marche vraiment.

45. **Écorces de chocolat.** C'est une de nos activités préférées, en particulier autour des fêtes, car c'est un super cadeau de saison fait maison. Chemisez une plaque de four à rebords de papier cuisson ou d'aluminium beurré. Préparez les garnitures de votre choix : on les aime avec des fruits à coque et des fruits secs, des épices comme la cannelle et la cardamome, de la lavande ou des pétales de rose frais ou séchés et une pointe de sel de mer. Faites fondre le chocolat de votre choix, noir amer, noir mi-sucré ou au lait. Vous pouvez utiliser des pistoles ou une tablette, qu'importe le chocolat que vous préférez (et si vous en choisissez un dont la production n'a pas recours au travail de personnes asservies, votre friandise n'en sera que plus douce). Le chocolat fond facilement dans un bol en verre au micro-ondes : chauffez 30 secondes, mélangez et répétez l'opération jusqu'à ce qu'il soit fondu. Versez le chocolat sur la plaque chemisée, lissez rapidement et parsemez des garnitures de votre choix. Placez la plaque au réfrigérateur jusqu'à ce que le chocolat durcisse, puis cassez-le en

morceaux de la taille d'une bouchée et conservez-le au frais dans un récipient hermétique (ou dégustez-le immédiatement, ça marche aussi).

46. **Jouets pour chat.** Si vous n'avez pas de chaussettes pour bébé, demandez-en à votre groupe local de don. Quelqu'un aura inévitablement une chaussette orpheline. Fourrez-la jusqu'aux deux tiers de n'importe quels petits bouts de tissu ou autre bourre disponible, ajoutez un peu d'herbe à chat, quelques bandes d'emballage froufroutant d'un paquet de chips ou autre et une petite cloche en métal si vous avez. Fermez la chaussette avec un bout de laine ou de ficelle, en laissant dépasser un peu de la chaussette comme une sorte de « queue ». Donnez-la à votre chat et faites-en une série pour le refuge de votre quartier.
47. **Nettoyant pour plaque vitrocéramique.** Voici l'une des astuces préférées de Rebecca pour nettoyer les plaques vitrocéramiques. Saupoudrez votre plaque de crème de tartre et versez un soupçon de peroxyde d'hydrogène, juste assez pour former une pâte lisse. Frottez toute la surface de votre plaque à l'aide d'un gant de toilette, puis rincez avec un chiffon propre et humide pour enlever la pâte. Vous pouvez aussi utiliser du bicarbonate de sodium et du peroxyde d'hydrogène pour nettoyer les surfaces en émail des cuisinières à gaz ou électriques (mais pas sur les éléments en métal). Étincelant !
48. **Lacets, fil et bolduc.** Vous n'aurez plus jamais besoin d'acheter de lacets. Prenez un tee-shirt en jersey de coton trop usé pour être porté. En partant de l'ourlet du bas,

faites une entaille à angle droit de 4 centimètres environ. Tournez vos ciseaux afin de couper une bande parallèle à l'ourlet tout autour du tee-shirt, en gardant une largeur de 4 centimètres. Ne vous en faites pas si la largeur n'est pas très régulière ou si les bords ne sont pas parfaitement nets. Poursuivez ainsi en remontant tout autour du tee-shirt et arrêtez votre lanière quand vous atteignez les manches. Passez soigneusement les mains sur toute la longueur de la bande en tirant doucement sur le tissu, qui va ainsi s'enrouler sur lui-même, cachant les imperfections de largeur ou de bordure. Faites-en une pelote et vous obtenez un fil de tee-shirt qui remplira parfaitement son office comme lacet, corde ou ficelle multi-usage, bolduc et ouvrages en tricot ou crochet épais.

49. **Café instantané trop bon.** Vous connaissez ces marques de sachets à usage unique qui permettent d'obtenir un expresso/latte/moka instantané en ajoutant seulement de l'eau chaude dans un mug ? On fabrique les nôtres à partir de poudre de café instantané, de cacao en poudre non sucré ou de chocolat en poudre, et de lait en poudre. Tous ces ingrédients existent en vrac ou dans des pots en verre ou en métal. Si vous les mélangez selon votre goût, vous évitez le plastique à usage unique et la dépense, et vous obtenez une tasse de café tout à fait convenable pour démarrer la journée. Faites des essais pour trouver le mélange et la quantité que vous préférez, puis remplissez un petit pot que vous conserverez dans le tiroir de votre bureau, dans votre voiture, dans votre sac de tous les jours ou votre matériel de camping.

50. **Couvertures de livres.** Quand la fille de Rebecca est entrée au lycée, elle a remarqué que « personne » ne couvrait plus ses livres avec des sacs de courses en papier. Rebecca s'est attelée à la tâche et a transmis à sa fille ce savoir-faire essentiel (tout en lui racontant comment elle devait chaque jour porter le poids de plomb de ses livres sur 8 kilomètres, en côte et dans la boue). Si vous n'avez jamais appris à le faire ou que vous avez oublié, demandez à votre bibliothécaire ou trouvez un tuto en ligne. C'est facile, rapide, abordable, personnalisable avec des dessins ou des collages de son choix et bien meilleur pour la planète que les couvre-livres étirables en synthétique qu'on trouve au rayon fournitures scolaires de l'hypermarché du coin.

Une invitation à fabriquer et à réparer

Nous vous invitons à vous lancer dans trois missions de fabrication et de réparation. **Saisissez cette opportunité pour vous amuser avec toutes les sortes de r : rajeunir, refaire, rénover, rebuter (ça fait du compost !), réparer, remettre à neuf, recapitonner, restaurer, relooker, repeindre, réaménager, recouvrir, redessiner et repenser.**

Tout d'abord, fabriquez : choisissez une chose à vous fabriquer. Prenez-la dans notre liste ou dans la vôtre et fabriquez-la. Ce peut être du consommable, comme un mélange d'épices ou un bouillon, ou du durable, comme un cache-mug pour votre mug de voyage. Ce peut être quelque chose de simple (transformer un grand saladier et quelques pierres lisses en bassin pour oiseaux) ou de plus compliqué (transformer une palette de bois en table basse). La clé, c'est de fabriquer quelque chose dont vous avez envie ou besoin et de pouvoir le barrer de votre liste de shopping en le fabriquant vous-même. Cet exercice va extraire votre jus créatif à un point qui vous surprendra.

Ensuite, réparez. Attaquez-vous à une tâche sur votre liste des « choses qui ne marchent plus vraiment ». Là encore, vous pouvez faire simple ou compliqué, selon ce que vous souhaitez. Recoudre le coin de la poche intérieure d'un manteau (des points à la Frankenstein feront l'affaire, personne ne les verra), remettre à niveau le pied d'une chaise bancale, réparer le câble d'une lampe cassée, faire en sorte que les tiroirs d'une armoire glissent à nouveau, réparer un robinet qui fuit ou qui goutte, faire l'entretien annuel de votre climatisation. Il y a des tutos gratuits sur Internet (et probablement dans la banque de cerveaux de vos amis) pour toutes ces réparations.

Enfin, nous vous invitons à proposer de fabriquer ou réparer quelque chose pour quelqu'un d'autre. Passez le mot : c'est une manière pour que les choses soient faites, on est capable de s'aider soi-même et d'aider les autres pour bien des réparations, on peut fabriquer bien des objets qu'on avait prévu d'acheter. Trouvez des compagnons fabricants et réparateurs dans notre forum de discussion sur buynothinggeteverything.com. Plus on rend publique cette approche, plus on la normalise, moins on consomme et plus on sera ingénieux face à des problèmes plus graves.

ÉTAPE 6 : PARTAGER, PRÊTER & EMPRUNTER

> « Je crois en le pouvoir de la communauté pour rendre le monde meilleur, je crois en des voisins qui se connaissent et je crois qu'une dépendance moindre de notre bonheur vis-à-vis des biens matériels, et plus importante vis-à-vis de nos relations, est une saine façon de vivre. »
>
> — *Anastasia McAteer, Ocean Beach, Californie*[63]

Pour certains, partager, c'est la même chose que donner, mais pour nous, c'est un acte bien différent. Le Grand Robert donne des synonymes de « partager », comme « diviser » et « fractionner », et la définition suivante : « faire le partage d'un tout (…) en portions (…) qu'on peut distribuer à plusieurs personnes ». En ce sens, partager implique qu'on a de l'excédent à donner. On est généreuses sur le partage, parce que, quand on regarde attentivement ce qu'on a mis de côté, en particulier quand on est soucieux de ne pas jeter, on se rend compte qu'on a beaucoup à partager avec autrui. Le partage est une action en deux temps. D'abord, il faut créer ou garder un certain nombre de choses, ensuite, il faut répartir ce qu'on a. À vrai dire, on prend plaisir à mettre des objets de côté dans le seul but de les partager, les répartissant en portions pour ceux qui en voudraient. On partage aussi publiquement des choses pour montrer l'exemple à suivre, pour encourager les autres à mettre de côté les objets qu'ils ont tendance à avoir en quantité, puis à partager cette abondance quand ils en ont suffisamment pour les distribuer.

Le prêt et l'emprunt sont beaucoup moins équivoques que le partage, et nous avons travaillé dur pour convaincre nos voisins de nous suivre dans un modèle unique de bibliothèque de prêt. La plupart des « bibliothèques d'objets » qu'on connaît aux États-Unis sont mises en place et gérées par des municipalités ou des associations et suivent le modèle de la bibliothèque traditionnelle : on se procure un bâtiment, on engage du personnel, on achète des objets qu'on enregistre dans un système de gestion, puis les habitants locaux peuvent s'y rendre à des heures définies pour emprunter des articles tels qu'échelles, outils électriques ou matériel de plomberie. Nous sommes nombreux à posséder des équipements que nous voulons garder mais que nous n'utilisons pas tous les jours, des objets que nous serions heureux de prêter à des personnes qu'on connaît, en qui on a confiance. Avant de lancer notre premier groupe Buy Nothing, nous avons mené une expérience sur nous-mêmes et avons proposé à notre communauté de se joindre à nous : il s'agissait de faire le tour de nos maisons pour trouver des objets qu'on prêterait avec plaisir à des amis ou à des amis d'amis. La liste était très longue : tentes, sacs de couchage et toutes sortes de matériel de camping ; valises et autres équipements de voyage ; serviettes de table, nappes, plats de service, bols à punch, verres, plats à œufs mimosa, présentoirs à gâteaux et autres accessoires de cuisine ; guirlandes de fanions en tissu, services à thé et autres articles de fête ; paniers de pique-nique et glacières ; coupe-bordure, tondeuses, sécateurs, échelles et taille-haies ; outils pour réparer la voiture et la maison ; et bien plus encore. Il y a tant d'objets qu'on trouve utiles quand on en a besoin et qui passent la majeure partie de l'année dans un placard ou un garage. Que se passerait-il si nous considérions tous ces objets comme des ressources locales, comme une collection privée disponible pour le prêt, et que nous nous voyions comme le bibliothécaire, gardant la main sur le règlement du prêt, le calendrier et la sélection des emprunteurs ? Que se passerait-il si chacun postait la liste de ses objets et son règlement de prêt sur un site central, de sorte que tous puissent les consulter et contacter directement les personnes ? On n'aurait besoin ni d'un bâtiment, ni de personnel, ni de financement : on se servirait de ce qu'on possède déjà, proposant tout à l'usage et réduisant la somme de nos achats par le partage de ce qui peut aisément être partagé, sans répercussion négative sur notre propre utilisation de ces objets quand on en aurait besoin.

Nous adorions cette idée ! Dans notre communauté, beaucoup étaient perplexes : pourquoi diable prêter des objets onéreux à des inconnus ? Qu'est-ce qui inciterait les gens à en prendre soin et à les rendre ? Ne seraient-ils pas tentés de les rapporter cassés ou de ne pas les rapporter du tout ? Notre idée de bibliothèque de prêt autogérée tombait à l'eau parce que nous n'avions pas pris en compte **l'élément le plus important dans le partage : la confiance**.

Il s'avère que c'est précisément la confiance qui se développe dans une économie locale du don. Chaque fois qu'un inconnu fait un don ou reçoit, des personnes qui semblaient « étrangères » sont soudain liées par la générosité et la confiance s'installe. Les inconnus deviennent des connaissances, puis des amis, et l'idée de prêter le plat en porcelaine de votre grand-tante Dori à un ami n'est plus du tout intimidante. Oui, il arrive que des choses soient abîmées, mais un ami propose naturellement de réparer ou remplacer ce qu'il a cassé et les erreurs sont comprises et pardonnées parce que la relation à cette personne est plus importante que le manche fissuré d'un taille-bordure ou qu'une assiette ébréchée.

On a vu notre idée originale d'une bibliothèque de prêt prendre vie dans des groupes Buy Nothing comme une activité parfaitement normale dans les relations qui se sont développées entre des personnes donnant les unes aux autres. Donner un objet dont on n'a plus l'usage ni l'envie est plus facile que de prêter quelque chose qu'on veut garder, mais il y a chez l'être humain un désir inné de prendre soin des personnes qu'on connaît et en qui on a confiance. Le partage est le signe de la bonne santé d'un réseau de don et se trouve au cœur du Zéro Achat.

Créez votre partageocratie

Ben Williams a lancé son projet, la « Partageocratie du Futur » (*Shareocracy of the Future*) quand il travaillait dans une ferme de la région de Montréal où il était rétribué en produits. Il s'est retrouvé avec plein de nourriture, provenant de ses salaires en légumes, qu'il voulait s'assurer de partager avec autrui plutôt que de la mettre au compost de la ferme. Ben savait que ces superbes légumes pouvaient nourrir les habitants de Montréal. Selon le récit qu'en a fait CBC News, Ben a installé une « boutique » dans un parc municipal[64], dans laquelle il étalait ses revenus colorés aux yeux de tous : de superbes carottes orange et fuselées, des légumes d'un vert intense comme des blettes et des épinards, et des caisses débordant de tomates cerise rouges. Au début, les gens passaient, sans trop comprendre ses intentions, mais l'idée a pris rapidement une fois que tout le monde a compris que c'était de la nourriture gratuite ! Très vite, certains sont venus régulièrement chercher leur part hebdomadaire de ce surplus potager.

Son expérience a été un succès. Ben a rédigé un genre de manifeste de son projet sur sa page Facebook :

« L'idée d'une culture authentique du partage est tellement simple mais elle est aussi profonde. En apparence naïve, elle répond à des questions importantes et notamment la durabilité, notre sens global de la communauté et des relations, et d'autres conséquences négatives de "l'interminable économie de croissance". C'est impossible à quantifier, mais si on développe une culture authentique du partage, même petite, on forme déjà des communautés plus bienveillantes et plus durables. Poussée à ses extrémités, on pourrait radicalement modifier l'économie, notre façon de traiter la planète et nos manières de collaborer entre nous et avec notre communauté. »

Nous sommes tout à fait d'accord avec cette opinion. Ben a réussi à avoir un effet sur la vie des gens en leur montrant qu'il était possible de partager gratuitement. Il avait pour projet de voyager à travers le Canada, de s'installer dans des fermes pour y travailler et de poursuivre son expérience de partageocratie afin de montrer aux gens qu'un éloignement radical de l'achat et de la consommation était possible, sous les traits du partage généralisé.

L'économie du don et les dons individuels encouragent la réutilisation, le partage et le prêt, ce qui réduit les déchets. Il est temps de découvrir le pouvoir du partage, du prêt et de l'emprunt, et ce que cela peut vous apporter dans votre parcours vers le Zéro Achat. À quelles ressources avez-vous accès et que vous pourriez partager ? Cela va peut-être vous surprendre.

LES MAINS DE DEMAIN DE LIESL

La première fois que j'ai remarqué les gants, c'est quand mes enfants apprenaient à faire du vélo, et que je haletais en faisant des zigzags à deux à l'heure. On n'arrêtait pas de voir des gants perdus au bord de la route et on a décidé de les ramasser. Un par un, au bout de quelques jours, on a réussi à en récolter vingt paires ! Nous sommes une île de fervents jardiniers et fermiers, qui accueille une tournée des jardins de renommée mondiale appelée Bainbridge in Bloom. Le climat dans le détroit de Puget nous offre douze mois de jardinage, soit quatre saisons à creuser la terre et bien trop de gants perdus sur le bord de la route.

Au fil des ans, on a réuni des centaines de paires de gants, plus des centaines de gants dépareillés attendant un compagnon. Plutôt que de les laisser se transformer en déchets, on les lave et on les envoie à Katmandou pour protéger les mains des chiffonniers. Les chiffonniers ont la vie dure et beaucoup sont des préadolescents. Ces enfants, ainsi que de nombreux adultes, gagnent leur vie en fouillant les poubelles des autres pour amasser suffisamment de sacs et de bouteilles en plastique à envoyer en Inde où ils seront recyclés. Ils en tirent un revenu décent, mais leurs conditions de travail sont parmi les pires de la planète.

La plupart ne portent pas de gants du tout, certains n'en portent qu'un, car c'est tout ce qu'ils ont. Ils évoluent mains nues dans le verre cassé et les excréments humains pour extraire leur butin, et les meilleures protections qu'ils peuvent avoir sont sur leurs mains (un masque ne nuirait pas non plus). Plus de 200 chiffonniers travaillent dans la décharge de la ville à quelque 80 kilomètres de Katmandou. De nombreux enfants ramassent des plastiques dans le Bagmati et dans les rues de Katmandou. Avoir un ou deux gants peut sauver un enfant d'une infection, d'une maladie et de la dysenterie qui va de pair avec cette activité.

C'est ainsi qu'est né le projet des gants ou, comme l'appelle mon fils, les « mains de demain ». Les gants de jardinage du bord de notre route, qui autrement dépériraient dans un fossé, sont devenus une ressource pour ceux qui ont besoin d'une protection sanitaire élémentaire à l'autre bout du monde. Ça ne coûte rien à personne de les ramasser, puis on les lave et on les fourre dans un sac pour les livrer en personne lors de nos voyages au Népal. Quand un séisme de magnitude 7,8 a frappé le Népal en 2015, on s'est rendu compte que tout le monde, des millions de personnes, avait besoin de gants de travail pour fouiller les décombres.

Ce n'est qu'un exemple de partage et de réemploi créatifs. Des gants jetés et perdus dans un pays ont trouvé des mains avides dans un autre.

Partager, une des clés du bonheur

Maintenant que vous pratiquez activement le Zéro Achat, qu'avez-vous fait de tout ce temps retrouvé à ne pas faire de shopping ? Nous essayons de remplacer ce temps que nous passions dans les magasins par du temps passé à fabriquer, réparer et partager. C'est une manière d'approfondir votre expérience du Zéro Achat et de tenir plus longtemps sans acheter, tout en rendant à la communauté de manière significative.

Voici quelques idées pour se lancer. Il y a tant de façons de partager, et des déclinaisons variées de ces idées existent déjà dans le monde entier. Pouvez-vous les mouliner à votre sauce et introduire quelques-unes de ces idées dans votre communauté ?

1. **Organisez un partage de vêtements.** On ne les appelle pas « trocs », parce que très franchement la plupart des gens ont des tonnes de vêtements dont ils souhaitent se débarrasser et n'ont besoin que de quelques pièces pour relooker leur garde-robe. Le *troc* implique un échange un contre un et notre idée est plutôt de réunir des personnes pour qu'elles partagent librement. Demandez-leur d'apporter tous les vêtements dont elles ne veulent plus et de les étaler sur une table. On peut les classer par catégories ou laisser les gens fouiller dans les piles. C'est sympa de faire ça chez quelqu'un. Vous pouvez aussi essayer dans un parc municipal par un jour de grand beau temps. Vous serez impressionné par le nombre de nouvelles fringues cool que vous allez rapporter chez vous. Certains groupes désignent une personne chargée de récupérer tous les vêtements qui restent et d'organiser un relais pour celles qui ont raté l'événement (voir #3).
2. **Fondez un club de cuisine.** Réunissez quelques amis qui aiment cuisiner et montez un club. Ça donne une tout autre dimension au batchcooking et ça vous permet de varier vos menus tout en ne cuisinant qu'une seule recette chez vous. Si vous êtes cinq, par exemple, vous préparez cinq plats de lasagnes et recevez en échange quatre autres plats maison pour votre famille ! Si les membres du groupe ont de la place pour congeler, c'est super de

le faire une fois par mois et de choisir des aliments qui se congèlent bien. Tout le monde cuisine le même jour (c'est le dimanche qui a le plus de succès) et se retrouve pour procéder à l'échange de nourriture. Chaque participant rentre chez lui avec une pile de plats de résistance pour le mois à venir, il ne reste plus qu'à les réchauffer quand on a besoin d'un repas maison. On peut aussi le faire pour des repas fraîchement cuisinés. Il suffit d'assigner un jour de cuisine en grande quantité à chaque personne. On apprécie tous de mettre les pieds sous la table certains soirs !

3. **Lancez un relais.** Les relais sont des lots d'objets que vous transmettez à la communauté pour les faire passer de main en main. Chacun prend et ajoute ce qu'il souhaite. On peut par exemple organiser un relais avec des vêtements d'enfants de certaines tailles. Mais ce peut aussi être avec des vêtements pour hommes et femmes, du maquillage, des ustensiles de cuisine ou des jouets.
4. **Créez un jardin partagé.** Quand Liesl s'est installée à Bainbridge Island, elle a monté un groupe appelé Island Garden Share (« jardin partagé de l'île ») dans lequel elle invitait des gens à venir chez elle une fois par mois. Chacun apportait des plantes vivaces, des boutures et des plants de légumes de leurs jardins à partager avec le groupe. Chaque participant repartait avec de nouvelles plantes et légumes pour son jardin. C'était une sorte de foire aux plantes potagères et ça permettait à tout le monde d'économiser beaucoup d'argent en parterres de vivaces. Autre avantage supplémentaire ? C'était le meilleur moyen de rencontrer

des personnes partageant la même passion pour la culture de vivaces et de légumes.

5. **Allez glaner.** À la saison des récoltes, trouvez des pommiers, des mûriers, des vignes, des poiriers et toutes sortes de fruits et légumes qui poussent dans les lieux publics et seraient perdus si vous ne les ramassiez pas. Faites la cueillette et partagez.
6. **Créez une boutique « Zéro Achat, Partage Gratuit de Cadeaux de Noël ».** Ça fait des années qu'on tient une boutique de Noël gratuite. C'est un événement où chacun apporte des objets pouvant être offerts et les adultes comme les enfants peuvent y récupérer ce qu'ils aimeraient offrir à des amis ou des membres de leur famille. Tous rentrent chez eux les bras chargés de cadeaux pour les fêtes.
7. **Construisez une boîte à livres.** Les boîtes à livres existent depuis quelques années et sont un super cadeau à offrir au monde. Construisez une boîte pouvant contenir des livres et résistante aux intempéries et placez-la devant chez vous ou dans un autre lieu où elle sera à la fois en sûreté et accessible à vos voisins (les halls d'immeuble sont parfaits, avec l'autorisation du syndic de l'immeuble). Les gens viennent prendre un livre qui les intéresse et en déposent un en échange. Vous trouverez sur Internet des modèles pour fabriquer votre boîte à livres.
8. **Commencez une bibliothèque d'objets.** Les bibliothèques de prêt ne sont pas que pour les livres ! On a croisé des bibliothèques d'outils, de graines, d'articles de cuisine et de vêtements chic, toutes lancées dans un esprit novateur de partage de ressources entre voisins. Choisissez un ou

des objets dont vous aimeriez gérez le prêt – des nappes en tissu pour des événements particuliers (tant d'économie de papier !), des couverts en métal, des verres à vin, des assiettes, du matériel de camping, des raquettes, un nettoyeur vapeur pour la moquette, etc. – et vos voisins vous en remercieront. Aux États-Unis, les bibliothèques d'objets sont des ressources municipales appréciées, et les économies du don permettent de les décentraliser. Chacun de nous peut gérer le prêt d'un ou plusieurs articles plutôt que de devoir dédier un espace et du personnel municipal à cette activité. Décidez quel article vous aimeriez prêter, faites-le savoir et soyez la personne référente pour cet objet indispensable.

9. **Créez une boîte gratuite pour la communauté.** À l'image des boîtes à livres, il s'agit de caisses imperméables où les passants peuvent prendre et déposer des choses. Ces boîtes gratuites deviennent de chouettes lieux de réunion et génèrent de belles histoires. La déchetterie locale est un bon endroit pour installer une « boutique gratuite » : les gens peuvent y glisser des objets encore parfaitement fonctionnels, en dernier recours avant la décharge.
10. **Fondez une flotte de « vélos libre-service »** et mettez-les à disposition pour que les gens puissent les prendre pour leurs déplacements. On l'a fait. Peignez un « prenez-moi » à la bombe sur chaque vélo.
11. **Lancez un festival de la réparation.** Ils sont primordiaux ! Réunir des techniciens, électriciens, menuisiers, couturiers et MacGyver locaux au sein d'un festival de la réparation peut faire des miracles pour sauver des objets de la décharge. Il en existe peut-être déjà autour de chez vous.

Cherchez « Repair Café » dans votre moteur de recherche et vous trouverez des informations.

12. **Imaginez l'aventure de vos rêves et empruntez le nécessaire.** Si vous rêvez de vous mettre au snowboard mais que vous n'avez pas l'équipement, il suffit de demander ! Quand les autres verront qu'il n'y a aucun problème à demander, ils suivront votre exemple et feront de même. Maintenant, chacun peut faire du paddle, du kayak, du skate ou du vélo sans avoir à acheter le matériel. On a même créé un groupe Facebook appelé le « Buy Nothing Travelers' Network » (« réseau Buy Nothing des voyageurs ») où les membres peuvent se connecter avec d'autres à travers le monde pour emprunter des objets lors de leur passage dans leurs villes ou villages. Ça leur permet aussi de laisser des objets qu'ils ont achetés mais ne peuvent pas rapporter chez eux. Vous pouvez le faire à votre propre échelle en activant un réseau d'amis d'amis afin de trouver des personnes avec qui partager chaque fois que vous voyagez.
13. **Commencez une bibliothèque des compétences au sein de votre économie du don ou par les réseaux sociaux.** Demandez aux gens quelles sont leurs forces, ce pour quoi on peut les appeler à l'aide. Créez une liste de qui peut aider à faire quoi et c'est parti pour le partage de compétences !
14. **Montez une opération de rentrée Zéro Achat.** Incitez votre communauté à mettre en commun les fournitures dont les écoliers ont besoin pour retourner à l'école. On les trouve en excès dans la plupart des foyers et certaines entreprises seront ravies d'offrir des fournitures de bureau, comme des stylos, crayons, trieurs, chemises, ciseaux,

agrafeuses, gommes, fiches et classeurs. Si vous gardez ces articles tout au long de l'année, vous pouvez organiser une soirée de rentrée où les familles viennent récupérer ce dont elles ont besoin. Continuer d'acheter ces articles alors qu'ils abondent dans nos villes est parfaitement inutile.

15. **Lancez un « Marché Vraiment Vraiment Gratuit » mensuel.** La ville de Minneapolis accueille un marché gratuit qui rencontre un véritable succès et bénéficie à de nombreuses familles. Son « Really Really Free Market », qui se tient dans l'East Phillips Park, est très populaire. Les gens y apportent ce dont ils n'ont plus besoin et récupèrent ce qu'ils veulent. Voici ce qu'on peut lire pour annoncer l'événement dans la presse locale : « Tout ici est GRATUIT : offrez ce que vous souhaitez donner et prenez ce que vous souhaitez recevoir. Nourriture, musique et compagnie sont aussi bienvenues que les objets. Profitez d'un après-midi au sein de l'économie du don ! Veuillez considérer chaque chose comme un cadeau et repartir avec les objets que vous avez apportés et que personne n'a pris. »
16. **Organisez un troc d'équipement de ski/vélo/sport.** En hiver, vous pouvez organiser un troc annuel de matériel de ski pour donner et recevoir skis, bâtons, casques, snowboards, raquettes, vêtements, après-ski, etc. En été, faites la même chose pour les vélos, casques, rollers, skateboards, matériel de camping, sacs à dos, kayaks, paddles, etc. En automne, vous pouvez proposer un troc d'équipement de football, rugby, handball, volley-ball et tous les sports qui nécessitent une tenue ou des chaussures

particulières. Les enfants grandissent tellement vite, inutile de racheter chaque année un équipement à leur taille !

17. **Soyez réparateur local.** Vous savez réparer quelque chose en particulier ? Si vous avez une compétence de cet ordre, faites-le savoir à tout le monde. C'est un super moyen de se faire des amis rapidement. Debi Baker, membre d'un groupe Buy Nothing en Californie, adore réparer les machines à coudre. Elle récupère de vieilles machines cassées dont les gens ne veulent plus, les répare et les donne. On connaît aussi quelques réparateurs de vélos qui adorent remettre de vieilles bicyclettes en état avant de les relâcher dans la nature. La ville de Paonia, dans le Colorado, a un formidable groupe de geeks du deux-roues qui ont une passion pour la transmission : ils apprennent aux autres comment réparer et entretenir leur vélo. C'est un modèle pour n'importe quelle communauté, qui ne demande qu'à être copié partout dans le monde. Peut-être êtes-vous doté d'un superpouvoir de réparateur que vous pourriez vous aussi partager !
18. **Organisez un échange de livres.** Proposez à vos amis d'apporter des livres qu'ils ont déjà lus et invitez-les à repartir avec un ou deux livres de la pile commune. Dans cet esprit, nous aimerions que vous partagiez ce livre une fois que vous n'en aurez plus besoin. Nous prenons toute la mesure du paradoxe d'avoir un livre sur le Zéro Achat en vente. Alors s'il vous plaît, donnez-le, prêtez-le, empruntez-le, faites-en don et incitez les destinataires à faire de même et à écrire leurs idées de partage dans les marges, de sorte que ces idées se diffusent largement et librement.

19. **Lancez une fête du jouet.** Rassemblez les jouets dont vos enfants ne se servent plus dans une caisse ou un panier. À la prochaine fête d'anniversaire, incitez les autres parents à apporter les jouets avec lesquels leurs enfants ne jouent plus et invitez chaque enfant à choisir ses nouveaux jouets !
20. **Jardinez collectivement et partagez les produits.** Si vous avez un terrain à cultiver, faites-en un jardin communautaire. Le jardinage demande du temps et les plantes ont besoin d'une attention quotidienne. Partager la terre ou le labeur augmente la production, apportant nourriture et bonheur à davantage de personnes. Vous pouvez aussi vous inspirer du mouvement australien du Grow Free Cart (« chariot de la récolte gratuite »), un très beau mouvement de chariots colorés où les gens partagent leurs excédents de récolte et y prennent ce dont ils ont besoin. Rendez-vous sur le site anglophone growfree.org.au pour voir comment cela fonctionne et lancer le mouvement dans votre communauté. Cette idée venue des antipodes mérite de faire le tour du monde.

Vous ne voyez toujours pas comment stimuler le partage dans votre communauté ? Voici une idée que tout un chacun peut réaliser. Nous récupérons quelques objets que nous utilisons pour fabriquer des cadeaux ou que nous donnons à des gens qui s'en servent régulièrement ou qui n'y auraient pas accès autrement. Nous sommes convaincues que tout le monde peut le faire. Si chacun d'entre nous devenait, de notoriété publique, l'intendant de tel ou tel objet destiné à la décharge, chaque communauté réduirait considérablement ses déchets.

Voici un exemple. Nos poubelles de tri n'acceptent pas l'aluminium. Alors, notre amie Jane Martin avait décidé de devenir l'intendante de l'aluminium. Elle avait placé un seau devant chez elle dans lequel les gens pouvaient déposer leurs feuilles d'aluminium. On les gardait et on lui donnait notre stock lors de réunions auxquelles on assistait ensemble. Tous les deux ou trois mois, elle apportait le tout à un ferrailleur du coin qui lui rachetait l'aluminium ! Elle a aussi un talent particulier pour la fabrication de bijoux. Tout au long de l'année, Jane récupère des perles et toutes sortes de bijoux auprès de la communauté. Elle a installé six points de dépôt sur l'île, dans lesquels les gens peuvent laisser leurs boucles d'oreilles orphelines. Vieux bijoux de grand-mère, colliers de perles cassés ou simplement la collection de bijoux qu'on ne porte plus. À partir de là, Jane et ses étudiants en bijouterie fabriquent de superbes pièces pour les femmes qui vivent dans les centres d'hébergement pour victimes de violences conjugales. Ces nouveaux bijoux donnent l'opportunité à notre communauté d'aider à ramener un peu de beauté dans des vies qui ont été bouleversées.

Cinquante choses qu'on partage

Nous collectionnons bien des objets ayant chacun une utilité dans ce monde. Voici cinquante choses que nous partageons, comme autant d'exemples de ce que chacun peut faire. Êtes-vous partant pour gérer l'un de ces circuits de rebut ? Vous et votre communauté avez tant à y gagner ! (Pour ceux d'entre vous qui ont tendance à accumuler, songez à vous spécialiser dans quelques objets et oubliez le reste. Concentrez-vous sur quelques articles et libérez-vous des autres en les donnant à ceux à qui ça ferait plaisir.)

1. **Gants de jardinage.** Récupérez les gants de jardinage, comme le fait Liesl, pour les partager avec des collègues jardiniers ou pour les projets communautaires.
2. **Lunettes de soleil.** On récupère les lunettes de soleil, même si elles sont un peu rayées, et Liesl les emporte dans l'Himalaya pour les donner aux porteurs et aux villageois régulièrement affectés par la cécité des neiges. Elles sont légères et faciles à transporter.
3. **Bougies et cire de bougie.** Nous fabriquons beaucoup de bougies (voir page 201). Des grandes. On prend les bouts de cire des bougies à moitié consumées et on les revalorise en en faisant de nouvelles bougies. C'est facile, marrant à faire avec les enfants, ça ne coûte rien et ça fait de super cadeaux. Quand on a plus de bougies que nécessaire, une association à but non lucratif qui s'occupe d'adultes handicapés mentaux récupère nos chutes de cire pour démarrer leur activité.
4. **Chaussettes orphelines.** Les enfants des écoles de notre quartier récupèrent des chaussettes pour les sans-abri et on a découvert que demander des chaussettes dépareillées à d'autres familles est aussi fructueux. Les enfants reforment des paires (« C'est là qu'elles atterrissent ! Dans les tiroirs des voisins ! ») et les apportent à un centre d'hébergement pour sans-abri. On peut aussi partager des chaussettes dépareillées sympas entre amis si on aime ce look.

5. **Enveloppes de publipostage à bulles.** C'est une bonne chose d'en faire une réserve, car beaucoup de particuliers ou d'entreprises peuvent les réutiliser plutôt que de les acheter neuves.
6. **Capsules de bouteilles en métal.** Certains artistes de notre communauté veulent les récupérer. Alors on leur garde dans un panier accroché près des containers de tri. Et quand le panier est plein, quelqu'un le dépose sur le lieu de travail d'un ami d'un des artistes.
7. **Bouchons en liège.** Ils sont aussi récupérés dans un panier et sont donnés soit à des artistes (rendez-vous sur Pinterest pour voir de superbes créations en DIY) soit à une association de recyclage du liège (renseignez-vous par exemple sur planeteliege.com).
8. **Livres pour enfants.** Pendant des années, on a récupéré des livres jeunesse pour les bibliothèques pour enfants Magic Yeti fondées par la famille de Liesl au Népal.
9. **Barquettes de viande et de poisson en polystyrène.** Artistes et enseignants adorent le polystyrène plat, parce qu'on peut l'utiliser pour faire de la gravure en creux. Lavez-les, séchez-les et gardez-les pour les donner aux écoles, musées, centres de loisirs et colonies de vacances. On donne les nôtres au musée local qui les utilise pour ses cours de gravure. Katherine Parsons, qui vit en Virginie, membre de l'équipe internationale du Buy Nothing Project, les partage elle aussi : « Je n'ai plus peur de dire "Bonjour !" à un prof d'école d'art et de lui demander "Vous avez besoin des barquettes en plastique qu'on me donne avec mon dîner à emporter ?" Les objets qu'on

mettait au tri ou à la poubelle peuvent maintenant être réutilisés encore et encore. »

CONSERVEZ VOS BOUCHONS EN LIÈGE

Le liège est un matériau recyclable et renouvelable. Non seulement le recycler épargne les centres de traitement des déchets, mais cela permet aussi de le transformer en plancher ou autres objets cool, comme des chaussures. Des associations telles que Planète Liège vous indiquent le point de dépôt le plus proche. Certains supermarchés, cavistes, bars et viticulteurs en partenariat avec une association récupèrent les bouchons. Les forêts de chêne-liège au Portugal sont l'un des systèmes agroforestiers durables les plus anciens du monde. Elles produisent du liège depuis le XIIIe siècle, et la récolte ne nécessite pas l'abattage de l'arbre. Acheter du vin qui utilise des bouchons en liège plutôt qu'en plastique permet de maintenir ces forêts et de protéger la biodiversité. Mais comment savoir quel vin a un bouchon en liège ? En France, impossible avant d'avoir ouvert la bouteille. Pensez à noter les vins à privilégier ou à éviter quand vous achetez une bouteille chez votre caviste. Aux États-Unis, ReCORK a développé une application, CORKwatch, qui répertorie les vins utilisant des bouchons naturels ou non.

10. **Fournitures scolaires.** Commencez à mettre en place une « planque » de fournitures à partager avec les enseignants de vos enfants. Demandez-leur ce qu'ils ont l'habitude d'acheter et d'utiliser et que vous pourriez facilement récupérer pour eux, comme des crayons de papier, des stylos, des pastels, des crayons de couleurs, des classeurs, des ciseaux, des marqueurs, des rouleaux d'adhésif, des punaises et des autocollants. Certains membres de la communauté stockent ces fournitures élémentaires puis les partagent entre les familles au moment de la rentrée scolaire. Au sud de Bainbridge Island, un cabanon abrite des fournitures scolaires que les familles se partagent à la fin du mois d'août, de sorte que personne n'ait à les acheter. Chacun contribue.
11. **Fleurs.** Partagez les fleurs coupées de votre jardin. Tout le monde adore des fleurs fraîches.
12. **Animaux en peluche.** On peut trouver d'innombrables nouvelles vies à un animal en peluche : renseignez-vous auprès des maisons de retraite, des services de consultation pour la mémoire, des centres de petite enfance, des refuges pour animaux, des artistes et des cabinets médicaux. Vous trouverez à coup sûr une nouvelle maison pour vos peluches.
13. **Jeux.** Même chose. Notre sénatrice, Christine Rolfes, garde dans un panier devant son bureau au Capitole une collection de jeux et de jouets Zéro Achat qu'elle renouvelle régulièrement pour les enfants accompagnant leurs parents lors de leurs rendez-vous avec elle. C'est un formidable modèle pour ses électeurs.

14. **Bocaux en verre.** Si vous les gardez en réserve et le faites savoir, quelqu'un finira par les vouloir pour un de ses projets.
15. **Bouchons de bouteilles en plastique.** Vous trouverez des associations ou des artistes pour les récupérer et les utiliser.
16. **Bijoux et perles.** Il y a dans notre ville plusieurs boîtes où déposer bijoux et perles pour le projet de bijouterie créé par notre amie Jane Martin à destination des centres d'hébergement pour femmes. On peut même y laisser des pièces cassées et des boucles d'oreilles dépareillées. Les bijoux sont nettoyés, triés, réparés, refabriqués, emballés et offerts aux femmes dans les foyers.
17. **Cintres.** Tout le monde a besoin de cintres, qu'ils soient en plastique, en bois ou en métal, alors pensez à les partager avant de les jeter. Le pressing de notre quartier récupère volontiers ceux en métal.
18. **Palettes en bois.** Elles sont très populaires ! Si vous vous retrouvez avec des palettes après une livraison, ne vous en débarrassez pas, proposez-les. On en a fait des cabanes pour les enfants et d'autres en font des clôtures, des créations artistiques, des projets pour leur jardin, des meubles et des centaines d'autres choses.
19. **Appareils photos, caméras vidéo et caméscopes.** Ils sont super pour les étudiants en photographie et en audiovisuel. Les écoles de quartiers aussi récupèrent avec plaisir du matériel photo et vidéo.
20. **Graines.** Dans notre communauté, le partage des graines prend plusieurs formes. En hiver, quand rien ne pousse

vraiment dans nos jardins à part le chou kale, les gens se retrouvent de façon informelle et échangent des graines. Certains d'entre nous stockent les graines récoltées et séchées pendant la pleine saison ; d'autres partagent des sachets de graines dont ils savent qu'ils ne les planteront jamais. Notre bibliothèque municipale propose aussi une bibliothèque de graines où tout le monde peut déposer et retirer des graines. Les sachets de graines tiennent parfaitement dans les vieux tiroirs en bois de l'époque des fiches d'emprunt.

21. **Papier bulle.** On garde tous les morceaux de papier bulle qu'on trouve pour les artistes et les entreprises locales qui, sans cela, iraient acheter un papier bulle exactement identique à celui qu'on a jeté. Il suffit de stocker les emballages accumulés puis de trouver quelqu'un d'intéressé pour les réutiliser. Les gens qui déménagent vous en seront reconnaissants.
22. **Cartons.** Sur notre île, l'éthique de la réutilisation est si forte qu'il y a un groupe en ligne uniquement dédié au partage des fournitures de déménagement : cartons, papier bulle, coussins de calage, chips en polystyrène et papier pour emballer des objets fragiles. On assiste chaque année à une forte rotation de familles qui emménagent ou quittent l'île. De jeunes couples arrivent pour profiter des excellentes écoles et des retraités partent quand leurs enfants ont quitté le nid. Ne jetez pas votre matériel d'emballage et de déménagement : quelqu'un pourrait en avoir besoin près de chez vous !
23. **Verre et céramique cassés.** Les artistes de mosaïque adoreraient récupérer vos verres et objets en céramique cassés pour leurs projets.

24. **Peintures à l'huile, à l'eau et lasures.** Quand vous avez fini de peindre une pièce, vous avez toujours la possibilité de partager ce qui vous reste de peinture avec quelqu'un qui se lance dans son propre projet de rénovation.
25. **Pots de fleurs en plastique.** Les agriculteurs de notre marché alimentaire récupèrent volontiers nos pots de 10 centimètres. Certaines pépinières seront aussi intéressées.
26. **Fournitures pour les arts plastiques.** Peintures, pinceaux, paillettes, tampons, encre et colle sont les bienvenues dans les salles de classe, les crèches, les maisons de retraite et notre musée pour jeune public.
27. **Journaux.** On connaît une femme qui a régulièrement besoin de papier journal pour lancer ses feux de cheminée en hiver. Pensez à demander autour de vous si quelqu'un aurait l'usage de journaux pour allumer des feux, pour jardiner, pour des projets artistiques ou pour dresser un chiot.
28. **Feuilles.** Les poulaillers dans nos jardins sont dégoûtants quand arrivent les mois d'hiver humides. On a toujours besoin de plus de feuilles à y jeter à pleines fourchées. Tout au long de l'été, nos feuilles d'automne séchées servent de paillis pour le jardin, ce qui réduit les besoins en arrosage. Demandez autour de vous avant de jeter vos feuilles, un voisin ayant un jardin ou des animaux en a peut-être besoin.
29. **Bâtons.** On s'est rencontrées grâce à des bâtons : un jour, dans un groupe de Freecycle, Rebecca a offert de superbes bâtons du saule tortueux de son jardin, et Liesl a été intriguée. Si elle était assez audacieuse pour donner des bâtons, ça valait la peine de la rencontrer. Et nous voilà aujourd'hui à écrire un livre ensemble. Alors vous ne

savez pas qui les choses étranges que vous avez à partager vont vous faire rencontrer ni comment elles pourraient influencer vos actions dans le futur.

30. **Sachets de gel de silice.** Le gel de silice est l'un de ces matériaux incompris. Bien que leurs sachets indiquent « ne pas ingérer, à jeter », ça ne signifie pas qu'il s'agit d'un poison. Il est probable que vous en ayez déjà mis dans votre bouche ou frotté sur votre corps car on l'utilise pour fabriquer des dentifrices et des exfoliants. Le gel de silice est un dessiccateur inerte non toxique et il protège tout ce qui s'en approche de l'humidité. Ses usages sont multiples, c'est pourquoi mieux vaut y réfléchir à deux fois avant de jeter ces petits sachets. On les garde et on les partage tous les six à douze mois avec des artistes ou d'autres personnes au fait de leur polyvalence. Voici quelques-uns des usages les plus cool qu'on puisse faire de ces sachets bien utiles : mettez-les dans votre argenterie, ça ralentit le ternissement. Dans la housse de votre appareil photo, avec les objectifs, ils garderont votre matériel au sec. Dans vos boîtes de stockage de photos et diapos, ils aideront à les préserver plus longtemps. Vos blousons et sacs de couchage en duvet pourraient bénéficier de quelques sachets de gel de silice qui les maintiendront au sec. Quelques sachets dans votre stock de graines chasseront l'humidité. Et placez-en dans votre baril de lessive en poudre et elle ne fera plus de paquets. Ça marche !
31. **SCOBY pour kombucha.** La SCOBY est un cadeau qui se reproduit à l'infini. C'est le truc qui sert à fabriquer du kombucha et qui est absolument indispensable à la beauté

des bulles. La SCOBY est la « mère » qui fait fermenter le thé et le sucre dans le kombucha. Elle est vivante et continue de grandir à chaque fournée. Donner son excédent de SCOBY est donc un art de vivre pour les personnes qui fabriquent du kombucha. La SCOBY toujours grandissante de Liesl a permis d'alimenter les habitudes de production de kombucha d'une douzaine de familles.

32. **Vêtements.** Les manières de partager des vêtements sont infinies, il suffit de voir toutes nos suggestions en matière d'événements et de relais dans ce domaine. Les vêtements sont parmi les choses les plus faciles à partager, car on en porte tous et les enfants grandissent si vite !
33. **Jardin.** Partager son jardin ? Mais oui ! Il existe plusieurs façons de le faire. Vous pouvez inviter un ami à jardiner sur votre parcelle une saison, ce qui signifie que vous partagez aussi l'entretien. Ça permet d'alléger un peu la charge de travail. Sarah Steinberg, qui vit dans l'Oregon, a trouvé une autre manière de partager son jardin. Voici comment elle s'y prend : « On cultive des fruits, des légumes et des herbes dans notre jardin situé devant la maison et on incite nos voisins à nous rendre visite s'ils ont besoin de quelque chose pour préparer le dîner ou d'un truc à grignoter en passant. Mon fils en bas âge aime particulièrement quand il peut indiquer à un voisin quel fruit est mûr. »
34. **Denrées périssables.** Vous est-il déjà arrivé de partir deux semaines avec dans votre réfrigérateur des denrées périssables qui auraient pu être consommées par quelqu'un d'autre ? Barb Short, de Key Largo, partage les siennes : « Quand on part plusieurs jours, je donne à un voisin tous

les aliments qui ne tiendront pas jusqu'à notre retour. Je partage aussi les promos "un acheté, un offert", car nous ne sommes que deux et je n'ai pas besoin de 10 kilos de pommes de terre... Les voisins me rendent toujours la pareille par de petites faveurs ou me donnent des plantes de leur jardin que je n'ai pas dans le mien. »

35. **Dîner.** Doublez les quantités quand vous préparez le dîner et partagez avec quelqu'un. Natale Rochlin, qui vit à Seattle, partage ses repas : « Il m'arrive souvent de doubler les quantités de mes recettes et de fournir le dîner à ma voisine, une mère avec son fils. Elle cuisine aussi souvent pour ma famille et moi ! C'est très marrant de manger la cuisine de quelqu'un d'autre, et encore plus quand on reçoit un dîner surprise un soir où on n'avait vraiment pas envie de cuisiner ni rien de prêt dans le frigo. »

Kären Ahern, de Bainbridge Island, va un cran plus loin. Non seulement elle partage de la nourriture, mais elle encourage les autres à faire de même, en plantant en quelque sorte la petite graine du partage : « Samedi dernier, avant de partir en week-end, je me suis amusée à donner à une voisine 2 kilos de coleslaw que j'avais fait la veille au soir. Je l'ai priée de partager avec une autre qu'elle ne connaît pas très bien, et que cette autre voisine partage elle aussi avec ses voisins d'en face qu'elle n'avait pas encore rencontrés. Ils ont tous mangé ce délicieux coleslaw pour le dîner mais, le plus bel aboutissement, c'est la rencontre au bout de trois ans de ces deux voisins vivant l'un en face de l'autre ! Il faut tout un village, et le partage de nourriture fait des miracles. »

36. **Livres.** Liesl a une dépendance qu'elle loue sur Airbnb. Dedans, elle a installé une petite bibliothèque gratuite dans un panier. Ses hôtes peuvent y prendre les livres qui leur plaisent et y laisser ceux qu'ils ont déjà lus. Vous pouvez aussi chercher la boîte à livres la plus proche (voir page 239) et y laisser des livres que d'autres apprécieront à leur tour. Mais on peut aussi improviser ; Rebecca aime bien laisser des livres à des endroits où ils surprendront et amuseront des inconnus avec un petit mot à l'intérieur qui dit « Oui, ceci est un livre gratuit juste pour vous, si vous le voulez ».
37. **Chutes de tissu.** Elles pourront toujours servir à quelqu'un. Une personne qui fabrique des dessus-de-lit, par exemple, sera ravie de récupérer des chutes de tissu pour réaliser un patchwork. Les professeurs d'arts plastiques et d'école maternelle les utilisent aussi pour des collages multisupports.
38. **Serviettes et linge de lit.** Notre refuge pour animaux sauvages accepte les draps et serviettes quel que soit leur état, avec ou sans trous, avec ou sans taches. Les refuges pour animaux domestiques les récupéreront eux aussi volontiers.
39. **Paquets de chips.** Quelle que soit la marque, ils ont presque tous le même intérieur argenté qui peut faire un parfait étui cadeau. Ils sont très faciles à transformer en emballages étincelants : retournez le sachet et lavez-le au liquide vaisselle pour enlever toute trace de gras. Séchez-le. Puis réutilisez la face argentée comme étui cadeau façon Mylar.

40. **Briques de lait.** Pinterest fourmille d'idées pour réutiliser le moindre objet. Des constructeurs innovants utilisent les briques de lait comme isolant pour les murs des maisons et bâtiments.
41. **Petits jouets, billes et babioles.** Dans le cellier, on a un bocal en verre dans lequel on collectionne tous les petits objets qu'on trouve : figurines, petites voitures, marionnettes de doigts, petits jouets et leurs accessoires que les enfants adorent recevoir en « récompense » à l'école. Quand le bocal est plein, on l'apporte aux enseignants de notre école primaire préférée. Rebecca a toujours quelques billes dans son sac et elle les cache un peu partout dans la ville à hauteur d'adulte pour illuminer la journée de quelqu'un, afin d'honorer la dernière volonté de son amie Emily.
42. **Magazines.** Quand vous avez toute une pile de votre magazine préféré, partagez. Notre bibliothèque municipale a mis en place un programme : elle récupère vos magazines et les met dans le hall. Chacun peut en prendre un pour 0,25 $ (environ 0,20 €). Les recettes contribuent au fonctionnement de la bibliothèque.
43. **Produits de toilette.** On garde toujours les produits de toilette qu'on a achetés un jour ou l'autre et qu'on n'utilisera jamais, puis on les donne au centre d'hébergement pour femmes situé près de chez nous.
44. **Pots de produits laitiers.** Les enseignants sont souvent à la recherche de pots de yaourts ou de petits-suisses pour des activités scientifiques. Vous pouvez les accumuler et voir si votre communauté peut en faire quelque chose.

45. **Sacs en tissu réutilisables.** (Voir page 138 pour apprendre à les fabriquer.) Déposez-les à la banque alimentaire la plus proche.
46. **Flacons de médicaments (flacons ambrés opaques).** Les gens trouvent toutes sortes d'usages à ces flacons en plastique : on peut s'en servir comme contenant étanche pour allumettes quand on fait du camping, comme minikit de couture, pour ranger vos bouchons d'oreille dans un sac à dos ou un sac à main ou en faire des pots pour les herbes et épices. Certaines personnes en demandent au sein des économies locales du don. Faites des réserves et proposez-les au don quand vous en avez suffisamment pour répondre à un projet.
47. **Vélos.** Il ne faut jamais jeter un vélo. Même s'il est tellement cassé qu'il est irréparable, on peut toujours récupérer les pièces. Renseignez-vous auprès de votre magasin ou réparateur de vélos. Il y a toujours un bricoleur qui sera ravi d'extraire les pièces de votre vieux vélo ou carrément de le retaper.
48. **Chambres à air de vélo.** Vous avez déjà vu un portefeuille, un sac ou une ceinture en chambre à air ? Gardez-les et donnez-les à un artisan local, il saura comment les réutiliser.
49. **Bâches.** On a toujours des bâches de secours qui nous servent pour toutes sortes de choses. À la maison, on leur trouve des usages multiples pendant les neuf mois de pluie qui s'abattent annuellement sur notre île. On apprécie de les avoir sous la main et de pouvoir les prêter. Elles ont servi à des voisins chez qui un arbre était tombé sur la maison ou la voiture. Et on en a expédié dans des

communautés plus lointaines (celles-ci sont en prêt permanent, on ne compte pas les récupérer) pour aider des personnes victimes de glissements de terrains, de séismes ou d'ouragans. Les bâches sont parmi les premiers biens matériels que les gens demandent quand ils ont perdu leur toit et leurs affaires. Elles constituent un abri, soit pour eux, soit pour les premiers objets qu'ils parviennent à récupérer après la catastrophe.

50. **Lunettes.** Il ne faut jamais les jeter. Gardez celles dont vous ne vous servez plus et apportez-les chez un opticien. Il saura qui en aura le plus besoin. Lors de ses voyages au Népal, Liesl emporte avec elle des lunettes sans ordonnance à grossissement + 1 et + 2 pour les personnes n'ayant pas accès aux soins ophtalmologiques.

Cette liste n'est pas exhaustive, mais elle met en lumière les manières dont ces biens de consommation peuvent être détournés des décharges et réutilisés de manière innovante par des personnes, des associations et des entreprises. Collectivement, on épargne à ces individus et organisations l'achat de ces matériaux neufs tout en empêchant ces matériaux d'entrer dans le circuit des déchets solides. **La réduction et la réutilisation surpassent toujours le recyclage**.

La réduction et la réutilisation surpassent toujours le recyclage.

Que peut-on faire de plus pour partager davantage et aider les gens à ne rien acheter ? On peut prêter et emprunter, partager provisoirement nos affaires entre amis et voisins pour leur éviter d'avoir à acheter du neuf et de stocker dans leurs maisons déjà trop pleines. Pensez à toutes ces choses que vous avez dans vos garages et placards, sur des étagères, qui restent inutilisées la majeure partie de l'année. Ce sont autant de choses qu'on peut prêter plus d'une fois, une bibliothèque durable d'objets (et de dons de soi) qui peuvent servir à de multiples reprises, nous permettant d'économiser de l'argent, de la place et des ressources naturelles.

Cinquante choses qu'on prête et qu'on emprunte

1. **Vaisselle pour goûters et fêtes d'école.** Commencez pour chaque classe de l'école élémentaire de votre quartier une bibliothèque zéro déchet d'objets incluant couverts, assiettes, gobelets et nappes réutilisables. On stocke un lot pour chaque classe dans de grands seaux de vingt litres. Tout peut être réutilisé si quelqu'un rapporte le seau chez lui et lave tous ces ustensiles après chaque usage. Cela évite aux parents d'avoir à apporter de la vaisselle jetable quand il y a un goûter dans la classe et offre aux enfants une leçon de gestion des ressources partagées en même temps qu'un gâteau d'anniversaire.
2. **Tasses à café.** Voici une occasion pour vous de devenir l'organisateur des goûters mondains de votre communauté ! Sur notre île, on ne manque jamais de tasses à café.

Les associations de femmes, le Rotary Club et toutes sortes d'organisations possèdent un lot de plus de cinquante tasses de sorte que tout le monde soit bien caféiné pendant les réunions. Vous pouvez aussi lancer un programme de tasses de voyage avec les bars locaux pour que plus personne n'ait à utiliser de tasse jetable.

3. **Accessoires pour les fêtes d'anniversaires d'enfants.** Chapeaux pointus, serpentins et petits cadeaux sont autant de choses qu'on peut passer à quiconque va organiser un anniversaire d'enfant dans un futur proche. On a échangé et réutilisé une multitude d'accessoires de fête quand nos enfants étaient petits et personne ne l'a jamais remarqué.
4. **Tentes et matériel de camping.** Le mari de Liesl travaille pour la marque The North Face, ce qui fait que sa famille se procure facilement des tentes et les prête volontiers à des campeurs dépourvus d'équipement. Ces tentes sont veinardes, elles passent une bonne partie de l'été à vivre des aventures avec différentes familles explorant le Nord-Ouest Pacifique. Réchauds, sacs de couchage, matelas, bâches, tendeurs, glacières : prêtez ce que vous avez aux aspirants aventuriers. Ces accessoires sont aussi très utiles en cas de coupure d'électricité, d'orages et autres épisodes éprouvants. Avez-vous accès par votre travail à des choses dont vous pourriez faire profiter les autres ? Des livres ? De la nourriture ? Des chutes de bois d'œuvre ?
5. **Raquettes, snowboards, patins, skis, vêtements et matériel spécifique.** On n'a pas tous besoin d'acheter son propre équipement, et le prêt peut permettre à un ami d'économiser le coût d'une location. Quand les raquettes

des enfants de Liesl sont devenues trop petites pour eux, elle les a gardées pour les prêter à des familles qui voulaient aller explorer les montagnes. La combinaison de plongée que Rebecca utilisait quand elle organisait des excursions en kayak a connu des années de prêt auprès d'amis allant naviguer, plonger et surfer dans les eaux glaciales de la région. Qu'est-ce qui prend de la place dans un de vos placards et pourrait servir à quelqu'un d'autre ? Une combinaison de ski ? Un équipement de plongée ?

6. **Sacs de sport et valises.** Liesl prête des sacs de sport inutilisés aux étudiants qui emménagent sur leur campus en début d'année universitaire. Les bagages dorment dans un placard entre deux voyages. Prêtez-les au sein de votre communauté et ils serviront à faire le tour du monde plutôt que de prendre de la place.
7. **Machines à coudre.** Rebecca a une machine à coudre portable toute simple qu'elle prête pour de petites réparations. Ça entretient la machine (elles sont plus heureuses quand elles fonctionnent que quand elles restent à s'encrasser à cause de la poussière) et ça permet à la communauté d'avoir des vêtements raccommodés et portés.
8. **Matériel médical : béquilles, appareils orthopédiques, bottes d'immobilisation, fauteuils roulants, cannes, sièges de douche, scooters médicaux.** Tout ce matériel médical est disponible gratuitement dans notre communauté. Il passe de maison en maison, allégeant le poids des événements traumatiques.

CHÈVRES ET ABEILLES

On peut à peu près tout partager, y compris les chèvres, si on fait preuve d'inventivité. On connaît des gens qui prêtent leurs chèvres à leurs voisins pour dégager les ronces et les espèces invasives. C'est de la nourriture gratuite pour les chèvres et une aide gratuite pour les jardiniers qui veulent se débarrasser de plantes difficiles. Il y a aussi des apiculteurs qui mettent leurs ruches dans les jardins partagés et les vergers publics. Les abeilles se nourrissent du nectar et du pollen qu'elles y trouvent et produisent ainsi plus de miel tout en pollinisant les jardins et vergers, ce qui améliore les récoltes.

9. **Furet de plombier.** Chaque économie du don a besoin d'un furet de plombier circulant de maison en maison, pour retirer cheveux et autres de nos tuyaux.
10. **Stations publiques de jouets.** Inspirez-vous des collections de jouets de plage et de jeux dans des stands en libre-service à disposition du public qu'on trouve sur les plages de Tel-Aviv. Fabriquez un bac à jouets dans le parc municipal de votre quartier, sur la plage ou dans tout autre endroit sympa et alimentez-le en jouets dont vous aimeriez faire profiter les autres. Jetez-y un œil de temps en temps pour garder le bac en ordre et pour ajouter de nouveaux jouets reçus de voisins ou d'amis.

11. **Tenue de ville.** On voit de plus en plus de gens disposés à prêter leurs beaux costumes, leurs chaussures, leurs cravates, ou tout ce dont vous auriez besoin pour un entretien d'embauche.
12. **Aspirateur de chantier et aspirateur à eau.** Ces machines performantes pourraient bien s'absenter quelques jours par an, elles ne vous manqueraient pas.
13. **Nettoyeur vapeur pour le sol et les moquettes.** Le jour où quelqu'un de notre ville a proposé un nettoyeur vapeur dans la liste des machins à donner, tout le monde voulait l'essayer. Il a donc atterri dans notre bibliothèque d'objets, sous la responsabilité de Debbie Fecher Gramstad, membre de longue date de notre économie locale du don, qui suit la trace de tous ses accessoires et tient la liste de prêt de ce super appareil.
14. **Jumelles.** Vous partez en voyage ? Demandez à emprunter une paire de jumelles. Elles peuvent être onéreuses mais, si on en prend soin, elles serviront à maintes reprises à bien des yeux.
15. **Livres.** Vous prêtez déjà probablement les livres que vous avez terminés. Allez un cran plus loin en organisant chaque mois une fiesta Livres & Boissons dans votre café ou votre bar préféré. Distribuez des flyers invitant les gens à participer avec deux livres à donner. Chacun paie ses boissons, mais les livres et les discussions sont gratuits. Et rien n'arrive à la cheville du super prêteur de livres à l'origine du concept : votre bibliothèque municipale. Commencez toujours par aller y faire un tour quand vous êtes à la recherche de nouvelles lectures.

16. **Fournitures scolaires durables.** Chaque été, on peut regrouper calculatrices, rapporteurs, règles, perforeuses et autres fournitures scolaires résistantes et les redistribuer à l'automne selon les besoins.
17. **Équipements technologiques de divertissement légèrement obsolètes.** Vous avez un lecteur CD, un magnétoscope, un lecteur cassette, une platine vinyle, une cartouche 8 pistes ou un phonographe ? Prêtez-le ! Vous pourrez rencontrer tous les hipsters du coin et les impressionner avec vos anecdotes datant d'avant la création des contenus numériques. Si une personne de la communauté gère le prêt d'un vieux lecteur VHS ou d'un tourne-disque, on se remet tous de temps en temps à écouter nos 33 tours et à regarder nos vieilles vidéos amateur.
18. **Imprimantes et déchiqueteuses.** Imaginez une imprimante communautaire et le partage des dépenses et de la charge mentale relatives au suivi des cartouches d'encre et de l'alimentation en papier ! Autre équipement qui peut être partagé de bureau en bureau : la déchiqueteuse.
19. **Verres.** Quand Rebecca s'est mariée il y a une vingtaine d'années, elle a acheté 200 petits verres qui peuvent servir aussi bien pour l'eau, le vin, le whisky et les jus. Depuis, elle les prête pour différents événements. Les verres sont stockés dans leurs cartons d'origine, renforcés avec de l'adhésif au fil des ans, empilés dans deux grands bacs en plastique. Un morceau de chatterton collé sur chaque bac rappelle aux emprunteurs où ils doivent les rapporter. Quelques verres ont été perdus au cours de gros événements, mais pas autant qu'on pourrait le croire. Quand les

gens empruntent directement à un particulier, ils ont tendance à être extrêmement soigneux. Ce lot de verres qui a servi pour d'innombrables mariages, réunions, rassemblements religieux, civils et familiaux a même survécu au mariage de Rebecca !

20. **Vaisselle, plats de service et présentoirs à gâteaux.** Combien de fois par an recevez-vous de grands groupes de personnes ? Constituez un lot de vaisselle de service à prêter. S'il y a plus d'un lot dans votre voisinage, ils peuvent même servir pour des mariages ou des événements publics. Ça fait des années que Rebecca prête un jeu d'assiettes blanches et elle n'en a encore pas perdu une seule. On a même un endroit avec une « banque de vaisselle » constituée de lots à donner à des familles réfugiées qui en ont besoin quand elles arrivent dans la région de Seattle. Le concept fonctionne aussi avec les plats de service : n'hésitez pas à prêter vos grands plats et présentoirs à gâteaux. En prime, vous pourriez gagner de nouvelles recettes à tester !
21. **Serviettes en tissu.** Depuis plus de dix ans, Rebecca collectionne les serviettes en coton, formant un mélange éclectique de couleurs et de motifs. Elles vivent dans une valise à roulette, facile à emprunter et à emporter sur des événements. Jusque-là, elles ont servi pour des mariages, des repas d'église, des bar-mitsva et bat-mitsva, des commémorations, des fêtes d'école et toutes sortes d'événements publics zéro déchet. Certains habitants ont même leur serviette préférée qu'ils aiment retrouver chaque fois qu'ils participent à un événement où sert cette collection

partagée. Tout le monde préfère le toucher du tissu à celui du papier !

22. **Couverts.** On range facilement assez de couverts pour au moins vingt-quatre personnes dans une simple boîte. Rangez cette dernière avec vos plats et autres accessoires de cuisine à prêter. Les lots de Liesl et Rebecca ont participé à des fêtes sur la plage et dans les montagnes, mais aussi à des tas de dîners participatifs plus près de la maison.
23. **Sets de pique-nique.** Encore quelque chose de facile à prêter et à partager avec ses voisins.
24. **Nappes en tissu.** La collection colorée de nappes en tissu de Rebecca a été empruntée pour toutes sortes d'événements, des expos instructives à la mairie aux fêtes de récolte dans les jardins potagers de la communauté, en passant par les dîners d'associations sportives, mariages, retraites spirituelles et séjours en camping. Les nappes en lin de Liesl, héritées de sa grand-mère, viennent rejoindre la collection de lin de la communauté à l'approche du mariage d'un voisin.
25. **Services à thé.** Les filles de Rebecca adorent le thé et elles prêtent volontiers leurs services. Succès garanti pour les fêtes d'anniversaire, les pique-niques d'ours en peluche, les enterrements de vie de jeune fille et les baby showers.
26. **Guirlande de fanions en tissu.** (Voir notre tuto pour les fabriquer en page 163). Cette guirlande remonte à l'époque où nous commencions à expérimenter une vie sans plastique et avions remplacé les ballons par cette banderole festive. Dehors, attachez-la le long des clôtures ou entre les arbres, et dedans, le long des murs et des tables.

27. **Glacières.** Elles sont faciles à prêter entre deux utilisations pour une multitude d'occasions : pêche, camping, événements sportifs, courses de bienfaisance, road trips…
28. **Sorbetière.** On devrait donner à tous les enfants l'occasion de faire de la glace maison au moins une fois dans leur vie, et vous pouvez les aider à réaliser cette étape de leur enfance en prêtant cette sorbetière que vous n'utilisez qu'en été, et seulement de temps en temps.
29. **Tondeuses à gazon, gros outils et appareils de jardinage.** Si vous habitez dans un pays de pelouses, groupez-vous avec un ou deux voisins pour partager une tondeuse. Ça s'applique aussi pour les souffleurs à feuilles, débroussailleuses, souffleuses à neige, nettoyeurs haute pression, pelles de toutes sortes, poinçons, fourches, motoculteurs, taille-bordure, râteaux… tout ce dont on a besoin pour tondre, jardiner ou déneiger.
30. **Outils.** Ils sont parfaits dans une bibliothèque d'objets. Qu'un voisin ait besoin de changer un essuie-glace ou un phare ou qu'il doive s'attaquer à quelque chose de plus complexe, si vous avez les outils nécessaires, pourquoi ne pas les partager ?
31. **Furet de ramonage.** Notre amie Molly est connue sur l'île pour son furet de ramonage. Molly incarne à elle seule la prévention incendie et la force d'action et, grâce à son suivi actif des foyers, presque toutes ses connaissances ont un conduit de cheminée propre et sûr.
32. **Bol et verres à punch.** Ce kit festif vintage est très sympa pour les fêtes mais, son utilisation étant occasionnelle, il est idéal à prêter et à emprunter.

33. **Luminaires en tout genre.** En été, ces guirlandes de Noël qui attendent dans une boîte pourraient illuminer le mariage d'un voisin ou le bal du coin. Les lumières étincelantes sont fun toute l'année et on a remarqué que les guirlandes lumineuses ont tendance à vivre plus longtemps quand on les utilise ; même quand on les enroule soigneusement, leur système de câblage n'aime pas rester en réserve pendant des mois. De la même manière, on peut prêter des lampes supplémentaires, lampes de poche, lampes à pétrole et bougies pour un large éventail d'événements allant des fêtes aux coupures de courant.
34. **Sacs de transport et matériel d'hygiène et de soin pour animaux.** On peut facilement partager les sacs de transport pour animaux. Il vous reste une collerette vétérinaire ? Ne soyez pas pingre, laissez votre voisin Médor la porter. Il en va de même pour les ciseaux de toilettage et les coupe-ongles pour animaux si vous en avez. Aucun pelage ne pousse assez vite pour exiger un rafraîchissement quotidien. Prêtez-les entre deux coupes de votre caniche.
35. **Parcs pliables, couffins et autres gros accessoires de puériculture.** Sièges auto (toujours aux normes, bien sûr), parcs et lits pliables, chaises hautes et tapis d'éveil peuvent être très utiles quand on voyage, mais sont difficiles à emporter avec soi. Si vous avez l'un de ces équipements et que votre enfant est devenu trop grand, faites-en un bien communautaire. Les grands-parents qui reçoivent leurs petits-enfants seront ravis de les emprunter quand leurs enfants leur rendent visite, et les jeunes parents les emprunteront volontiers pour un usage plus long. La

fille de Rebecca a dormi dans un berceau nomade en bois connu sous le nom de « berceau de l'île ». Il a depuis veillé sur le sommeil de plusieurs générations de bébés sur l'île – le prénom de chacun étant peint au pied du berceau avant d'être transmis à un autre, créant ainsi un héritage qui renforce les liens entre les familles au fil du temps.

36. **Matelas d'appoint gonflable.** C'est un super objet à prêter et Liesl en garde un pour ses voisins. Même si vous utilisez le vôtre chaque année au mois de novembre quand votre frère vous rend visite, vous pouvez le prêter le reste de l'année.
37. **Tenues de fêtes et de cérémonies.** Vous n'arrivez pas à vous séparer de cette robe de soirée ou de cocktail, mais tout ce qu'elle fait, c'est prendre de la place dans votre armoire ? Invitez vos amies à faire du « shopping » dans votre armoire et à emprunter vos tenues préférées pour leurs sorties.
38. **Bijoux et diadèmes.** On a plus d'occasions de porter un diadème qu'on ne le croit. Rebecca avait fait de la fabrication de diadèmes son activité ; à présent, elle les prête à des amis de tous sexes pour leur propre usage royal. Vous n'avez pas de diadème ? Vous possédez peut-être d'autres bijoux qui apporteraient une touche de glamour à la vie. Prêtez-les et admirez la joie qui grandit.
39. **Lunette astronomique.** Peut-être n'utilisez-vous la vôtre que quelques fois par an. Laissez les autres l'essayer quand vous n'en avez pas besoin.
40. **Mégaphones et pancartes de manifestation.** Ils sont utiles dans bien des cas mais, pour la plupart d'entre nous,

ce n'est pas un objet du quotidien. Si vous en avez, faites-le savoir et prêtez-les à d'autres pour qu'ils fassent entendre leur voix. Depuis quelques années, Rebecca récupère les meilleures pancartes oubliées lors de divers rassemblements et manifestations. Les gens s'amusent à choisir leurs préférées dans sa collection, et ça veut dire qu'on peut faire entrer immédiatement un peu de démocratie en action, pas besoin de chercher de cartons et de feutres.

41. **Déguisements pour enfants et adultes.** Plusieurs lots de déguisements circulent autour de l'île et notre amie Kate y a ajouté ses incroyables créations maison (la banane et le bébé pain pita plaisent particulièrement). Si vous avez un costume préféré dont vous n'arrivez pas à vous séparer, prêtez-le.
42. **Grandes carafes.** La mère de Rebecca possède plusieurs carafes en verre épais munies d'un robinet très pratique, et si vous promettez de les laver avant de les lui rendre, elle vous laissera les utiliser pour votre prochaine fête. Si ça se trouve, elle vous donnera même sa fameuse recette de punch.
43. **Tables et chaises pliantes.** C'est encombrant à stocker, mais pratique dans bien des cas. Si vous êtes assez chanceux pour avoir la place de les entreposer, rendez-les disponibles pour d'autres qui ne l'ont pas.
44. **Tonnelle nomade.** Si vous pouvez en prêter une, votre générosité sera grandement appréciée par les associations, les équipes de sport, les commerçants, les futurs mariés du coin et tous ceux qui cherchent une protection contre la pluie et le soleil pour de courts événements.

45. **Véhicules à roues.** Mettez votre vélo à disposition pour que le couple d'en face puisse emmener ses visiteurs en balade, pour que l'ado du bout de la rue puisse aller au travail ou à l'école ou tout simplement pour que quelqu'un expérimente la magie de voler sur deux roues. On a toutes les deux emprunté des voitures quand les nôtres étaient en panne et prêté les nôtres quand elles roulaient. Ce type de prêt peut sauver la vie dans des périodes difficiles.
46. **Votre expertise.** Partagez et prêtez vos talents. Vous arrivez à vous en sortir face à une feuille d'impôts ou d'autres formulaires administratifs ? Vous pouvez aider un nouvel arrivant à se familiariser avec les ressources du quartier, les écoles et les meilleurs endroits pour faire ses courses au quotidien ? Vous savez comment élever des poules ou des enfants, cuisiner ou faire des gâteaux, créer un site Internet ? Si vous savez le faire et que ça vous rend heureux, partagez votre savoir.
47. **Votre huile de coude.** Offrez votre aide pour nettoyer une gouttière, pelleter la neige, réparer une porte d'entrée, promener un chien et tout autre coup de main. Des services simples alimentent une culture active de l'empathie autour de vous.
48. **Votre compagnie.** Offrez votre compagnie pour une promenade, une discussion autour d'un café, un jeu de société ou une partie de cartes. Commencez avec quelqu'un en qui vous avez confiance et que vous aimeriez mieux connaître, peut-être une personne âgée de votre quartier, ou quelqu'un qui déjeune toujours seul au travail. Même une personne introvertie peut être séduite à l'idée de tisser de nouveaux liens de cette manière.

49. **De l'espace.** Nous sommes nombreux dans nos communautés à voir un « tiers-lieu », que ce soit un café, un bureau partagé ou un endroit pour se réunir. On peut élargir cette tendance à nos espaces privés. Soyez créatif et réfléchissez à la manière dont vous pourriez et aimeriez partager votre espace personnel. Les parents de Rebecca ont prêté un espace dans leur allée à une famille qui avait emménagé dans un camping-car après avoir perdu sa maison. Liesl et son mari ont offert un coin de leur bois comme dernière demeure pour le chien d'une femme qui n'avait nulle part où l'enterrer près de son appartement.
50. **Votre présence publique.** On a vu dans notre groupe d'économie du don des personnes proposer ou demander le don intangible d'une présence, y compris un soutien public lors d'une procédure de divorce ou d'ordonnance restrictive, lors de réunions d'anciens élèves, de commémorations ou d'être leur cavalier à des mariages ou des concerts.

Une invitation à partager, prêter et emprunter

Nous vous invitons à faire la liste des possessions que vous pourriez prêter à autrui. Pour beaucoup, cet exercice est difficile, un exercice qui nous impose d'explorer la confiance qu'on place en les autres, car on peut craindre que quelqu'un casse ou disparaisse avec ce qui nous appartient. Commencez par prêter une chose à laquelle vous n'êtes pas trop attaché, quelque chose dont vous n'avez pas *besoin* chez vous et proposez-la à des gens que vous connaissez. Vous aurez une confiance directe du fait que la majorité des gens sont soigneux et respectueux quand ils empruntent, et vous pourrez alors élargir cette activité. Prêtez à des amis d'amis, puis à une communauté plus étendue. Nous vous suggérons ces quelques règles de base quand vous commencez à prêter ou à emprunter.

Prêteurs — Vous êtes chargé d'établir toutes les règles concernant les objets qui vous appartiennent. À vous de décider combien de temps vous voulez les prêter, à qui vous vous sentez à l'aise de les prêter et toutes les règles relatives à leur usage (seulement en intérieur, pas de maisons avec animaux de compagnie, etc.). Si, pour une raison ou pour une autre, vous n'êtes pas à l'aise à l'idée de prêter quelque chose à une personne ou pour un usage en particulier, dites-le simplement. Un simple « je fais une pause dans le prêt de cet objet » suffit.

Emprunteurs — Suivez toutes les règles et instructions données par le prêteur et traitez les objets avec le même soin que s'ils étaient vos précieuses possessions. Si vous cassez ou perdez quelque chose, avouez-le, excusez-vous et demandez comment rectifier cela.

Maintenant, n'hésitez plus et partagez ! Rendez-vous sur le forum de discussion de buynothinggeteverything.com pour inventer votre partageocratie, où vous partagez tout ce que vous possédez en abondance (comme les bouchons en liège et les enveloppes matelassées), où vous créez une bibliothèque d'objets (avec votre vaisselle et vos outils) de sorte que chacun puisse prêter et emprunter. Établissez une liste de ces objets et les gens n'ont qu'à noter leur nom, leur numéro de téléphone et la date à laquelle ils souhaitent les emprunter. Dites à vos voisins que vous adoreriez organiser une bibliothèque d'objets. Et voyez où ça vous emmène !

ÉTAPE 7 : EXPRIMER SA GRATITUDE

Remercier

Outre le don et la demande, l'expression de la gratitude est une composante essentielle du Zéro Achat. La gratitude abonde d'un bout à l'autre du Buy Nothing Project. On adore lire les « messages de gratitude » de membres reconnaissants pour les nouvelles choses reçues de la part de leurs voisins et nouveaux amis : jouets, vêtements, ustensiles de cuisine et autres attentions et services. Sans ces démonstrations publiques de notre reconnaissance, les dons de cadeaux seraient des flops. L'expression de la gratitude fait que chacun se sent bien et se sent lié au mouvement.

L'HISTOIRE ZÉRO ACHAT DE BETH

« J'éprouve de la gratitude à l'égard du Zéro Achat parce que ça a complètement changé ma façon de penser les choses. Je suis thérapeute en santé mentale et je travaille souvent avec des personnes à faible revenu. Au lieu d'essayer de leur trouver des ressources qui coûtent de l'argent, je les oriente vers un groupe Buy Nothing, je leur apprends comment fabriquer des choses et comment se procurer des ingrédients par soi-même. J'enseigne aussi les gestes de sécurité aux jeunes parents et j'apporte avec moi des accessoires de sécurité qui m'ont été donnés par l'intermédiaire du Zéro Achat. Je ne m'imaginais pas à quel point je gaspillais. Je m'efforce vraiment de ne plus rien acheter que je pourrais demander. Si j'ai envie de quelque chose de cool (comme un robot KitchenAid), je demande tous les deux ou trois mois et j'attends ; je n'en ai pas besoin à la minute ! Bien sûr, je pense aussi à toutes les relations que j'ai nouées ; des amitiés qui durent. »

— Beth Siltman Marshall, Tacoma

La gratitude est un sentiment qu'il est important de cultiver. Des études montrent que remercier peut véritablement rendre plus heureux. Dans la newsletter de la Harvard Medical School, *Healthbeat*, on peut lire que : « Dans la recherche sur la psychologie positive, la gratitude est fortement et invariablement liée à un plus grand bonheur. La gratitude aide les gens à ressentir davantage d'émotions positives, à savourer les expériences agréables, à améliorer la santé, à gérer l'adversité et à nouer des relations solides[65]. » La publication d'autres études sur cet antidépresseur naturel nous apprend qu'une pratique régulière de la gratitude exerce notre cerveau à conserver plus de pensées positives et à se détourner des pensées négatives, un secret pour vivre plus longtemps et en meilleure santé. En fait, on sait que faire une liste de gratitude (qui consiste à écrire les choses pour lesquelles on est reconnaissant) stimule les niveaux de sérotonine, un neurotransmetteur qui contribue au bien-être et au bonheur. Ces ondes de bien-être ont sur nous une myriade de bienfaits. Elles favorisent notamment un sommeil de meilleure qualité, réduisent les inflammations et les signes de dépression et nous aident à nous sentir plus satisfaits de nos vies de façon générale.

Nous préconisons la pratique encore plus puissante de l'expression de la gratitude devant autrui. La reconnaissance publique provoque un pic de sérotonine également chez les autres. Ils ressentent de la joie par procuration. La gratitude nous aide aussi à percevoir qu'on appartient à quelque chose qui nous dépasse, que notre bonheur est lié aux autres et à nos interconnexions. Dans une économie du don, la gratitude est cette douceur qui, comme le miel, colle les gens les uns aux autres, encourageant les participants à continuer de partager. Sans gratitude, on aurait l'impression de prendre part à des transactions impersonnelles, un monde où les donneurs donnent, les preneurs prennent, et personne n'en parle. La gratitude, c'est le don de la bienveillance et de la joie qui crée le cœur et l'âme d'une économie du don, renforçant les liens de la communauté et sa structure.

Sans gratitude et sans prendre le temps d'en faire part, on n'aurait jamais entendu parler de l'histoire de cette petite fille dans le Massachusetts qui a écrit une carte de fête des mères à sa maman pour la remercier des « jouets surprise » qu'elle reçoit « de différentes maisons », ni de la reconnaissance exprimée à cette femme de Tucker, en Géorgie, qui invite les gens à venir cueillir des fleurs dans son jardin le jour de la fête des mères. La gratitude nous ouvre une fenêtre sur les vies qui nous entourent, comme celle de cette femme qui a exprimé sa gratitude quand son beau-père a pris quelques jours de pause dans son expédition sur le sentier des Appalaches pour lui rendre visite : elle a demandé à emprunter, et trouvé, un blender parce qu'il « mourrait d'envie de boire des smoothies ». Ce sont des histoires comme celles-ci qui nous rapprochent les uns des autres et nous lient par l'acte ordinaire, et finalement simple, de partager davantage.

Une économie du don, c'est une tribune où les gens peuvent exprimer une forme de gratitude pour les changements que le Zéro Achat a apportés dans leur vie. Et en criant haut et fort tout le bien que ça vous a apporté, vous inciterez vous-même et les autres à donner, demander et partager *plus* ; en d'autres termes, à répandre le bien. Quand les gens voient que donner, recevoir et partager librement ont des répercussions concrètes et significatives sur les autres, ils veulent en être. Les cultures du don ont le pouvoir de raviver l'espoir, faire naître une lueur de possibilité, pourvu qu'on n'ait pas peur de demander ce qu'on désire vraiment. Partager sa reconnaissance pour ce qu'on a reçu, qu'il s'agisse de tangible ou d'intangible, permet d'établir des relations humaines qui se traduisent par des cadeaux et des prêts futurs contribuant à l'accomplissement de rêves de longue date, pour vous ou pour d'autres au sein de la communauté.

Le don ultime

L'histoire de Sylvia est de loin notre exemple préféré de l'accomplissement du rêve d'un couple par le don. Malgré la peine qu'elles ressentaient à mesure que la chance de réaliser leur rêve s'éloignait, Sylvia et sa femme continuaient de donner. Elle a partagé la vérité de son histoire avec ses voisins dans un message de gratitude (les noms et certains détails reconnaissables ont été modifiés).

« Ceci est un message de gratitude, mais je ne trouverai jamais les bons mots pour exprimer toute la reconnaissance que nous éprouvons, ma femme et moi. Alors, soyez indulgents. Il y a quelque temps, Lucy a posté une demande pour des affaires de nouveau-né pour une de ses amies. Nous, comme bien d'autres au sein de la communauté, avons répondu à cette demande.

« Quand elle est venue chercher les affaires, on s'est mises à parler des raisons pour lesquelles nous avions tant d'accessoires de puériculture mais pas d'enfant. On a parlé de nos treize fausses couches, des enfants placés qu'on nous a confiés en famille d'accueil, en phase d'adoption, mais qu'on a aidés à retrouver leur famille, du chagrin et de la joie ressentis. Debout dans mon jardin, Lucy a dit qu'elle pensait que les parents de cette petite fille étaient en fait en train d'envisager le chemin de l'adoption. Elle a proposé de leur demander s'ils aimeraient nous rencontrer. Nous avons bien sûr accepté.

« Vendredi, ils sont venus. Assis sur mon canapé, ses parents ont proposé le don ultime. Ils ont exaucé la demande de toute une vie. Hier matin, à 8 h 21, nous avons assisté à la naissance de notre cadeau. Ce soir, nous l'avons ramenée à la maison.

« Dans d'autres groupes, j'ai vu des gens se voir offrir des maisons. Des voitures. Un pack de sucre. Une tondeuse à emprunter (une de mes demandes fréquentes !). J'ai vu des relations se créer (ma toute première demande a été des amis après avoir emménagé ici). J'ai vu le pire de ce que peut produire la mentalité de groupe. J'ai vu le meilleur de ce que peut accomplir une communauté unie. J'ai souvent raconté aux gens comment le Buy Nothing Project avait changé ma vie de bien des façons. Je n'aurais jamais imaginé que le changement irait jusque-là.

« Ce soir, nous avons vêtu notre petite fille d'une tenue offerte par un membre de ce groupe, nous l'avons enveloppée dans une couverture donnée par une autre, nous l'avons attachée dans un siège auto qui a déjà servi à trois familles, baladée dans une poussette qui a baladé cinq autres enfants, nous sommes rentrées à la maison, et nous l'avons endormie dans son couffin Zéro Achat. Chaque objet de sa chambre, y compris la petite télé et tous les vêtements de son armoire (et son armoire !), est un don issu du Zéro Achat. Elle a une "tata" Buy Nothing (la première personne à avoir répondu à ma demande d'amis) et son autre "tata" Buy Nothing Lucy.

« Par-dessus tout, elle porte le pouvoir de la bienveillance et de la communauté qui l'entourent grâce à ce petit projet entamé il y a quelques années. La gratitude que nous avons à l'égard de Lucy pour nous avoir reliées, à l'égard de ce groupe, n'a de supérieur que l'humble gratitude que nous éprouvons à l'égard de l'élégance de sa famille.

« Les amis, je vous présente votre nouvelle voisine. »

Le cadeau ici n'était pas un bébé, c'était la mise en relation qui a facilité l'adoption, un lien significatif qui s'est produit grâce à la générosité et à des histoires partagées. L'immense gratitude éprouvée par Sylvia et sa famille a eu un impact profond sur tous ceux qui ont entendu leur histoire et a éveillé le désir de tisser de nouveaux liens et de partager des histoires personnelles entre les membres de sa communauté.

QUELQUES MOTS DE REBECCA, LA BIBLIOTHÉCAIRE PRÊTEUSE

« Les collections de ma bibliothèque personnelle d'objets me tiennent très à cœur. Elles prennent pas mal de place dans mon garage, dans mes placards et dans mes tiroirs. Mes enfants ont grandi habitués à traîner des caisses d'objets à prêter à des voisins jusque sous le porche, et je passe beaucoup de temps à répondre à des demandes de verres, de serviettes de table, d'argenterie et d'accessoires de fête de mai à septembre, pendant la saison des mariages-fêtes-remises de diplômes. Régulièrement, je caresse l'idée de confier mes collections à quelqu'un d'autre qui les gérerait à ma place. Et pourtant, chaque fois que je suis tentée de prendre ma retraite de bibliothécaire, l'univers semble le ressentir. Immanquablement, quelqu'un me dit à quel point il a apprécié avoir des verres pour trinquer au mariage de sa fille ou des serviettes de table pour sa retraite spirituelle. Mes retours préférés sont ceux d'enfants dont les parents empruntent depuis cinq ans mes guirlandes de fanions en tissu pour leurs anniversaires. La dernière fois que je leur ai prêtées, le garçon a dit : "Oh, merci ! Ce n'est pas une fête sans ces fanions !" Cette reconnaissance sincère, sous l'impulsion du moment, n'était pas grand-chose, pas plus que ne l'est cette guirlande de fanions, mais ce merci spontané m'a rendue si heureuse que j'ai fabriqué deux guirlandes de plus en rentrant chez moi pour les ajouter à ma collection. La gratitude la plus élémentaire, pour l'utilisation d'objets simples, peut avoir un effet immense. »

Une invitation à exprimer la gratitude

Nous vous invitons à commencer un journal de gratitude. Il peut prendre la forme que vous voulez : trouvez un beau carnet ancien ou qu'on vous a offert, notez vos pensées dans un document Word sur l'ordinateur ou sur un petit morceau de papier. Peu importe la forme qu'il prend, c'est votre espace de réflexion pour toutes les choses pour lesquelles vous êtes reconnaissant.

La gratitude la plus élémentaire, pour l'utilisation d'objets simples, peut avoir un effet immense.

Pour commencer, **témoignez-vous de la reconnaissance** : prenez un moment pour réfléchir aux comportements que vous avez modifiés depuis la lecture de ce livre, et félicitez-vous pour cela ! Reconnaître ses propres accomplissements et apprécier le travail accompli est une excellente forme d'autoattention. En plus de noter dans ce journal de gratitude d'où vous êtes parti, rappelez-vous où vous aimeriez aller. Fixez des objectifs faciles des prochaines choses que vous voudriez ne pas acheter. Soyez gentil avec vous-même et trouvez des mots positifs pour exprimer une nouvelle révélation que vous pourriez avoir, une alternative à l'achat que vous vous engagez à respecter à l'avenir. Placez-le à un endroit où vous le verrez quand vous voudrez vous souvenir que refréner le consumérisme, partager davantage et acheter moins, ça fait du bien. Partager quelques-unes de ces profondes révélations avec les membres de votre groupe de don peut aussi être cathartique. Soyez reconnaissant pour tout ce que vous avez, pour la communauté, le toit, la nourriture que vous possédez. Plus vous êtes reconnaissant pour ce que vous possédez et l'abondance de cadeaux qui vous entourent, plus il est facile de ne pas acheter les choses dont vous n'avez pas réellement besoin.

Maintenant, **prenez cinq minutes et choisissez deux personnes que vous aimeriez remercier**. Si possible, exprimez vos remerciements en public. Si vous avez une photo de l'objet ou du service partagé, faites-en part à votre groupe de don. Sinon, contentez-vous de poster un message ou d'envoyer un mail groupé sur les raisons de votre gratitude, en décrivant ce que ces personnes ont fait et pour lesquelles vous êtes reconnaissant. Si votre groupe n'est pas sur Internet, écrivez vos remerciements sur un papier et accrochez-le dans l'endroit physique où vous vous retrouvez tous, de sorte que chacun le voie. N'oubliez pas de penser à vos amis et proches, et aux nombreux cadeaux qu'ils amènent dans nos vies. On apprécie tous de recevoir de la reconnaissance pour ce qu'on offre aux êtres qui nous sont chers.

Si vous pratiquez chaque jour une forme de gratitude, dans votre journal ou mentalement avant de vous coucher, vous en ressentirez des bienfaits considérables sur votre santé, comme une diminution des symptômes physiques négatifs, un sentiment accru d'espoir et d'énergie, une vision plus positive de votre vie et davantage de détermination et d'enthousiasme de façon générale. Puisque des études ont démontré que la gratitude est bonne pour notre bien-être dans son ensemble, pourquoi ne pas s'y exercer quotidiennement ? Nous sommes convaincues que la gratitude combinée à davantage de don et d'acceptation de cadeaux dans nos vies pourrait nous aider à vivre plus longtemps. L'institut de Harvard spécialisé dans le développement de l'adulte (Harvard Study of Adult Development) a mené une étude portant sur quelque 800 personnes en bonne santé, heureuses du cours de leur vie, de la jeunesse à la vieillesse. Les chercheurs voulaient savoir ce qui nous fait vivre plus heureux, plus longtemps et en meilleure santé. Qu'ont-ils trouvé ? Sur les six éléments clés qu'ils ont découverts, leur sixième révélation était la « générativité ». La générativité consiste à donner de soi, conseiller, guider, aider, faire don ou simplement rendre. Devenez un guide et un mentor pour d'autres pratiquants du Zéro Achat sur le forum de discussion de buynothinggeteverything.com, pour mener d'autres personnes sur le chemin du partage sain et de la gratitude. Vous pratiquerez alors de la générativité, ce qui est bénéfique pour votre longévité et votre bonheur[66].

CE N'EST QUE LE DÉBUT : LE ZÉRO ACHAT POUR LA VIE

À présent, vous avez bouclé la boucle du Zéro Achat. Félicitations d'avoir passé chacune des sept étapes de ce challenge ! Vous avez tant accompli sur une période si courte ! Pensez aux nouveaux amis que vous vous êtes faits, aux ressources naturelles et à l'argent économisés, à l'espace libéré et, bien sûr, à ces choses que vous n'avez pas achetées. Vous êtes arrivé jusque-là, mais ce n'est que le début de votre parcours dans le Zéro Achat. Voici quelques manières de partager davantage et de continuer.

Partagez votre expérience

Vous êtes resté secret sur votre challenge Zéro Achat ? Il est temps de passer le mot. Plus vous aurez d'amis et de proches à vos côtés, plus vous recevrez de soutien pour continuer dans cette voie.

Il se peut que les gens haussent les sourcils quand vous leur direz que vous n'achetez rien pendant une journée, une semaine ou même un mois, mais ça ne fait rien, la plupart seront intrigués (voire secrètement jaloux) par votre nouvelle résolution. Parlez-en, sensibilisez les membres de votre famille, demandez-leur d'embarquer avec vous. Dites-leur pourquoi c'est important pour vous, expliquez-leur votre motivation personnelle vis-à-vis du Zéro Achat. Si c'est pour économiser de l'argent, être transparent avec votre famille sur votre désir de moins dépenser est une excellente façon de motiver un partenaire réticent et d'entraîner tout le monde. Si c'est pour préserver les ressources naturelles, parlez-en à votre famille, expliquez-lui pourquoi ça vous préoccupe. Si c'est pour recevoir d'incroyables cadeaux gratuits, ça marche aussi. Dites-leur ce qui motive ce changement, ils vous comprendront un peu mieux et auront envie de se lancer dans l'aventure avec vous.

Une fois que c'est fait, invitez-les à vous rejoindre. Ils pourront voir comment s'y prendre de leurs propres yeux. Quand nous nous sommes lancées pour ne plus rien acheter, nous pouvions compter l'une sur l'autre, mais avoir nos familles à nos côtés nous a permis de rester motivées et inspirées et ça nous a beaucoup aidées à nous accrocher à nos toutes nouvelles habitudes.

Recommencez encore et encore et encore

Nous encourageons tout le monde à aborder les sept étapes esquissées dans ce livre comme un exercice sur sept jours, à répéter par cycles, à l'infini. Si vous descendez du train du Zéro Achat, vous pouvez recommencer à l'étape 1.

Nous avons conçu ces exercices comme un processus de découverte de soi et de changement permettant de trouver un système pour se sevrer des achats machinaux, à travers le développement d'une profonde connaissance de soi qui s'épanouit en une forme d'émancipation et de passage à l'action. En cela, inviter autrui à nous rejoindre à chaque étape rend le parcours plus facile et plus viable. On a moins de mal à refuser une sortie shopping et à proposer un café ou une balade à la place. Plus vous laisserez vos proches assimiler ce style de vie, en leur faisant comprendre que ce n'est pas un régime à la mode ou un truc passager, mais bien un engagement à changer massivement nos comportements, plus ils auront envie de se joindre à vous. C'est ainsi qu'on peut changer le monde, en introduisant une personne après l'autre aux nombreuses joies du Zéro Achat et aux répercussions profondes que cela peut avoir sur nous et sur notre planète.

Mettez-vous au défi de ne rien acheter pendant plus longtemps

Les études ont montré qu'on a besoin de trente jours pour changer réellement une habitude. Alors si vous êtes tenté de relever le défi de trente jours sans rien acheter, accrochez-vous. Chaque étape de notre challenge implique beaucoup de choses, que vous avanciez une étape par jour ou que vous les étendiez davantage sur la durée. La clé, c'est de trouver des personnes prêtes à partager avec vous pour avoir dès le départ un groupe de soutien et une économie du don sur lesquelles vous appuyer. Exprimez votre gratitude aussi souvent que vous le pouvez. C'est contagieux, on vous le promet.

Dans notre première économie locale du don à Bainbridge Island, les membres se faisaient régulièrement part de leur gratitude et des leçons qu'ils tiraient de cette expérience. Le mot est passé dans l'ensemble de la communauté, apportant chaque jour de nouveaux membres. Trois mois et demi seulement après la création du groupe, Jill Hendren a partagé ce témoignage universel de gratitude :

« Le vendredi soir, c'est soirée ciné à la maison. C'est une façon agréable de décompresser à la fin de la semaine et mes filles (âgées de 7 et 9 ans) ont toujours hâte. Ce soir, il y a eu comme un passage à la vitesse supérieure. Je jetais un coup d'œil au groupe quand je suis tombée sur le message d'Alison à propos d'une petite fille de 6 ans qui arrivait en famille d'accueil avec pour seuls vêtements ceux qu'elle avait sur le dos, et pas de manteau. C'est ainsi que la soirée ciné s'est transformée en “qu'a-t-on qui pourrait lui plaire”…

« Les filles ont soigneusement sélectionné des affaires qu'elle pourrait aimer. Une fois qu'on a eu tout rassemblé, à 20 heures, j'ai chargé les filles et leurs cadeaux dans la voiture et on s'est mises en route pour leur livraison spéciale. Les filles étaient très excitées à l'idée de rencontrer leur nouvelle future amie. Je leur ai expliqué qu'elle serait peut-être couchée, mais coup de chance, ce n'était pas le cas.

« Nous lui avons donné toutes ses nouvelles affaires. Les filles lui ont donné une veste chaude, tout un tas de vêtements, des accessoires à cheveux, une nouvelle brosse à dents, un sac à dos et quelques jouets. Un immense sourire a illuminé son visage et elle a monté les escaliers en courant. Un instant plus tard, elle a réapparu, un petit animal en peluche dans les bras. C'était Daisy Duck. Elle a murmuré quelque chose à l'oreille de sa mère d'accueil. Celle-ci m'a regardé et m'a dit : "Elle aimerait te donner ça." La petite fille s'est penchée en avant pour me le donner et m'a fait un des plus gros câlins que j'ai jamais reçus. Quelques minutes après, les filles étaient parties jouer ensemble. J'ai su plus tard qu'elle avait aussi essayé de leur donner la dernière chose qu'elle possédait, son ours.

« Elle n'avait que les vêtements qu'elle portait et deux animaux en peluche, et elle m'en a donné un. Ce don gratuit sans rien attendre en retour est une leçon inestimable. Merci au groupe Buy Nothing de Bainbridge, j'ai une nouvelle amie, elle s'appelle Edith et, ce soir, elle m'a donné bien plus qu'un canard en peluche. »

Le Zéro Achat, c'est un parcours continu de découvertes parce que, soyons honnêtes, vous achèterez et n'achèterez pas jusqu'à votre dernier souffle. Chaque fois que vous faites le choix du Zéro Achat au lieu d'acheter du neuf, vous faites un pas en direction d'un changement positif. Concentrez-vous sur ces victoires plutôt que sur les fois où vous ne pourrez pas ne pas acheter. C'est le voyage d'une vie.

On perd plus facilement une habitude quand on la remplace par une autre. Perdre l'habitude d'aller au magasin pour acheter ce que vous voulez sera plus facile quand vous ferez partie d'une économie du don bien établie et que le don, la demande et l'expression de la gratitude feront partie de votre quotidien.

Nous en avons conscience, parce qu'acheter des choses est tellement enraciné dans notre culture de tous les jours que c'est une habitude difficile à briser, surtout les deux premières semaines. Mais si vous n'achetez rien pendant un mois, puis encore un mois, vous aurez remplacé l'envie irrépressible d'acheter par l'intrigue et l'inventivité du partage. Plus on met ces idées en pratique pour remplacer nos pulsions d'achat par nos propres réseaux de don, plus ça devient facile et mieux on s'en portera tous.

Achetez de façon consciente

Voici quelques mots sur le fait d'acheter, quand il vous arrive d'acheter. À présent, vous avez vraisemblablement dégagé de l'argent, et même du temps, en n'achetant pas et en empruntant, en demandant et en réparant ce que vous possédez déjà. Alors, quand il vous arrive d'acheter, achetez d'occasion et achetez local, dans la mesure du possible, pour garder les objets hors des décharges et pour soutenir votre communauté et les petites entreprises du coin. Et achetez des objets de la meilleure qualité possible. Concentrez-vous sur des articles conçus pour durer plutôt que sur de multiples objets à usage unique. Oui, ça coûte sans doute un peu plus cher, mais quand on investit dans des objets durables qui ne sont pas conçus pour cesser de fonctionner au bout d'un mois ou d'un an ou deux, on économise de l'argent et, à terme, on épargne les décharges. Il y a tellement d'obsolescence programmée (des articles faits pour ne pas durer longtemps, comme certains ordinateurs et téléphones portables) dans nos produits de tous les jours, que ça vaut la peine de chercher les meilleurs possible, afin de dépenser votre argent durement gagné dans des articles qui ont des garanties, d'excellents avis clients ou qu'on peut réparer facilement. Si vous achetez des produits faits avec des matériaux de qualité, ils dureront plus longtemps.

Comme vous le savez peut-être déjà, ce que vous achetez et comment vous l'achetez peut avoir des répercussions d'ordre politique. À qui voulez-vous donner votre argent ? Quelles entreprises et sociétés ont gagné votre estime et votre respect ? Soyez pleinement conscient de tous vos achats en vous renseignant attentivement sur les entreprises qui prennent votre argent afin de décider si elles méritent votre soutien. Sont-elles connues pour être polluantes, ou pratiquent-elles le commerce équitable avec un programme de fin de vie pour les produits qu'elles fabriquent ? Sont-elles engagées à faire le bien dans le monde ? Nos deux familles ont par exemple déniché Who Gives a Crap, une entreprise dotée d'une conscience sociale qui produit du papier toilette recyclé emballé sans plastique. Elle investit 50 % de ses profits dans la construction de toilettes partout dans le monde, et nous sommes sincèrement heureuses de dépenser chaque mois notre argent dans ce papier toilette en particulier. Souvenez-vous, le monde des affaires repose sur les consommateurs. Aussi, en tant que consommateur, vous avez le pouvoir de voter avec votre portefeuille et d'inciter les entreprises à adopter des pratiques plus saines et plus durables par chaque achat que vous choisissez de faire.

Quand vous achetez, achetez-vous une seule fois ? Autrement dit dépensez-vous plus d'argent pour un objet qui est tellement bien fabriqué, par une entreprise tellement responsable, qu'elle vous garantit qu'il durera aussi longtemps que vous le possédez ? Certains fabricants proposent ce type de garanties. D'autres produits, comme une poêle en fonte traditionnelle, durent tout simplement toute la vie si vous en prenez soin. Il y a quelques objets, comme cette poêle en fonte qu'on utilise chaque jour en cuisine, que nous possédons depuis des années. Pour certains objets en particulier, nous avons investi plus d'argent parce qu'on sait que, en cas de problème, l'entreprise le remplacera et avec un peu de chance le recyclera ou le réparera afin que les matériaux ne deviennent pas des déchets. Quand, au bout du compte, vous avez *vraiment* besoin d'acheter quelque chose que vous utilisez tous les jours, les chevaux de traits de nos vies, étudier consciemment chaque option et enquêter sur l'article de la meilleure qualité possible valent bien l'investissement de départ.

Et souvenez-vous, « achetez local » est une excellente devise. Il n'est pas de meilleur endroit pour faire du shopping que dans vos placards et armoires. Allez voir dans votre réfrigérateur et dans votre garde-manger, vous y trouverez votre prochain repas. C'est l'épicerie la moins chère de toute la ville. Et plutôt que d'aller au centre commercial pour vous acheter une nouvelle tenue, regardez ce que vous pouvez créer à partir de vos armoires et tiroirs. Vous pourriez vous surprendre vous-même.

Quand vous économisez de l'argent par le Zéro Achat, vous doublez vos bénéfices. Vous bâtissez une planète plus saine et une communauté plus résistante, et vous pouvez dépenser un peu d'argent pour soutenir les personnes et les idées auxquelles vous croyez, pour construire un monde où vous avez envie de vivre.

UNE VISION POUR L'AVENIR

Une étude récente a montré que les arbres survivent dans la forêt grâce à un remarquable réseau d'interconnectivité, chaque organisme tirant profit d'une toile de moisissure souterraine afin de se transmettre des ressources de l'un à l'autre[67]. Si nous nous considérons comme les arbres d'une forêt, nous pouvons créer une toile de connexions similaire au sein de nos communautés, nous appuyant sur ce réseau pour satisfaire nos besoins et nous soutenir. Quand on a un collectif local solide, on peut s'organiser et accomplir tellement de choses ensemble !

Maintenant, considérez votre communauté comme un arbre seul dans une forêt encore plus grande, une forêt d'économies du don dans lesquelles vous pouvez puiser, un réseau plus vaste d'économies du don disposées et capables d'être au service des autres. Ces réseaux au sein des réseaux peuvent être un outil puissant pour créer le bien. Une fois que vous avez appris à donner localement, vous pouvez vous connecter au monde entier pour accomplir des choses étonnantes, tout cela pour le bien commun. C'est notre vision pour l'avenir, c'est ainsi que le Zéro Achat peut rendre le monde meilleur.

L'HISTOIRE ZÉRO ACHAT D'ANNA

« Ceci est une lettre d'amour pour mes compagnons dans le Zéro Achat. Chaque fois que je vais récupérer un objet qu'on me donne ou qu'on me prête, je mets un point d'honneur à y aller à pied. De cette manière, j'explore de nouvelles rues et j'ai le temps de les apprécier. Chaque fois, je croise de nouvelles merveilles jusqu'alors inconnues et je me sens moins étrangère, plus en harmonie avec notre diversité, grâce à des connexions que je n'avais jamais faites auparavant. Merci, cher groupe, la générosité et la joie inhérentes au don et/ou à l'utilisation de quelque chose qui nous est étranger me fait espérer que nous sommes en train de devenir plus reliés et familiers les uns avec les autres. »

— *Anna Debono, Queensland*

Les réseaux de dons comme organisations humanitaires

Moins d'une semaine après le séisme de magnitude 7,8 qui a frappé le Népal le 25 avril 2015, il était devenu clair que l'aide humanitaire ayant atteint des villages au-delà de Katmandou, la capitale, était minime, sinon inexistante. Les routes étaient dangereuses mais, pire encore, les ressources pour construire des abris temporaires pour les plus de deux millions de personnes devenues sans domicile s'étaient taries. Les stocks de tentes et de bâches étaient complètement épuisés à Katmandou. Les gouvernements étrangers et les organisations humanitaires étaient bloqués dans le seul aéroport international du pays et les ressources humanitaires entrantes réquisitionnées par les douanes népalaises. C'est ainsi que la nourriture, les tentes, les bâches, les couvertures et le matériel médical absolument indispensables ont attendu sur le tarmac, finalement pendant des mois, telle une masse déconcertante de scotch rouge.

Les amis de Liesl au Népal étaient dans tous leurs états, envoyant des messages pour obtenir par tous les moyens du matériel à destination des personnes en souffrance dans les villages reculés. Des membres de leur famille étaient toujours enterrés sous les décombres. Les organisations humanitaires acheminant des ressources par camion vers les villages étaient arrêtées en chemin par des groupes de personnes vivant le long de la route, prêts à tout pour obtenir de l'aide. Des dizaines de milliers de personnes qui avaient tout perdu manquaient toujours des besoins les plus élémentaires à leur survie : nourriture, eau potable, sacs de couchage et abri.

Nous avons décidé de tenter quelque chose en apparence un peu fou : puiser dans le vaste réseau Buy Nothing pour rassembler des ressources et les acheminer là où on en avait besoin. L'idée était osée et allait impliquer un réseau mondial de volontaires, la complicité de compagnies aériennes et des cracks des réseaux sociaux. Nous avons commencé par les grandes villes dotées d'économies du don florissantes. C'est à Seattle que nous avons lancé le premier essai : Shelley Schwinn, directrice exécutive du Buy Nothing

Project, a posté un message sur quelque 500 groupes du Grand Seattle et par le biais d'amis propriétaires de la marque népalaise de vêtements Sherpa Adventure Gear. Nous avons rapidement été capables de rassembler, remplir et acheminer vingt-deux sacs de voyage dans un container de transport privé que Sherpa Adventure Gear a mis dans un vol avec sa cargaison habituelle de vêtements.

Des amis à Boulder, dans le Colorado, ont fait marcher leur réseau dans leurs communautés d'escalade pour récupérer des sacs, des tentes, des bâches et des fournitures médicales, suivis par des groupes de San Francisco, de l'Indiana, d'Ohio, du Massachusetts, du New Hampshire et de Washington DC. Nous avons ensuite fait savoir par nos propres réseaux dans toutes les grandes villes que nous cherchions des gens en partance pour le Népal et désireux d'ajouter quelques articles à leurs bagages. En tant que touristes, ils pouvaient entrer dans le pays par l'aéroport avec leurs propres bagages remplis de tentes, bâches, sacs de couchage et matériel médical. Nous nous occupions de l'aspect compagnies aériennes de l'équation en déposant des requêtes auprès des services concernés par les excédents de bagage afin d'obtenir des exonérations pour aide humanitaire. Les compagnies United Airlines et Etihad ont été nos plus grands soutiens, renonçant à nous faire payer comme bagages supplémentaires des centaines de sacs transitant par leurs systèmes en direction de l'Himalaya avec des médecins, des infirmières, des alpinistes, des scientifiques, des documentaristes et des bénévoles qui se précipitaient pour apporter leur aide à l'effort humanitaire. Nos amis sur place à Katmandou – des alpinistes, kayakistes et guides népalais – envoyaient ensuite les fournitures et soins de santé dans les villages reculés.

Le pilote d'United Airlines Matt Murray s'est porté volontaire pour se rendre bénévolement au Népal sur ses jours de congé en tant que passager pour acheminer en solitaire 100 sacs remplis de tentes et de bâches vers le pays. Un alpiniste ayant gravi l'Everest, David Carter, a pris des jours de congé de son travail dans l'Indiana pour accompagner par avion avec deux de ses amis 100 chargeurs solaires à notre place. Ces chargeurs jouaient un rôle clé dans la reconstruction du village de Langtang par ses habitants du district de Rasuwa, qui avait été entièrement enseveli par une avalanche provoquée par le séisme. Ces histoires individuelles de don relatent un récit plus vaste sur la manière dont le partage basé sur la communauté et les réseaux d'économie du don peuvent se mobiliser et faire la différence en périodes de détresse.

Notre groupe Facebook était le centre de contrôle des missions, chacun s'y connectant pour contourner les obstacles potentiels. Nous avions tant bien que mal réussi à construire des tunnels secrets pour acheminer des sacs au Népal à la vue de tous. Au bout du compte, en l'espace de deux mois, le réseau a réussi à collecter, transporter et acheminer 240 sacs remplis de plus de 700 tentes familiales et bâches, 100 chargeurs solaires, des couvertures, du matériel médical et des centaines de lampes solaires à peu ou pas de frais pour nous, tout cela avant l'arrivée de la mousson. Ces fournitures, d'une valeur de plus de 67 000 $, provenaient toutes de gens de tous les jours partageant ce qu'ils avaient dans leurs greniers, garages et remises. Ça a fonctionné et ça nous a montré ce qu'on était capables d'accomplir si nous étions de nouveau confrontés à une telle catastrophe.

Nous sommes convaincues que ce type de réseau mondial d'individu à individu peut faire la différence face à n'importe quel sinistre et que c'est un modèle alternatif viable qui pourrait fonctionner en parallèle du travail des grosses organisations humanitaires œuvrant sur le terrain. Le Zéro Achat puise dans notre désir inné d'aider et, quand une catastrophe se produit, notre propension naturelle à donner se met en branle. Si nous sommes suffisamment nombreux à nous lancer dans les sept étapes décrites dans ce livre, nous découvririons qu'il est possible de créer une ressource locale puissante et d'allumer une étincelle qui nous permettra de devenir plus résilients et plus adaptables à tout ce qui peut se mettre en travers de notre chemin : coupures de courant, pertes d'emploi, maladies, divorces, incendies et ouragans. Plus nous sommes reliés les uns aux autres, plus nous sommes aptes à partager ce que nous avons et à apporter de l'aide aux personnes en détresse.

S'il y a un groupe de don dans votre ville, vous avez accompli les sept premières étapes vers la construction d'une communauté résiliente, pas seulement pour être capable d'aider les individus autour de vous, mais aussi pour être prêt à aider des gens très loin d'ici qui pourraient bien avoir besoin de vous un jour.

Sauver la planète, un don, une demande, un partage à la fois

C'est après avoir vu de nos propres yeux les effets désastreux du plastique sur notre environnement que nous avons eu l'idée de lancer le Buy Nothing Project. Nous caressons l'espoir qu'en étant de plus en plus nombreux à acheter moins, partager plus et dire non au plastique, on peut réduire notre dépendance au plastique et stopper les dégâts environnementaux dévastateurs qu'il engendre. Notre but ultime serait de commencer par refréner l'introduction du plastique dans nos écosystèmes. Et ça commence par nous, consommateurs. Si nous refusons d'acheter du plastique, les industriels seront forcés d'arrêter d'en produire.

Chacun de nous peut rejoindre ce mouvement et laisser une empreinte individuelle durable en pratiquant chaque jour le Zéro Achat. Chaque fois qu'on se procure un objet partagé ou d'occasion au lieu de l'acheter neuf, on freine l'épuisement de nos ressources naturelles. Chaque fois qu'on refuse d'acheter un objet neuf, on évite la pollution liée au transport par bateau et par camion de ces articles pour les acheminer dans les magasins partout dans le monde. Et chaque fois qu'on donne ou qu'on prête nos affaires un temps aimées, on leur évite d'occuper de la place dans les décharges en expansion. En tant que consommateur, chaque petit acte de résistance est une contribution significative pour freiner le changement climatique et la pollution environnementale.

Le partage concret

Nous avons lancé le Buy Nothing Project en utilisant une plateforme gratuite sur un réseau social afin d'amorcer des connexions qui rapprocheraient les gens dans la vie réelle. Notre but, c'est de motiver et de permettre à chacun d'entre nous de partager facilement dans notre quotidien, en partageant en ligne et hors ligne nos dons et nos demandes, où que nous nous trouvions.

Nous sommes en train de développer une plate-forme indépendante, Soop.app, pour fournir au monde entier un centre mondial de l'économie du don en ligne. Nous souhaitons construire une plate-forme reposant sur la bonté publique plutôt que sur le profit, donnant accès à tous à une architecture numérique centrée sur l'humain pour un réseau mondial florissant d'économies individuelles du don. La forme sur laquelle nous travaillons s'inspire de tout ce que nous avons appris à la tête du Buy Nothing Project, y compris des études qui montrent qu'il y a une limite au nombre de personnes avec qui on peut entretenir des relations sociales et des connexions stables. Le Dr Robin Dunbar, professeur émérite en psychologie évolutionniste à l'université d'Oxford, a déterminé que 150 est le nombre magique et maximum d'individus avec lesquels chacun peut nouer des relations significatives[68].

On peut aussi amorcer notre pratique du don en dehors des réseaux sociaux. Sautez le pas et demandez aux amis vivant près de chez vous de vous retrouver une fois par semaine ou une fois par mois pour une petite réunion de partage. Invitez vos amis à inviter les leurs, et ainsi de suite. Vous pouvez le faire chez vous ou vous retrouver dans un parc ou une salle municipale. Les réunions peuvent durer quinze minutes, une heure ou plus. Vous pouvez décider de partager un type d'objets en particulier chaque semaine (vêtements, ustensiles de cuisine), de partager de la nourriture ou de créer une bibliothèque d'objets.

Si les communautés construisent des économies du don au sein de leur infrastructure, le don pourrait devenir partie intégrante de notre routine quotidienne. Canberra, capitale de l'Australie, s'est autoproclamée « ville du partage » et a créé une carte interactive localisant les lieux de toutes les ressources et activités partagées, des jardins partagés aux Little Free Librairies (boîtes à livres) en passant par les groupes Buy Nothing de quartier[69]. C'est un modèle fort que nous pouvons tous suivre dans nos villes et villages.

Ce changement de paradigme du Zéro Achat a pris une ampleur internationale, avec une escalade rapide, parce qu'il répond à un besoin profond qui a fait défaut dans notre conscience collective : la nécessité de partager, de se relier les uns aux autres, de préserver les ressources et de renforcer notre résilience à travers la communauté. Cette « économie circulaire », une économie conçue pour éliminer le gaspillage et la pollution en maintenant les matériaux et objets en usage, peut régénérer et préserver nos systèmes les plus naturels, nos communautés, nos terres en friche et notre climat. Ensemble, on peut faire la différence sur l'environnement, l'économie, nos comptes en banque personnels, nos vies et le bien-être futur de nos familles et quartiers.

Nous espérons que ce livre vous aidera à tracer une ébauche, pour votre foyer et votre communauté locale, qui entraînera des changements positifs au-delà de nos maisons, nos villages, nos villes et nos pays. Notre vœu ultime serait que cet état d'esprit du Zéro Achat ait des répercussions positives sur le monde en général. On ne peut pas poursuivre sur le chemin de la production, de la consommation et de l'enfouissement des déchets si on veut un avenir meilleur, étant donné les ressources limitées de notre planète, mais on peut poursuivre sur le chemin du partage. Ensemble, nous pouvons changer le cours de l'avenir, nous avons déjà commencé.

REMERCIEMENTS

Avant toute chose, nous souhaitons remercier les millions de personnes à travers le monde, et notamment tous les habitants de Samdzong, dans le royaume du Mustang au Népal, qui participent à des économies locales du don et qui mènent leurs propres actions Zéro Achat dans le but de gérer les matériaux avec sagesse, partager les ressources et se soucier les uns des autres et de notre planète. Cette diversité et ces actions individuelles s'ajoutent aux répercussions collectives positives et au changement généralisé, et nous sommes profondément reconnaissantes envers tous ceux qui nous ont précédés dans ce cheminement, ceux qui nous accompagnent aujourd'hui et ceux qui nous rejoindront.

Le Buy Nothing Project ne serait qu'un groupe sur une petite île sans le dévouement et la passion de notre équipe fondatrice, constituée de Shelley Schwinn, notre kraken préféré ; Crescent Moegling, notre expert en cartographie favori qui a aussi aidé dans les recherches et communiqués pour ce livre ; John Brownlow, qui pose les questions difficiles avant d'intervenir pour aider à produire à tout moment les ressources les plus parfaites sur le plan professionnel dont on pourrait avoir besoin pour un projet ; tous les membres des groupes Buy Nothing d'origine issus de Bainbridge, volontaires pour jouer les rats de laboratoire à chaque nouvelle idée ; toute l'équipe internationale du Buy Nothing Project, comprenant Cheryl Baker, Jennifer Rockenbaugh, Eileen Edwards, Michelle Edwards, Alexa Carey, Ann Gerrietts, Rachel Anderson, Antoinette Sankar, Daria Kelsey, Katherine Parsons, Marlene Schulz, Kristina M. Ione, Emma Jag, Kate Watkins, Laura Norris, Robynn Coulter, Kym Ianetta, Francine Levesque, Adrienne O'Reilly-Angus, Rora Melendy, Lissa Jagodnik et Lillian Lu ; tous les bénévoles de nos équipes régionales et de nos antennes administratives locales – nos « vollies » adorés, comme nos amis australiens nous ont appris à les nommer – et tous les membres, partout. Nous sommes également reconnaissantes envers toutes les personnes qui ont contribué à ce livre en partageant leurs témoignages et points de vue.

Liesl aimerait remercier sa mère, Gretel, qui est son modèle depuis toujours, du féminisme au jardinage, en passant par son amour des grands espaces et l'apiculture. Gretel, fer de lance du premier programme de collecte de compost dans l'est du Michigan, a inspiré Liesl dans son propre militantisme au sein de sa communauté. L'optimisme volontaire du père de Liesl a instillé en elle le sentiment profond qu'absolument tout est possible dans la vie, même fouler des sols qu'aucun humain n'avait foulés auparavant. À ses enfants, Finn et Cleo, elle offre les remerciements les plus purs et les plus humbles, pour avoir accepté de vivre une enfance d'exploration et d'expérimentation différente de celles de leurs pairs. Comme le disent Grand-mère et la plupart des mères, « Vous me remercierez plus tard ». Quant au mari de Liesl, Pete Athans, aucun mot ne saurait exprimer la profondeur de son amour, de son admiration et de sa gratitude pour son élégance et sa formidable énergie, prenant toujours soin des personnes autour de lui. Liesl exprime aussi une gratitude particulière et profonde envers ses frères et sœurs, Bryn, Heidi et Joc, et leurs conjoints et enfants incroyablement encourageants, pour la joie, la passion, les rires, la compétitivité, les épreuves, les peines, la compassion et l'aventure que peut supporter toute une vie d'amour familial. À Ang Temba et Yangin Sherpa, la famille de cœur de Liesl, *thujeche* pour les leçons de vie que vous lui avez enseignées. Vous nous manquez chaque jour et nous rêvons de vivre ensemble au sein de la même communauté aimante.

Rebecca souhaiterait remercier tout particulièrement sa mère, Anita Frankel Rockefeller, et son père, Phil Rockefeller, dont l'infatigable dévouement au service public, au féminisme et à la justice sociale et environnementale lui a procuré une feuille de route claire et puissante pour sa vie. Sa gratitude pour les exemples vécus, les conversations, les témoignages, les conseils, l'éducation, les petits plats, les tasses de thé, les idées géniales et les dépannages d'urgence au bord de la route et dans les crises existentielles à tous ceux qui rendent sa vie de mère célibataire active possible et pleine de sens, notamment Inge Frankel, ז"ל ; Nat Frankel, ז"ל ; Aileen Frankel ; Nancy Zises ; Barry Frankel ; Melissa Rockefeller ; Minh, Peter, et Lilou Pham ; Airyka Rockefeller ; Larry Weiner ; Jillian Worth ; Kasper Luna ; Nina Runstein Minney ; Liza Pascal ; Ayan Rivera ;

Jenn Gallucci ; Mino et Lexia Christante ; Michele Lang ; tout le sabbat de Gazzam Lake ; Naomi Spinak ; Zann Jacobrown ; Julie Rosenblatt ; Kay McGowan et toute l'équipe de l'IWC ; Deb Buitenveld ; Jenny Mayfield ; Maria Knighton ; M'Rissa C ; toute l'équipe de l'ITA ; le solide, compréhensif et magique Israel ; Lori Levari ; Jamie Rudman Kloosterman ; Jill Franklin ; Melinda Gordon Blum ; Sheri Lynn ; et tous les JB. Son respect et sa gratitude les plus intenses vont à Ada et Mira, qui ajoutent tant d'idées, d'huile de coude, de patience et d'humour à la tâche partagée consistant à réparer le monde.

Notre reconnaissance chaleureuse à notre agente littéraire, Neeti Madan, de Sterling Lord Literistic, qui est venue nous trouver il y a deux ans avec la conviction que nous avions en nous un livre à écrire. Merci d'avoir cru en nous et de nous avoir éclairé le monde obscur de l'industrie du livre. Les conseils donnés par notre éditrice, Sarah Peltz, d'Atria/Simon & Schuster, qui a façonné notre récit avec douceur, clarté et soutien, nous ont aussi profondément inspirées. Nous savions que tu étais l'éditrice parfaite pour nous quand tu nous as dit que tu étais membre de ton groupe Buy Nothing local. Nous sommes aussi reconnaissantes envers les contributions, en coulisse, de Melanie Iglesias Perez chez Atria et de toute l'équipe d'Atria. La relecture d'Angelina Krahn nous a permis de rester vigilantes, jusqu'au moindre détail. Merci aussi à Jason Chappell pour ses conseils durant la relecture.

ANNEXE

Repensez vos déchets

On prend ici la fameuse devise sur les déchets trésors au pied de la lettre, ne riez pas. Saviez-vous que vos déchets en disent long sur vous et vos habitudes de consommation ? Moins vous consommez, moins vous générez de déchets. Et faire l'inventaire de votre poubelle vous aidera aussi à mieux comprendre comment réduire vos déchets ou les donner pour que quelqu'un les utilise de manière créative. Non seulement c'est plus sain sur le plan environnemental, mais vous économiserez de l'argent public sur le ramassage hebdomadaire des ordures ou du temps en allant moins souvent à la déchetterie.

Il est facile et bien commode de ne pas trop penser à ce qu'il advient de nos déchets une fois qu'ils sont ailleurs, mais *ailleurs*, c'est habituellement une décharge ou un incinérateur. Nous avons suffisamment réduit la quantité de déchets produits par nos familles pour refuser le ramassage hebdomadaire des ordures qui coûte à chaque foyer de Seattle un minimum de 247 $ par an[70]. Nous remplissons une poubelle de 120 litres tous les trois à quatre mois. Vraiment ! Quand elle est pleine, nous l'apportons au centre de traitement des déchets de notre ville. Le coût total de notre dépôt d'ordures est de 10 $ par poubelle. Cela représente une économie annuelle de près de 200 $. Pas mal.

Le super bénéfice de l'inventaire de vos déchets, c'est qu'il permet de mettre en lumière les flux évidents que vous pourriez partager avec d'autres (les déchets de l'un sont les trésors d'un autre), recycler ou réutiliser ailleurs. Vous pourriez même trouver dans votre poubelle des choses qui vous aideront à ne rien acheter.

Certaines personnes sont naturellement craintives à l'idée de toucher les ordures. Mais qu'est-ce qui rend les déchets dégoûtants une fois qu'on les a jetés ? Ils ne l'étaient pas quand vous les aviez dans la main avant de les mettre à la poubelle. Si vous retirez les déchets organiques de votre poubelle (et que vous les compostez, voir page 316), il ne devrait y rester que des éléments secs, tout aussi propres qu'avant que vous les ayez jetés. Si vous jetez des choses tranchantes, comme du verre brisé ou des aiguilles, veillez toujours à les mettre dans un contenant de sorte que personne ne se blesse avec ces objets.

Voilà, c'est dit, allons-y. Sortez cette poubelle et commencez à vider ce qui s'y trouve. Voici ce que vous cherchez.

Déchets recyclables

Allez sur Internet vérifier ce qui va au tri. Renseignez-vous sur la gestion des déchets de votre commune en cherchant « [nom de la commune] + recyclage ». Faites une copie de la liste et apprenez-la. Collez-la sur votre poubelle si ça vous aide (c'est ce qu'on fait, ça change régulièrement). Quels types de plastiques peuvent être recyclés ? Les municipalités indiquent en général précisément quels recyclables sont acceptés. On peut être tenté d'y jeter tous les déchets plastiques mais il est important de suivre la liste à la lettre ; les objets qui n'ont rien à y faire contamineraient tout le bac, qui finirait intégralement à la décharge. Quels autres déchets recyclables pouvez-vous mettre au tri sélectif dans votre commune ? Papier ? Verre ? Boîtes en aluminium ? Briques de lait ? Sortez tous ces articles de votre poubelle et mettez-les au tri. Que reste-t-il ? Des plastiques non recyclables ? Serait-il envisageable de ne pas acheter cet article ou de le remplacer par une alternative vendue sans plastique non recyclable ? Sinon, pouvez-vous stocker ce plastique et trouver quelqu'un qui en aurait l'usage, comme un professeur d'arts plastiques, un bricoleur créatif ou quelqu'un qui fait des conserves ? Le plan de recyclage de notre quartier ne prend pas les Tetra Pak (les briques de jus et de soupes, par exemple, faites de couches de carton, de plastique et d'aluminium), et il y a quelques produits vendus dans des Tetra Pak dont nous avons du mal à nous passer. Nous stockons nos Tetra Pak vides et nous les donnons à un ami qui les jette dans son bac de collecte dans la ville voisine de Seattle. C'est une solution alternative. Les écoles d'art du coin récupèrent volontiers les barquettes de viande en polystyrène (voir page 247 pour en savoir plus).

Papier

En matière de recyclage du papier, les centres de tri prennent généralement tous les types de papier, pas seulement les journaux et le papier pour imprimante. Les cartons doivent parfois être pliés et jetés à part. N'oubliez pas de recycler les emballages cartons comme les boîtes de céréales, sauf si vous connaissez un atelier d'artiste qui aimerait les récupérer. Il y a aussi d'autres papiers cachés, comme les rouleaux de papier toilette et les plaques en carton dans les emballages de piles ou d'ampoules. Mettez *tous* les papiers au tri, même si ça implique que vous soyez debout près de votre poubelle à déchirer les emballages pour séparer les parties plastiques du papier. Ça peut devenir physique, mais ça fait du bien, parce que c'est ça en moins à la décharge et ça en plus dans la poubelle de tri.

Mieux encore, évitez le papier en premier lieu. Réduire la quantité de publicités que vous recevez est un bon moyen de le faire. Aux États-Unis, il existe un site Internet et une application, Catalog Choice, pour faire cesser le courrier indésirable. En France, le plus efficace reste d'apposer sur votre boîte aux lettres un autocollant « Stop pub » fourni par votre commune.

RUDOLOGIE

Chose étonnante, le papier se paie toujours la part du lion dans nos décharges. Quand des archéologues, qui se sont donné le nom de « rudologues », ont commencé les premières « fouilles » à proprement parler dans les décharges dans les années 1990, ils ont fait une découverte incroyable. L'hypothèse était que les plastiques seraient, en volume, les premiers coupables dans nos décharges. Mais, curieusement, ce n'était pas le cas. Les industriels étant parvenus à rendre les bouteilles et sacs en plastique plus fins, ces derniers n'occupaient pas autant d'espace que d'autres matériaux courants dans nos foyers. C'est le papier qui prenait le plus de place. Cette découverte fut une révélation car, étant constitué de matériaux organiques, on supposait que le papier se décomposait. Il n'en était rien.

Le regretté Dr William Rathje, scientifique à la tête du Garbage Project, a relevé que le papier, enseveli sous près de 10 mètres d'ordures, était toujours parfaitement intact, puisqu'il avait été enterré profondément sous les déchets, sans lumière, sans eau et sans air pour le décomposer. Les chercheurs ont découvert que le papier occupait près de 50 % de l'espace dans nos décharges[71]. Aujourd'hui, il en occupe environ 25 %, mais demeure le matériau le plus présent dans les décharges aux États-Unis[72]. On peut sûrement réduire de phénomène en le recyclant, même si ça implique d'arracher et de récupérer le carton des emballages en plastique thermoformés qui entourent nos brosses à dents et nos jouets Hot Wheels.

Polyéthylène

Le polyéthylène n'est rien d'autre qu'un nom sophistiqué pour désigner le matériau utilisé pour les sacs en plastique ou le film. La plupart des communes recyclent désormais le polyéthylène, vous devriez donc pouvoir l'écarter de votre poubelle générale. Ça inclut les sacs en plastique, les emballages de journaux, les sachets de stockage alimentaires (lavez-les, voir comment fabriquer votre séchoir à sacs en page 136), les emballages de papier toilette et mouchoirs en papier, les emballages de matériel électronique, les sachets dans les boîtes de céréales, les sachets de pain et les sacs de pressing. Vous serez surpris de la quantité de polyéthylène présente dans vos déchets.

Votre poubelle générale doit commencer à vous sembler bien mince à présent.

Nourriture et matériaux organiques

Les déchets alimentaires sont, en poids, le premier contributeur annuel des décharges[73]. Les entreprises de gestion des déchets utilisent donc beaucoup de combustible fossile pour acheminer vos déchets alimentaires jusqu'à la décharge, où ils pourriront et émettront du méthane dans l'atmosphère. On sait pourtant que c'est une ressource qui pourrait être utile à quelqu'un près de chez vous. Si vous n'avez ni composteur, ni lombricomposteur, ni poulets, ni chien, gardez ces déchets alimentaires pour les donner au sein de votre économie locale du don. Rebecca a abandonné le compost (à cause de rats particulièrement obstinés), mais le cochon d'Inde de sa fille mange presque tout ce que ses poules n'aiment pas. Ne soyez pas timide, faites savoir que tous les deux ou trois jours vous mettez à disposition des déchets de nourriture et de légumes pour le compost ou pour nourrir des poulets, des lapins, des cochons d'Inde, etc. Vous trouverez preneur. Plus on a de déchets pour nourrir ses animaux, moins on a besoin d'acheter de nourriture industrielle. Et, aussitôt que vous retirerez la nourriture de votre poubelle, vous constaterez une diminution majeure dans votre production quotidienne de déchets (et votre poubelle sentira aussi bien meilleur !). Si ça vous semble extrême, renseignez-vous auprès du service de gestion des déchets de votre commune. Certaines communes proposent maintenant le ramassage du compost en plus du tri et des ordures. Et vous pouvez toujours commencer votre propre composteur pour transformer vos déchets en « or noir » pour vos plantes d'intérieur, herbes de rebord de fenêtre et jardinières de balcon.

Il reste peut-être encore des choses dans votre poubelle qui pourraient rejoindre le composteur. Vous serez sans doute surpris de découvrir tout ce qu'on met dans les nôtres. Voici une petite liste compilée au fil des années.

Ce que nous compostons : poils d'animaux, paniers, tanin au fond des verres de vin, sachets de sucre, papier déchiré, cendres de la cheminée et du brasero, autocollants en papier, emballages en papier sulfurisé (ils se décomposent vraiment), papier paraffiné (mais ils font aussi d'excellents allume-feu), fil de coton, ficelle agricole, ballons (uniquement ceux en latex), chips de calage à base d'amidon, coquilles d'œuf écrasées (les vers les adorent), tampons en coton (ceux sans applicateur en plastique), coquilles de noix (elles se décomposent mais peuvent aussi servir d'allume-feu), noyaux de fruits (on a chaque année des pêchers qui germent), laine de mouton (on en a beaucoup pour nos activités créatives), SCOBY de kombucha (les poules adorent, mais ça peut aussi aller au compost), allumettes à moitié consumées, vieilles graines et leurs sachets (qui sait si on n'aura pas des légumes en prime l'année prochaine ?), copeaux de crayons du taille-crayon, bâtons de sucette en papier, papiers de bonbon paraffinés, masking tape, papier cuisson, vieux pot-pourri, bicarbonate de sodium, pâte à modeler non toxique, élastiques en caoutchouc, feuilles et épis de maïs, papier toilette et mouchoirs en papier, sachets de thé et emballages sans plastique, chutes de papier, vieilles herbes et épices, poisson entier (on les enterre bien profond sous le tas) et noyaux d'avocats (les vers adorent les noyaux d'avocat en décomposition et y pondent leurs œufs, pensez nursery pour lombrics).

Chez nous, les chutes de légumes représentent au moins les deux tiers de l'ensemble de nos déchets. Et tout est entièrement utilisé. Et, n'oubliez pas, si vous gardez au réfrigérateur ou au congélateur un grand bocal pour récupérer les pelures, comme les pelures d'ail ou d'oignons, elles constituent une base parfaite pour un bouillon de légumes. Vous n'aurez plus jamais besoin d'en acheter.

Alors, que reste-t-il dans votre poubelle ? Pas grand-chose, n'est-ce pas ? Quand on se refamiliarise avec la liste des recyclables, qu'on retire tous les sacs en plastique de notre poubelle et qu'on reconsidère ce qui peut être composté ou servir de nourriture aux animaux, il ne nous reste que quelques éléments divers… et, bien sûr, on a un plan Zéro Achat pour ces derniers. Patientez un peu, derrière cette folie se cache une méthode. On garde les éléments suivants pour les recycler dans des endroits spécifiques ou les donner à quelqu'un qui en a besoin :

- **Objets en métal, piles et déchets électroniques** (câbles, disques durs cassés) : ils peuvent être recyclés dans des endroits dédiés, notamment dans la plupart des grandes surfaces et magasins de bricolage. Dans notre commune, on peut les déposer dans notre centre de traitement des déchets, où il y a des poubelles spécifiques. Certaines municipalités prévoient des jours de dépôt pour ces flux de déchets. Cherchez cette information de recyclage en ligne en tapant le nom de votre commune, « information recyclage » et le nom de l'objet dont vous voulez vous débarrasser.
- **Bouchons en liège, capsules de bouteille en métal, enveloppes matelassées, papier bulle, textiles et barquettes de viande en polystyrène** : si vous ne pouvez pas réutiliser ces articles courants à la maison, offrez-les à quelqu'un d'autre. Ils peuvent servir pour des envois, des créations artistiques et des projets scolaires.

Soyez inventif la prochaine fois que vous allez jeter quelque chose, et proposez-le plutôt à votre réseau de don. On ne sait jamais qui peut en avoir besoin ! Si on arrive à être à l'aise pour entamer une discussion à propos de nos déchets, à jeter moins, à ne pas en avoir honte et à partager davantage, on sait qu'on peut contribuer à réduire les émissions de dioxyde de carbone, repenser notre consommation et allumer l'étincelle d'une réutilisation créative dans le monde entier.

À PROPOS DES AUTRICES

Autrice, réalisatrice et cadreuse, Liesl Clark a produit plus de vingt et une heures de documentaires scientifiques et a mené des expéditions pour *NOVA*, National Geographic et la BBC. Son travail journalistique lui a valu de nombreuses récompenses, notamment un Primetime Emmy Award, un Silver Dragon Award et le duPont-Columbia Journalism Award : le Gold Baton. En tant que directrice des bibliothèques pour jeune public Magic Yeti, Liesl œuvre à l'alphabétisation des enfants dans six villages reculés au Népal. Elle, son mari Pete Athans et leurs deux adolescents, Finn et Cleo, adorent explorer et vivre dans les endroits les plus en altitude où les humains puissent prospérer. *N'achetez rien, changez tout !* est son premier ouvrage.

Toujours en mission, consultante en social média et en storytelling, Rebecca Rockefeller s'efforce de construire un monde plus résilient et plus équitable par le biais du Buy Nothing Project, un réseau mondial d'économies du don hyperlocales. Diplômée de l'Evergreen State College, Rebecca a été enseignante, organisatrice communautaire, directrice générale d'une association à but non lucratif et autrice. Ce qui l'a le plus inspirée et transformée reste son travail éducatif auprès de ses deux filles sages et bienveillantes, Ava Justice et Mira Shalom. Ensemble, elles élèvent des poules, cultivent leur nourriture et font pousser des fleurs sur une île de la mer des Salish. *N'achetez rien, changez tout !* est son premier ouvrage.

NOTES

1 « What Are Microplastics? » Ocean Facts, National Oceanic and Atmospheric Administration, mise à jour le 25 juin 2018, https://oceanservice.noaa.gov/facts/microplastics.html.

2 « When Plastic Outnumbers Plankton: Insights into the Great Pacific Garbage Patch », U.S. Mission to ASEAN, consulté le 12 mai 2017, https://asean.usmission.gov/innovasean_20150615/.

3 « Marine Debris Is Everyone's Problem » (affiche), Woods Hole Sea Grant, NOAA Marine Debris Program, Ocean Conservancy, SC Sea Grant, https://www.whoi.edu/fileserver.do?id=107364&pt=2&p=88817.

4 US Environmental Protection Agency, « State of the Science White Paper: Effects of Plastics Pollution on Aquatic Life and Aquatic-Dependent Wildlife », décembre 2016, https://www.epa.gov/sites/production/files/2017-02/documents/tfw-trash_free_waters_plastics-aquatic-life-report-2016-12.pdf.

5 World Economic Forum, « The New Plastics Economy: Rethinking the Future of Plastics », janvier 2016, www3.weforum.org/docs/WEF_The_New_Plastics_Economy.pdf

6 Fabiano Barretto, « Citizen Science Summit on Plastics Pollution in the Salish Sea », Global Garbage, 30 mars 2010, http://www.globalgarbage.org/blog/index.php/2010/03/30/citizen-science-summit-on-plastics-pollution-in- the-salish-sea/

7 North Sea Foundation, Marine Conservation Society, Seas at Risk, Plastic Soup Foundation, « Micro Plastics in Personal Care Products », document de synthèse, août 2012, www.mcsuk.org/downloads/pollution/positionpaper-micro-plastics-august2012.pdf. Plastic Soup Foundation, « Beat the Microbead », mise à jour, 20 août 2019.

8 Simon Reddy, « Plastic Pollution Affects Sea Life Throughout the Ocean », Pew Charitable Trusts, 24 septembre 2018, https://www.pewtrusts.org/en/research-and-analysis/articles/2018/09/24/plastic-pollution-affects-sea-life-throughout-the-ocean.

9 « Facts and Figures on Marine Pollution », Unesco, consulté le 27 septembre 2019, http://www.unesco.org/new/en/natural-sciences/ioc-oceans/focus-areas/rio-20-ocean/blueprint-for-the-future-we-want/marine-biodiversity/facts-and-figures-on-marine-biodiversity/

10 « Toxicological Threats of Plastic », EPA, consulté le 19 juin 2017, www.epa.gov/trash-free-waters/toxicological-threats-plastic.

11 Madeleine Smith, David C. Love, Chelsea M. Rochman, Roni A. Neff. « Microplastics in Seafood and the Implications for Human Health », Current Environmental Health Reports 5, no. 3 (2018): 375–86, doi:10.1007/s40572-018-0206-z.

12 Sarah Knapton, « Plastic Weighing Equivalent of One Billion Elephants Has Been Made since 1950s and Most Is Now Landfill », *Telegraph*, 19 juillet 2017, https://www.telegraph.co.uk/science/2017/07/19/plastic-weighing-equivalent-one-billion-elephants-has-made-since/

13 Diana Ivanova, Konstantin Stadler, Kjartan Steen-Olsen, Richard Wood, Gibran Vita, Arnold Tukker, Edgar G. Hertwich. « Environmental Impact Assessment of Household Consumption », *Journal of Industrial Ecology* 20, no. 3 (2016): doi: 10.1111/jiec.12371.

14 « CO_2 Emissions (Metric Tons Per Capita) », World Bank, https://data.worldbank.org/indicator/en.atm.co2e.pc

15 « Greenhouse Gas Equivalencies Calculator ». EPA, mise à jour en décembre 2018, www.epa.gov/energy/greenhouse-gas-equivalencies-calculator.

16 « Réchauffement planétaire de 1,5 °C », GIEC, 8 octobre 2018, https://www.ipcc.ch/site/assets/uploads/sites/2/2019/09/SR15_Summary_Volume_french.pdf.

17 Christian Jarrett, « The Psychology of Stuff and Things », *Psychologist* 26, no. 8, août 2013: 560–4, thepsychologist.bps.org.uk/volume-26/edition-8/psychology-stuff-and-things.

18 Alana Semuels, « We Are All Accumulating Mountains of Things », *Atlantic*, 21 août 2018, https://www.theatlantic.com/technology/archive/2018/08/online-shopping-and-accumulation-of-junk/567985/.

19 Jeanne E. Arnold, *Life at Home in the Twenty-First Century: 32 Families Open Their Doors*, Casemate Academic, 2017.

20 *A Cluttered Life: Middle-Class Abundance*, épisode 1, « Stuff » [enregistrement vidéo], UCTV, mise en ligne le 23 décembre 2013, www.uctv.tv/shows/Stuff-A-Cluttered-Life-Middle-Class-Abundance-Ep-1-24699.

21 Max Liboiron, « Object Ethnography Project », consulté en décembre 2018, https://maxliboiron.com/2013/08/07/object-ethnography-project/.

22 « A Conversation with Tim Kasser », The True Cost (blog), consulté le 7 janvier 2016, https://truecostmovie.com/tim-kasser-interview/index.html.

23 Choongwon Jeong, Andrew T. Ozga, David B. Witonsky, Helena Malmström, Hanna Edlund, Courtney A. Hofman, Richard W. Hagan, Mattias Jakobsson, Cecil M. Lewis, Mark S. Aldenderfer, Anna Di Rienzo, Christina Warinner, « Long-Term Genetic Stability and a High-Altitude East Asian Origin for the Peoples of the High Valleys of the Himalayan Arc », *PNAS*, 113, no. 27 (2016): 7485-90, doi:10.1073/pnas.1520844113.

24 Marie Kondo, *La Magie du rangement* (traduit par C. Billon), Paris, First Éditions, 2015.

25 Margareta Magnusson, *La vie en ordre : l'art de ranger sa vie pour alléger celle des autres* (traduit par I. D. Taudière), Paris, Flammarion, 2018.

26 Genevieve Vaughan, *Women and the Gift Economy: A Radically Different Worldview Is Possible*, Toronto, Inanna Publications and Education, 2007.

27 Mitch Lipka, « Are Women More Generous Than Men? », *Money*, 1er décembre 2015, money.com/money/4130729/women-more-generous-than-men/.

28 « Study: Poor Are More Charitable Than the Wealthy », All Things Considered, NPR, 8 août 2010, www.npr.org/templates/story/story.php?storyId=129068241.

29 Tanya Misseghers, « Buy Nothing Group Connects Local Residents », *Winnipeg Free Press*, 11 mars 2019, www.winnipegfreepress.com/our-communities/lance/correspondent/Buy-Nothing-group-connects-local-residents-506997071.html.

30 Charles Eisenstein, « The Longing for Belonging », HuffPost, mise à jour le 9 août 2016, www.huffpost.com/entry/indigeneity-and-belonging_b_8011302.

31 Charles Eisenstein, *Sacred Economics: Money, Gift & Society in the Age of Transition*, Berkeley, North Atlantic Books, 2011.

32 Linda Babcock et Sara Laschever, *Women Don't Ask: The High Cost of Avoiding Negotiation and Positive Strategies for Change*, Princeton, NJ, Princeton University Press, 2013.

33 Charles Eisenstein, *Sacred Economics: Money, Gifts & Society in the Age of Transition*, North Atlantic Books, 2011.

34 Alexandre Tanzi, « U.S. Credit Card Debt Closed 2018 at a Record $870 Billion », Bloomberg, 5 mars 2019, www.bloomberg.com/news/articles/2019-03-05/u-s-credit-card-debt-closed-2018-at-a-record-870-billion

35 Elisa Jaffe, « Strangers Come Together to Organize Couple's Dream Wedding », KOMONews, 19 novembre 2014, https://komonews.com/news/local/strangers-come-together-to-organize-couples-dream-wedding

36 Scott Greenstone, « Buy Nothing Project: Free Clothes, Toys, Food—Even a Wedding », *The Seattle Times*, mise à jour le 29 septembre 2017, www.seattletimes.com/business/local-business/buy-nothing-project-free-clothes-toys-food-even-a-wedding/

37 « Recycling Means Business », Institute for Local Self-Reliance, 1er février 2002, https://ilsr.org/recycling-means-business/.

38 « Textiles: Material-Specific Data », EPA, consulté le 7 mai 2019, https://www.epa.gov/facts-and-figures-about-materials-waste-and-recycling/textiles-material-specific-data.

39 « FAQ's », US Food Waste Challenge, Office of the Chief Economist, USDA, https://www.usda.gov/oce/foodwaste/faqs.htm

40 J. Rovenský et al., « Eggshell Calcium in the Prevention and Treatment of Osteoporosis », *International Journal of Pharmacological Research*, 23 no. 2–3 (2003): 83–92, https://www.ncbi.nlm.nih.gov/pubmed/15018022.

41 Vanesa Benítez, Esperanza Mollá, María A. Martín-Cabrejas, Yolanda Agu- ilera, Francisco J. López-Andréu, Katherine Cools, Leon A. Terry, Rosa M. Esteban, « Characterization of Industrial Onion Wastes (Allium cepa L.): Dietary Fibre and Bioactive Compounds », *Plant Foods for Human Nutrition* 66, no. 1 (2011): 48–57, doi: 10.1007/s11130-011-0212-x.

42 Katherine Martinko, « How to Avoid Using Paper Towels », TreeHugger, 8 janvier 2018, https://www.treehugger.com/cleaning-organizing/how-avoid-using-paper-towels.html.

43 Ocean Conservancy and International Coastal Cleanup, « Building a Clean Swell: 2018 Report », Washington, DC: Ocean Conservancy, 2018, oceanconservancy.org/wp-content/uploads/2018/07/Building-A-Clean-Swell.pdf.

44 « Fiche d'information : plastiques à usage unique », Earth Day Network, 29 mars 2018, https://www.earthday.org/fact-sheet-single-use-plastics/

45 P. Wesley Schultz, Steven R. Stein, « Executive Summary: Litter in America—2009 National Litter Research Findings and Recommendations », Keep America Beautiful, 2009, https://kab.org/wp-content/uploads/2019/08/LitterinAmerica_ExecutiveSummary_Final_0.pdf

46 « EWG's Bottled Water Scorecard, 2011: How Much Do We Drink? », Environmental Working Group, 25 janvier 2012, www.ewg.org/research/ewg-bottled-water-scorecard-2011/how-much-do-we-drink.

47 Katie Langin, « Millions of Americans Drink Potentially Unsafe Tap Water. How Does Your County Stack Up? », *Science*, 12 février 2018, https://www.sciencemag.org/news/2018/02/millions-americans-drink-potentially-unsafe-tap-water-how-does-your-county-stack.

48 Deborah Blum, « A Threat to Male Fertility », Well (blog), *New York Times*, 21 mars 2014, well.blogs.nytimes.com/2014/03/21/a-threat-to-male-fertility/.

49 Tim Harford, « How Plastic Became a Victim of Its Own Success », BBC News, 25 septembre 2017, www.bbc.com/news/business-41188462.

50 Lauren Levy, « The Best Reusable Straw Is Made of Silicone and Burns Into Biodegradable Ash », The Strategist, *New York* Magazine, 12 juillet 2018, http://nymag.com/strategist/article/best-reusable-straws.html.

51 C. Stevenson, « Plastic Debris in the California Marine Ecosystem: A Summary of Current Research, Solution Strategies and Data Gaps », université de Californie du Sud Sea Grant, Synthetic Report, California Ocean Science Trust (Oakland: université de Californie du Sud Sea Grant, 2011).

52 Susan Freinkel, *Plastic: A Toxic Love Story*, New York, Houghton Mifflin Harcourt, 2011.

53 Mark Anthony Browne, Phillip Crump, Stewart J. Niven, Emma Teuten, Andrew Tonkin, Tamara Galloway, Richard Thompson, « Accumulation of Microplastic on Shorelines Worldwide: Sources and Sinks », *Environmental Science & Technology* 45, no. 21 (2011): 9175–79, doi: 10.1021/es201811s.

54 Kara Lavender Law, « Plastics in the Marine Environment », *Annual Review of Marine Science* 9, no. 1 (2017): 205–29, doi:10.1146/annurev-marine-010816-060409.

55 Article du magazine américain *The Atlantic* sur notre propension à accumuler des montagnes de choses cite le groupe industriel et commercial American Apparel and Footwear Association : Alana Semuels, « "We Are All Accumulating Mountains of Things" », *Atlantic*, 21 août 2018, www.theatlantic.com/technology/archive/2018/08/online-shopping-and-accumulation-of-junk/567985/.

56 Selon un rapport sur la garde-robe des Britanniques, le Great British Wardrobe Report : Hattie Crisell, « Do You Spend £1042 on Clothes Each Year? New Research Reveals the Average Brit's Shopping Habits », *Telegraph*, 23 mars 2017, www.telegraph.co.uk/fashion/news/do-spend-1042-clothes-year-new-research-reveals-average-brits/

57 Isabel V. Sawhill, Christopher Pulliam, « Six Facts About Wealth in the United States », Brookings, 25 juin 2019, https://www.brookings.edu/blog/up-front/2019/06/25/six-facts-about-wealth-in-the-united-states/.

58 Jeff Weiner, « What's Your Dream Job? », résultat d'enquête, SurveyMonkey, www.surveymonkey.com/mp/jeff-weiner-survey-results/

59 Pagan Kennedy, "How to Get High on Soil," *Atlantic*, 31 janvier 2012, www.theatlantic.com/health/archive/2012/01/how-to-get-high-on-soil/251935/; C. A. Lowry, J. H. Hollis, A. de Vries, B. Pan, L. R. Brunet, J. R., F. Hunt, J. F. R. Paton, E. van Kampen, D. M. Knight, A. K. Evans, G. A., W. Rook, S. L. Lightman, « Identification of an Immune-Responsive Mesolimbocortical Serotonergic System: Potential Role in Regulation of Emotional Behavior », *Neuroscience* 146, no. 2 (2007): 756–72, doi:10.1016/j.neuroscience.2007.01.067.

60 Janet Raloff, « BPA Found Beached and at Sea », *Science News*, mise à jour le 23 septembre 2013, www.sciencenews.org/blog/science-public/bpa-found-beached-and-sea

61 Britta Fängström, Anna Strid, Philippe Grandjean, Pál Weihe, Åke Bergman, « A Retrospective Study of PBDEs and PCBs in Human Milk from the Faroe Islands », *Environmental Health* 4, no. 1 (2005): doi:10.1186/1476-069x-4-12

62 Jennifer Grayson, « Flowers May Be Nice for Mom, but They're Terrible for Mother Earth », *Washington Post*, 7 Mai 2015, www.washingtonpost.com/opinions/flowers-may-be-nice-for-mom-but-theyre-terrible-for-mother-earth/2015/05/07/fb69f9f4-f4d5-11e4-b2f3-af5479e6bbdd_story.html

63 Lisa Deaderick, « Building a Community, Ocean Beach-Style », *San Diego Union-Tribune*, 14 janvier 2017, https://www.sandiegouniontribune.com/lifestyle/people/sd-me-one-mcateer-20170112-story.html

64 Isaac Olson, « "It Is Actually Free": Montreal Man Gives Away Heaps of Farm- Fresh Veggies Every Week », CBC News, 21 octobre 2018, www.cbc.ca/news/canada/montreal/montreal-man-offers-free-vegetables-to-create-sharing-culture-1.4868236.

65 « Giving Thanks Can Make You Happier », *Healthbeat*, Harvard Health Publishing, Harvard Medical School, www.health.harvard.edu/healthbeat/giving-thanks-can-make-you-happier

66 George E. Vaillant, *Aging Well: Surprising Guideposts to a Happier Life from the Landmark Harvard Study of Adult Development*, New York, Little, Brown Spark, 2003.

67 Monika A. Gorzelak, Amanda K. Asay, Brian J. Pickles, Suzanne W. Simard, « Inter-Plant Communication through Mycorrhizal Networks Mediates Complex

Adaptive Behaviour in Plant Communities », *AoB PLANTS* 7 (2015): plv050, https://doi.org/10.1093/aobpla/plv050.

68 Maria Konnikova, « The Limits of Friendship », *New Yorker*, 20 juin 2017, www.newyorker.com/science/maria-konnikova/social-media-affect-math-dunbar-number-friendships.

69 Blake Foden, « "A Beautiful Concept": Canberra's Shared Resources Mapped Out », *Canberra Times*, 21 octobre 2018, www.canberratimes.com.au/story/6001541/a-beautiful-concept-canberras-shared-resources-mapped-out/

70 « Factbox: What America's Largest Cities Charge for Residential Garbage Pick-Up », Reuters, 21 septembre 2015, https://www.reuters.com/article/us-usa-chicago-garbage-factbox/factbox-what-americas-largest-cities-charge-for-residential-garbage-pick-up-idUSKCN0RM00K20150922.

71 Lauren Ina, « American Journal », *Washington Post*, 6 juillet 1990, www.washing tonpost.com/archive/politics/1990/07/06/american-journal/00098586-7ec8-4dcf-be76-d4970b8ef91c/

72 « Paper and Paperboard: Material-Specific Data », EPA, consulté le 6 août 2019, www.epa.gov/facts-and-figures-about-materials-waste-and-recycling/paper-and-paperboard-material-specific-data

73 « Frequently Asked Questions », USDA, https://www.usda.gov/foodwaste/faqs

INDEX

C

D

E

F

G

I

J

K

L

M

N

O

P

Q

R

S

T

V

W

Y

Z

Leduc.s s'engage pour une édition plus durable :

Cet ouvrage est composé de matériaux issus de forêts bien gérées certifiées FSC®, de matériaux recyclés et de matériaux issus d'autres sources contrôlées.

Le Forest Stewardship Council® est une organisation internationale non gouvernementale qui encourage une gestion écologiquement adaptée, socialement bénéfique et économiquement viable des forêts de la planète.

Pour en savoir plus, consultez le site www.fsc.org

FSC
www.fsc.org
MIXTE
Papier issu de sources responsables
FSC® C022829

Achevé d'imprimer en août 2020
sur les presses de la Nouvelle Imprimerie Laballery
58500 Clamecy
Dépôt légal : septembre 2020
N° d'impression : 007201

Imprimé en France

La Nouvelle Imprimerie Laballery
est titulaire de la marque Imprim'Vert®